Michael Thumann
REVANCHE

Michael Thumann

REVANCHE

Wie Putin das bedrohlichste Regime
der Welt geschaffen hat

C.H.Beck

8. Auflage. 2023

© Verlag C.H.Beck oHG, München 2023
www.chbeck.de
Umschlaggestaltung: geviert.com, Nastassja Abel
Umschlagabbildung: Nanna Heitmann
Satz: Fotosatz Amann GmbH & Co. KG
Druck und Bindung: CPI Ebner & Spiegel, Ulm
Gedruckt auf säurefreiem und alterungsbeständigem Papier
Printed in Germany
ISBN 978 3 406 79935 8

myclimate
klimaneutral produziert
www.chbeck.de/nachhaltig

1 **Angriff** Russland sinnt auf Revanche 7
2 **Irrweg** Wie deutsche Politiker Putin halfen 17
3 **Ahnengalerie** Warum die Putschisten von 1991
    heute gesiegt haben. 41
4 **Demokratie-Übungen** Die Hoffnungen der
    1990er Jahre 55
5 **Schurkenrepublik** Das tschetschenische Modell 75
6 **Neue Nationalisten** Putins gute Freunde in der Welt . . . 93
7 **Informationskrieg** Wie die Russen aufgehetzt werden. . . 109
8 **Der Archipel Putin** Russlands System der Straflager . . . 127
9 **Wahlen ohne Wahl** Absturz in die Diktatur 143
10 **Geschichtsvollzieher** Putins Missbrauch der
    Vergangenheit. 155
11 **Spezialoperation** Wie die Ukraine ausgelöscht
    werden soll 173
12 **Planet Putin** Russlands Abschottung 199
13 **Imperium der Angst** Die Mobilisierung des Volkes 225
14 **Heiliger Krieg** Putins Rache am Westen 239
15 **Triumph oder Armageddon** Sein letztes Spiel. 261
   Weiterlesen 275
   Dank 283
   Register 285
   Bildnachweis. 288

Ein russischer Panzer dringt am 24. Februar 2022
auf ukrainisches Gebiet vor

1 Angriff
Russland sinnt auf Revanche

Am Tag, als Wladimir Putin sein Volk für den Krieg mobilisierte, traf ich einen alten Moskauer Freund. Wir gingen in ein Café in der Nähe der Christi-Erlöser-Kathedrale, wo sich üblicherweise viele junge Leute einfanden. Nun war es fast leer an diesem 21. September 2022, an den spärlich besetzten Tischen saßen nur Frauen. «Die Männer verstecken sich wohl zuhause, falls die Feldjäger kommen», mutmaßte mein Freund. Auch er fühlte sich nicht sicher. Zwar war er schon Ende 40, aber er hatte in der Armee gedient und durfte das Land nicht verlassen. Er erzählte mir von seinem Sohn, der 31 Jahre alt war und in Moskau einen sicheren Job in der Verwaltung hatte. Noch nicht verheiratet, keine Kinder, ein Topkandidat für die Front. «Wir telefonieren alle paar Stunden, und ich dränge ihn zu gehen.» Der Sohn wehrte ab, er glaubte, das betreffe ihn alles nicht. Der Krieg, die Einberufungen, die Front, der Tod oder das Straflager, wenn er zurückwiche oder freiwillig in Gefangenschaft ginge. Das hatte doch mit seinem Leben nichts zu tun. Sein Vater sah das anders. Es sei nur eine Frage der Zeit, bis das sein Leben sei. «Wenn sie mehr Soldaten brauchen, holen sie uns alle.» Deshalb plante er sorgfältig die Ausreise des Sohnes. Nicht darüber reden, schreiben, texten. Flüge kaufen und das Rückflugticket an der Grenze zur Tarnung vorzeigen. Flucht nach Istanbul. Hartnäckig versuchte er, seinen Sohn zu überzeugen. Bat ihn, nervte ihn, schrie ihn an: «Geh!» Es zerriss ihm das Herz. Zwei Tage nach unserem Treffen rief mich mein Freund an. Sein Sohn sei gerade in die Türkei ausgeflogen. Er wisse nicht, ob er ihn je wiedersehen würde.

Es war die richtige Entscheidung. Der russische Herrscher

hatte den Krieg im September 2022 von der Ukraine auf die eigene Bevölkerung ausgeweitet. Junge Leute wie der Sohn meines Freundes wurden seit Ende September von der Straße wegmobilisiert. Die Einberufungsbefehle brachten der Hausmeister, der Pizzabote, der Stromableser, der Blockpolizist. In Moskau fuhren Busse durch die Stadt, wo sich jedermann an die Front melden konnte. Wer gegen den Krieg protestierte, wurde in Handschellen an die Front geschickt. Ich sprach und textete Tag und Nacht mit Freunden und Bekannten. Über Grenzübergänge. Über die Kinder. Über Asylanträge und das Leben im Westen. Viele von ihnen gingen bis Ende September 2022, als Russland die Grenzen für seine Bürger im wehrfähigen Alter weitgehend schloss.

Das Jahr 2022 brachte den Krieg nach Europa zurück. Es ist das größte Beben seit dem Zweiten Weltkrieg und hat das Leben der Europäer tiefgreifend verändert. Und wir befinden uns erst am Anfang. Putins verbrecherischer Angriffskrieg hat Zehntausenden Ukrainern und Ukrainerinnen das Leben geraubt, er hat Millionen das Dach über dem Kopf weggerissen und sie zu Flüchtlingen gemacht. Der europäische Kontinent ist in eine tiefe Wirtschaftskrise gestürzt, von der niemand weiß, wann und wo sie endet. Schnelle Geldentwertung und eine Knappheitskrise erschüttern viele Staaten, auch im globalen Süden. An den Folgen dieses Krieges wird die Menschheit noch Jahre zu tragen haben. Die Ursachen liegen nicht in geopolitischen Großmacht-Konkurrenzen oder kapitalistischen Spekulationsstürmen. Schuld daran sind ein Mann, sein Regime und seine Unterstützer. Sie haben ohne Not und ohne Bedrängnis, aber mit imperialer Gebärde ein Nachbarland überfallen. Mit furchtbaren Konsequenzen für die ganze Welt.

Wladimir Putin war ein schmalgesichtiger und fast schüchterner Regierungschef, als ich ihn Ende 1999 zu einem ersten Interview traf. Er wirkte unbeholfen und kantig in seinen Bewegungen, sprach ein sehr umständliches Russisch mit vielen bürokratischen Formeln. Damals tat er so, als wolle er gute Beziehungen mit dem Westen aufbauen. Er sprach von Demokratie und Zusammenarbeit, von gemeinsamer Bekämpfung des Terrorismus und wirtschaftlicher Kooperation. Schon damals glaubte ich ihm nicht wirklich. Ich hielt ihn für einen autoritär veranlagten Geheimdienstmann, der seine Amtszeit damit einläutete, Tschetschenien mit einem brutalen Krieg zu überziehen. Was ich trotzdem nie geahnt hätte, dass ich damals den Menschen traf, der gute 20 Jahre später aus seinem Bunker der ganzen Welt mit einer atomaren Katastrophe drohen sollte.

Insofern hat Putin uns alle überrascht. Die Frage ist nur: Wer hat wann gemerkt, dass dem Mann nicht zu trauen war? Der Zeitpunkt ist hochpolitisch. Denn westliche Gutgläubigkeit, Kumpanei und ein riesiger Vertrauensvorschuss haben Wladimir Putin großgemacht. Ein vielzitierter Irrtum ist der des früheren US-Präsidenten George W. Bush, der 2001 sagte: «Ich schaute dem Mann in die Augen und in seine Seele. Ich fand ihn aufrichtig und vertrauenswürdig.» Oder der Persilschein des früheren Kanzlers Gerhard Schröder, der Putin 2004 einen «lupenreinen Demokraten» nannte. Schröder hat das Jahre später mehrfach wiederholt, da war der Ex-Kanzler längst zum Oligarchen in russischen Konzernen geworden. Doch auch viele seiner Parteifreunde in der SPD wollten partout nicht sehen, was am Kreml-Machthaber ganz offensichtlich war. Und das lange nach der Annexion der Krim 2014. Auch in den anderen deutschen Parteien, in der FDP, der Union, sogar bei den Grünen gab es Leute, die sich von Putin gern täuschen ließen. Ganz zu schweigen von den Linken und der AfD, die offen für Russland und seinen Präsidenten Partei ergriffen. Die Deutschen redeten sich den Mann schön. Beim Überfall auf die Ukraine gaben sich die Vertrauensseligen plötzlich überrascht. Deutsche Politiker, deutsche Geschäftsleute, deutsche Verbandsvertreter waren «schwer geschockt», «enttäuscht»; sie sagten: «Das hätten wir nie erwartet». Warum eigentlich nicht? Putins Überfall auf die Ukraine ist ein Krieg, der schon 2014 mit der Krim-Annexion begann. Sie hätten nur hinsehen und hinhören müssen.

Die Illusionen westlicher Politiker und Geschäftsleute haben Wladimir Putin geholfen, die Welt heute derart zu bedrohen.

Deutschland deckelte bis 2021 hartnäckig seinen Verteidigungshaushalt, erhöhte aber seine Gasabhängigkeit von Russland von 38 Prozent im Jahr 2012 auf 55 Prozent 2021. Mit dem damals schon falschen Argument, Russland habe immer zuverlässig geliefert. Putin hat viele Jahre Fortune in den internationalen Beziehungen gehabt, weil ihm viele glaubten. Weil ihn viele unterschätzten. Weil viele meinten, man müsse nur fleißig mit ihm reden und ihn hochachten, dann wäre er zu jeder Form der Partnerschaft bereit. Zwei Irrtümer halfen Putin besonders: die Annahme, er sei eigentlich ein guter Mann, nur leicht zu beleidigen. Und die Befürchtung, dass alles viel schlimmer werde in Russland, wenn er einmal ginge. Noch schlimmer?

Als die russischen Truppen am frühen Morgen des 24. Februar die Ukraine überfielen, schlief ich in meiner Moskauer Wohnung. Die Redaktion von ZEIT-Online klingelte mich um halb sechs Uhr morgens aus dem Bett. Noch vor dem ersten Tee schrieb ich den Aufmacher. Darin warnte ich, dass dieser Krieg keine lokale Angelegenheit zwischen Russland und der Ukraine sei, sondern eine Bedrohung für ganz Europa. Wenige Stunden später gingen die ersten Reaktionen ein. Eine Leserin protestierte: Das sei doch eine Sache zwischen zwei ehemaligen Sowjetrepubliken. Warum ich allen Angst machen würde und behauptete, auch «wir» seien bedroht? Einige Wochen später schrieb mir ein empörter Leser: Putin führe keinen Krieg gegen uns, er reagiere nur auf die westlichen Sanktionen. Monate später las ich in den Zuschriften: Putin reagiere mit den Drohungen gegen Deutschland nur auf unsere Waffenlieferungen an die Ukraine. Die Nato habe Russland provoziert. Wieder ein Entlastungsargument. Wieder die Unterstellung der Harmlosigkeit. Wieder eine grobe Unterschätzung von Putin.

Deshalb schreibe ich dieses Buch. Der Schauplatz des heißen Kriegs ist beim Abfassen dieser Zeilen noch die Ukraine. Doch der hybride große Krieg richtet sich in erster Linie gegen uns. Putin will die liberale Demokratie beerdigen. Er greift den Lebensstil Europas an, seine Sicherheit und seine wirtschaftlichen Lebensgrundlagen. Er will mit einem Gasembargo Deutschlands industrielle Basis zerstören. Er will Kontrolle über den Kontinent. Dieser Angriff ist umso gefährlicher, als Russland Teil Europas ist. Der ehemalige Präsident und heutige Vize-Vorsitzende des Sicherheitsrats Dmitrij Medwedew hat die russische Sicht auf Europas Zivilisation bloßgelegt, als er den Balten und letztlich allen Europäern zurief: «Dass ihr in Freiheit seid, ist nicht Euer Verdienst, sondern unser Versäumnis.» Ein hemmungslos imperial ausgreifendes und kriegführendes Russland wird zur Bedrohung für ganz Europa und die Welt. Dieses Buch erzählt die unaufhaltsame Radikalisierung eines Mannes, seines Regimes und des größten europäischen Landes.

Drei Grundgedanken leiten meine Analysen und Reportagen. Erstens: Wladimir Putin nimmt Rache. Der russische Herrscher sieht den Zerfall der Sowjetunion und den geschrumpften russischen Nationalstaat nicht als Befreiung, sondern als Katastrophe an. Sein Krieg ist auch ein Versuch, die Zeit zurückdrehen. Putin führt eine Revolte gegen die 1990er Jahre, die Öffnung seines Landes, die Vielstimmigkeit Russlands, die Machtteilung mit den Republiken, die Abrüstungsverträge mit dem Westen. Er kehrt zurück zu einer imperialen Obsession, die der letzte sowjetische Präsident Michail Gorbatschow beendet hatte. Der Krieg gegen die Ukraine sei «die bewaffnete Reaktion Russlands auf den Fall der Berliner Mauer» – so versuchte der italienische Philosoph und Publizist Angelo Bolaffi die Frage nach den tieferen Gründen der historischen Zäsur des 24. Februar 2022 zu beantworten. Aber hier sei hinzugefügt: Der Krieg ist die Reaktion jener Nationalisten und Sowjetimperialisten, die schon damals der Meinung waren, dass man die DDR-Bürger und die nichtrussischen Völker Osteuropas 1990 nicht aus der ewigen sowjetischen Gefangenschaft hätte entlassen dürfen. Putin führt diese Imperialisten heute an – gegen die Russen, die das Ende des Reichs und die 1990er Jahre als Befreiung empfanden. Putin sinnt auf Revanche für die vergangenen drei Jahrzehnte.

Zweitens: Russland reagiert nicht auf uns, sondern es entwickelt sich aus sich selbst heraus. Die im Westen beliebte Sinnsuche, was wir bloß falsch gemacht haben, ist für die Russland-Deutung sinnlos. Der Westen machte zweifellos Fehler, von Irak bis Afghanistan, aber diese hatten kaum Einfluss auf Russlands politische Entwicklung. Trotzdem hat sich bei einem Teil des deutschen Publikums die Meinung verfestigt, die Verhältnisse in Russland und die Handlungen seines Herrschers hingen davon ab, was der Westen tut oder lässt. Das ist aus meiner Perspektive als Korrespondent und Moskauer auf Zeit eine unerträgliche Arroganz. Diese Sichtweise geht nämlich davon aus, dass Russland als Weltmacht in seiner inneren Entwicklung vom Westen abhängig wäre oder seine Politik als Reaktion auf den Westen gestalten würde. Russland ist kein Kleinstaat. Fortschritt und Regression dieses elf Zeitzonen umspannenden Landes verlaufen weitgehend unabhängig vom Westen – und die Entscheidungen seines Herrschers ebenso. Wladimir Putin hat sich allein und in voller Souveränität für den Angriff auf die Ukraine, er hat sich für einen hybriden Krieg gegen den Westen entschieden, weil aus seiner Sicht die Zeit reif sei und der Westen vor dem Untergang stehe. Man sollte aufhören, ihn herabzusetzen, indem man ihm ständig unterstellt, er handele nur in Reaktion auf größere, wichtigere Mächte. Er ist sich selbst genug.

Das Gleiche gilt für den Versuch, Russland ständig durch das Prisma westlicher Geschichte zu sehen. Es gibt viele Versuche, gerade von amerikanischen Historikern, russische Handlungen aus der westlichen Geschichte zu erklären. Das gilt vor allem für den häufigen Vergleich des russischen Angriffskriegs auf die Ukraine mit dem deutschen Vernichtungskrieg in Osteuropa bis 1945. Das alles sind Betrachtungen von Menschen, die nie in diesem Land gelebt haben und denen das Gespür für den nie überwundenen Nachlass der zaristischen und der sowjetischen Epoche fehlt. Ein Nachlass, der in seiner Monstrosität nie bewältigt wurde und die russische Gesellschaft, vor allem aber ihre herrschende Elite prägt. Was sich in der Ukraine entfaltet, mit allen Gräueln, Verbrechen, Zerstörungen, Plünderungen, der chaotischen Kriegführung, Tonnenideologie und Disziplinlosigkeit, ist nicht die Wiederkehr des Dritten Reichs. Es ist die Fortsetzung einer kolonialen, imperialen und sowjetischen Tradition, einer prekären geschichtlichen Ungestalt, die von innen kommt.

Drittens: Putins Aufstieg ist eine Spielart des radikalen neuen Nationalismus, der in unserer Epoche viele Länder beherrscht. In der Türkei, in Ungarn, in Polen und in China dominiert der neue Nationalismus, in Frankreich und Brasilien stellt er die stärkste Oppositionskraft, in den USA war er von 2016 bis 2020 an der Macht und kann 2024 zurückkehren. Putin beweist: Der neue Nationalismus führt zum Krieg, und die staatliche Stabilisierung auf Biegen und Brechen mündet in die Diktatur. Es gibt keine verträgliche Dosis von autoritärem Nationalismus. Die autoritäre Gewalt im Innern kehrt sich irgendwann in Gewalt nach außen, wenn die Nationalisten nicht beizeiten aus der Regierung gedrängt werden. Aus Autoaggression wird Aggression gegen die Nachbarn. Deshalb muss jeder Wähler am Wahltag genau überlegen, was er tut. Es gibt keine Protestwahl, wie manche AfD-Wähler glauben, sondern nur eine Beauftragungs- oder Ermächtigungswahl. Wer den neuen Nationalismus entfesselt, muss wissen, dass es kein Zurück gibt. Ein bisschen Nationalismus, ein bisschen Hass gibt es nicht. Der Nationalismus ist ein Gesamtprogramm. Russland bietet ein abschreckendes Modell für die ganze Welt. Am Ende der pluralistischen halbdemokratischen 1990er Jahre glaubte eine erschöpfte Mehrheit im Land, ein bisschen Stabilisierung könne vielleicht nicht schaden. Im Putin-Pakt tauschten sie ihre Freiheit gegen vergänglichen Wohlstand. Viele Russen und Russinnen haben ihre demokratischen Errungenschaften nach dem Untergang der Sowjetdiktatur nicht hoch genug geschätzt. Putin schaltete nach seiner Machtergreifung die Medien gleich, baute die Geheimdienste aus, ließ Wahlen manipulieren und fälschen. Trotzdem haben Millionen Menschen Putin gewählt, immer wieder. Nach seiner repressiven Rückkehr an die Macht 2012. Nach der Invasion der Ukraine 2014. Nach der Bombardierung von Aleppo 2016. Putins treue Wähler haben ihn legitimiert und sich mitschuldig gemacht am Absturz ihres Landes in eine totalitäre Diktatur und an der Entfesselung eines Krieges, der nun auf das russische Volk zurückschlägt.

Dieses Buch zeichnet die wesentlichen Stationen auf dem Weg in diesen Krieg nach und wagt einen Ausblick auf die Zeit danach. Zunächst schildere ich die deutschen Illusionen gegenüber Russland und deren Folgen. Dann die russischen 1990er Jahre, ohne die Putins Rachedurst nicht zu verstehen ist: den gescheiterten Putsch der Geheimdienste und Imperialisten im Jahr 1991, die mühseligen demokratischen Gehversuche, den Tschetschenienkrieg. Danach widme ich mich einer eingehenden Analyse des Systems Putin. Seiner nationalistischen Leih-Ideologie, der Propaganda-Armee, seinem Archipel der Straflager und dem Repressionsapparat. Dem Abrutschen Russlands in die Diktatur. Der dritte Teil des Buches beschreibt das Land im Krieg. Wie Putin die Ukraine überfiel und mit welcher Begründung. Wie er sein Land gegen die Welt und die Wirklichkeit abschottete und sein Volk mobilisierte. Wie er den heiligen, großen Krieg gegen den Westen entfesselte und die Atombombe als Drohmittel einsetzte. Mit diesem Krieg hat er die letzte ausgedehnte Phase seiner Herrschaft eingeleitet.

Unter Wladimir Putin verabschiedet sich Russland, das eigentlich größte europäische Land, aus Europa. Erneut senkt sich ein Eiserner Vorhang quer durch den Kontinent. Reise ich in dieses Land, werde ich am Flughafen immer wieder aufgehalten. Der Grenzbeamte hält meinen Pass fest und telefoniert lange mit seinen Vorgesetzten. Ein Mensch im dunklen Anzug, wahrscheinlich Geheimdienst, holt mich ab und führt mich in einen Kellerraum. Darin ein Schreibtisch, eine alte Matratze mit Sprungfedern, kaputte Stühle, Staub in den Ecken. Ich muss Fragen beantworten: Wo wohnen Sie? Was denken Sie über die Militäroperation? Was haben Sie vor in Russland? Ich antworte knapp und frage mich selbst: Komme ich überhaupt noch in das Land? Komme ich bei der nächsten Reise hinein? Und komme ich wieder heraus?

Russland schließt seine Grenzen gegen die Welt. Die meisten meiner russischen Freunde und Bekannten leben mittlerweile im Ausland. Im September 2022 reisten jene aus, die sich unmittelbar von der Mobilmachung bedroht fühlten. Dieses Buch ist auch ein Abschied, von einem Russland, in dem ich früher gern lebte, das mich sehr willkommen hieß. Und das es heute mit diesem Regime nicht mehr gibt.

Gerhard Schröder und Wladimir Putin bei der Eröffnung der Fußball-Weltmeisterschaft 2018 in Russland

2 Irrweg
Wie deutsche Politiker Putin halfen

Bei dieser Szene beschlich damals viele deutsche Korrespondenten in Moskau ein ungutes Gefühl: Zum orthodoxen Weihnachtsfest im Januar 2001 standen Gerhard Schröder und Wladimir Putin eng beieinander in der Moskauer Erlöserkathedrale. Der Kanzler und der Präsident, der ehemalige Juso-Vorsitzende und der frühere Geheimdienst-Chef, der Sozialdemokrat und der Sicherheitsbürokrat. Da passte wenig zusammen. Auf den ersten Blick. Die Politiker hatten die schwarzen Mäntel sauber bis zum Krawattenknoten hochgeknöpft und ließen sich vom orthodoxen Patriarchen durch die goldüberladene Kathedrale am Moskwa-Ufer führen. Ein überdimensionierter Bau, den Stalin sprengen und ein ehrgeiziger Moskauer Bürgermeister mit Familienbanden in die Baubranche in den 1990er Jahren wieder aufbauen ließ. Der Kanzler und der Präsident zündeten Kerzen an und flüsterten einander in die Ohren, als der Patriarch auf Deutsch «Frohe Weihnachten» wünschte. Am nächsten Tag saßen die beiden mit ihren Ehefrauen in einem roten Schlitten und durchkreuzten den tiefverschneiten Park der einstigen Zarenresidenz von Kolomenskoje in Moskau. Es war der Beginn einer skandalösen Freundschaft, die Schröder Jahre später in die Aufsichtsräte russischer Energiekonzerne und Deutschland in die schicksalhafte Abhängigkeit von sibirischen Gasfeldern führen sollte.

Mich hatte die Herzlichkeit des Besuches damals überrascht. Ich hatte Schröder auch bei seinem ersten Besuch in Russland im November 1998 erlebt. Ich wartete auf ihn stundenlang in der Bibliothek des Hotel Kempinski, weil er mit seiner Delegation noch über Bonner Belange diskutierte. Damals kam er in Moskau überall zu spät und signalisierte im Wesentlichen: «Das interessiert mich hier alles nicht besonders. Vor allem will ich nicht in die Sauna!» (Dieses Ritual hatte sein Amtsvorgänger Helmut Kohl mit Präsident Boris Jelzin gern wahrgenommen.) Doch mit Putin war Schröder dann wie ausgewechselt. In der Erlöserkathedrale ließ sich der Atheist Schröder bekehren. Er verfiel nicht nur Putin als Person, sondern einer idealisierten Vorstellung von Russland, die er fortan gegen jede Kritik am Regime verteidigte. Er adoptierte später auch zwei russische Kinder. Zwanzig Jahre später, nach dem zweiten Überfall Russlands auf die Ukraine, brach Schröder nicht mit Putin, sondern mit seiner Partei, der SPD, die sich von ihm distanzierte. Er pfiff auf Deutschland und hielt zu Russland. Schröder war ein besonders krasses Beispiel deutscher Putinophilie. Aber nur ein Beispiel von vielen.

In 30 Jahren Berichterstattung über Russland habe ich viele Anhänger von Putin in Deutschland kennengelernt. Sie sahen in ihm einen realistischen Mann, mit dem man ins Geschäft kommen konnte, den Deutschen im Kreml, den zugewandten Präsidenten, einen jungen nüchternen Politiker, der so ganz anders wirkte als die Jelzins, Breschnews und Chruschtschows vor ihm. Deutsche Politiker, Manager und Journalisten, auch in meiner eigenen Zeitung, der ZEIT, waren ziemlich angetan von dem Mann. Bei meinen Besuchen in Hamburg ermunterten mich leitende Redakteure, doch – wenn möglich – auch mal auf das Positive zu schauen. Der Herausgeber und ehemalige Kanzler Helmut Schmidt sagte nichts, er ließ mich immer schreiben, was ich wollte. Aber er befand in der ZEIT-Politik-Konferenz bei Mentholzigaretten und Keksen: «Putin hat ein realistisches Bild von der Welt.» Man müsse mit ihm zusammenarbeiten, er sei eine Chance für Deutschland.

Das sahen viele Deutsche genauso. Im September 2001 hielt Putin im Bundestag eine Rede, zum Teil auf Deutsch, womit er die Herzen mancher meiner Landsleute im Sturm eroberte. Industrielle hofften, mit Putin zu persönlichen Absprachen zu kommen, um die Unsicherheiten der 1990er Jahre zu überwinden. Politiker, Geschäftsleute, Stiftungsvertreter in Moskau waren von Putin eingenommen. Der Leiter der Friedrich-Ebert-Stiftung in

Moskau, Peter W. Schulze, versuchte mich in hitzigen Diskussionen zu überzeugen, dass Putin einen «autoritären Weg zur Demokratie» verfolge. Dem neuen Präsidenten wurde in den deutschen Eliten enorm viel Verständnis entgegengebracht. Dazu kam die Bereitwilligkeit, seine dunklen Seiten auszublenden oder hartnäckig zu entschuldigen. Die Fehler wurden auf der anderen Seite gesucht, bei den Amerikanern, beim Westen, bei der Nato. Damit halfen sie Putin, seinen Einfluss im Westen auszubauen. Ich gewann damals den Eindruck, dass viele deutsche Politiker und Manager wollten, dass es mit Putin klappe, koste es, was es wolle. Es wurde noch teurer, als sie dachten.

Hinter dem Wunsch, um jeden Preis gute Beziehungen zu Russland zu knüpfen, standen in vielen Fällen weder besondere Nähe zu Russland noch Kenntnisse, sondern drei wesentliche Beweggründe. Gern war fundamentale Amerika-Kritik der Ausgangspunkt, das Unbehagen an der US-Dominanz, der sich die Deutschen gerade in Zeiten amerikanischer Kriege und Interventionen ausgeliefert sahen. Russland galt da bei manchen deutschen Politikern und ihren Wählern als geopolitische Abschreckungsmacht. Sie schätzten Russland als Gegengewicht zu «US-Imperialismus» und «Wall-Street-Kapitalismus», zu Nato-Osterweiterung und Liberalismus. Zweitens fühlten sich manche Deutsche zu Russland hingezogen, weil sie den Russen ein Gefühl der Tiefe und der Wahrhaftigkeit zuschrieben, eine Echtheit, die im oberflächlichen Westen verloren gegangen sei. Das war ein sehr wirksames Stereotyp. Drittens sahen deutsche Industrielle in Russland schon im 20. Jahrhundert einen Markt, aber auch eine Rohstoffbasis, die als Alternative zu den amerikanischen und britischen Ölangeboten galt. Das setzte sich in der Verflechtung bundesdeutscher Energiekonzerne mit russischen Staatsmonopolisten ab den 1970er Jahren fort. Manche verbanden damit sogar eine krude Vorstellung von geopolitischer Machtmultiplikation: Moskau und Berlin könnten mit russischen Rohstoffen und deutscher Technik die Welt neu ordnen.

Alles das ist nicht neu. Gerhard Schröder hatte seine Vorläufer, zum Beispiel 1922 in der Regierung des Zentrumspolitikers

Joseph Wirth. Der Reichskanzler ließ damals den Vertrag von Rapallo unterzeichnen. Dieses Abkommen verdient einen genauen Blick, weil mit ihm schon einmal das ganze Drama einer nicht zu Ende gedachten Verflechtung mit Russland seinen Lauf nahm. Rapallo ist das Lehrstück, an das sich in Deutschland nach dem Machtantritt Putins kaum einer erinnern wollte. Oder mit Karl Marx gesprochen: Der Bau der Nord-Stream-2-Pipeline war die Wiederholung der Geschichte als Farce. Dem Rapallo-Vertrag und den Nord-Stream-Projekten lag ein gemeinsamer falscher Ansatz zugrunde: dass Russland und Deutschland höhere Interessen verbinden, die wichtiger seien als gute oder ungetrübte Beziehungen zu den Staaten Ostmitteleuropas und des Westens. Sowohl der Vertrag der 1920er Jahre wie der Bau der Pipelines gegen den Widerstand vieler EU-Länder stellten Berlin unter den schwer abzuschüttelnden Generalverdacht der Kollaboration mit einem autoritären Regime und belasteten die deutsche Außenpolitik auf viele Jahre. Deshalb lohnen beide Ereignisse eine vergleichende Betrachtung.

Der Vertrag von Rapallo und seine Folgen markieren eine deutsche Tradition, die bis in die Gegenwart reicht, wie wir noch sehen werden. Ihre Wurzeln liegen in der preußisch-russischen Allianz, die zur Aufteilung Polens im 18. Jahrhundert führte und in der ersten Hälfte des 19. Jahrhunderts die Folgen der Revolutionen seit 1789 einzudämmen suchte. 1922 ging es vor allem um militärische Kooperation, Öllieferungen und Träume von einem Wirtschaftsbündnis jenseits des Westens. So wollte das Deutsche Reich – nach dem Ersten Weltkrieg international isoliert, von Reparationszahlungen, Inflation, Putschversuchen und Attentaten belastet – zurück auf die Weltbühne finden, mithilfe Russlands, das durch Revolution und Bürgerkrieg ähnlich isoliert und verheert dastand.

Der Industrielle und damalige Außenminister Walther Rathenau war die widersprüchliche und tragische Figur des vor mehr als 100 Jahren unterzeichneten deutsch-sowjetrussischen Vertrags von Rapallo. Tragisch, weil er das Abkommen, unter das er seinen Namen setzte, eigentlich verhindern wollte. Auch wenn die völkischen Nationalisten im Deutschen Reich die Annäherung ans bolschewistische Russland verdammten, feierten deutsche Linke und Konservative Rapallo hingegen als Triumph über den liberal-kapitalistischen Westen. Der Vertrag wurde zum Sinnbild für Deutschlands Schaukelpolitik, gepriesen von der sowjetischen Propaganda, verurteilt in England, dämonisiert in Frankreich – und abgezeichnet von einem prowestlichen deutschen Außenminister.

Was mich an Rapallo im Rückblick am meisten erstaunt: Warum hat ausgerechnet ein liberaler Außenminister den Vertrag unterschrieben?

Diese Frage führt zurück in die italienische Hafenstadt Genua vor 100 Jahren. Dort fand im April 1922 eine Konferenz statt, auf der Großbritannien eine neue Wirtschaftsordnung aushandeln und dazu einige Bestimmungen der Pariser Vorortverträge korrigieren wollte, mit denen 1919/20 der Erste Weltkrieg beendet worden war. Die Delegationen logierten wie Monarchen in den vielen Palasthotels der Stadt: In der auf einem Hügel thronenden Villa d'Albertis bezogen die Briten Quartier, im Hotel Savoy hielten die Franzosen Hof, im anspruchsloseren Eden-Hotel hatten die Deutschen einen Pauschalaufenthalt gebucht, und im Imperiale Palace in Rapallo residierten die bolschewikischen Unterhändler 30 Kilometer von Genua entfernt wie die Zarenfamilie in einem Kurbad. Am 10. April begannen die Verhandlungen im mittelalterlichen Palazzo San Giorgio am Hafen von Genua. Der Reporter Harry Graf Kessler erinnerte sich später: «Imposante Absperrungen, Militärketten in Feldgrau, patrouillierende Kavallerie, im Umkreis des Palazzo weißbehandschuhte, rotbebuschte königliche Guardien, die zu den Topfpflanzen und roten Treppenläufern des in höfischem Pomp herausgeputzten alten Bankpalastes überleiten.» Unter den hohen Decken im großen Renaissancesaal des Palastes saßen die Oberhäupter von 34 Staaten an grünen Tischen, umstellt von weißen Antiken-Standbildern auf schwarzen Marmorfliesen.

Der britische Premier Lloyd George war die Führungsfigur. Er warb für freien Welthandel, Abrüstung und die «Entgiftung der

Welt». Mit einem internationalen Finanzkonsortium wollte er die deutsche Wirtschaft wieder in Gang bringen und Sowjetrussland gleich mit aufbauen. Dagegen beharrte der französische Außenminister auf allen Reparationen, die sein Land in Versailles gegenüber Deutschland durchgesetzt hatte. Der deutsche Kanzler Joseph Wirth wiederum strebte eine Erleichterung der Schuldenlast an. Deutschland war in eine Dauerkrise gestürzt. Wirth fürchtete in Genua sogar eine Erhöhung der Reparationen. Nach Artikel 116 des Versailler Vertrags hätte sich auch Russland den Reparationsforderungen gegen Deutschland anschließen können. Und Frankreich ermutigte Russland dazu, genau das zu tun.

Die Moskauer Delegation führte der blitzgescheite Außenminister Georgij Tschitscherin, der nicht nur Französisch, sondern auch perfekt Deutsch sprach. Er verfolgte ein ganz konkretes Ziel. Moskau wollte von Berlin den Erlass von Vorkriegskrediten und Privatisierungsschulden sowie eine Meistbegünstigungsklausel, die den Handel erleichtern würde. Vor allem aber wollte man die Deutschen aus allen kapitalistischen Bündnissen gegen Sowjetrussland heraushalten, auch aus dem als «imperialistisch» verdammten internationalen Konsortium, das die Briten planten. Emissäre der Sowjetregierung hatten mit den Deutschen schon in den Monaten zuvor über ein entsprechendes Abkommen verhandelt. Doch in Genua drohte Tschitscherins Initiative zu scheitern: Der am Jahresbeginn 1922 zum Außenminister ernannte Liberale und Industrielle Walther Rathenau war für ihn in etwa so anschlussfähig wie 2021 Annalena Baerbock mit ihrer «feministischen Außenpolitik» für ihren russischen Amtskollegen Sergei Lawrow.

Rathenau hatte viele Beziehungen nach Westen, Lloyd George kannte er gut. In Genua hoffte er wie Wirth auf Schuldenerleichterungen und eine Anleihe für Deutschland. Ein Separatabkommen mit Russland dagegen scheute er. Die Vorverhandlungen mit Moskau hielt er für «unverzeihlich». Ebenso wenig behagte ihm die weit gediehene geheime deutsch-russische Zusammenarbeit im Militärbereich, bei Rüstung und Rohstoffen, von der er erst kurz vor der Genueser Konferenz erfahren hatte. Damit stand er so gut wie allein: Der Heereschef der Reichswehr, General Hans von Seeckt, die deutsche Industrie und der mit ihnen verbündete Kanzler – sie alle drängten auf ein deutsch-russisches Sonderabkommen. Und sie waren damit Teil einer Tradition deutscher Ostpolitik, die mit Russland den Schulterschluss suchte, um Ostmitteleuropa zu umgehen, aufzuteilen oder zu neutralisieren.

Ihr engster Verbündeter im Rathenau-Ministerium war der Spitzendiplomat Ago Freiherr von Maltzan, die graue Eminenz der Weimarer Ostpolitik: Maltzan hielt den Kontakt zu den Russen und bereitete die politische Annäherung strategisch vor, Maltzan schob sich zwischen Lloyd George und Rathenau, Maltzan pflegte den Draht zur Reichswehr und zur Ölindustrie, Maltzan wollte – zusammen mit Kanzler Wirth – den «Ring von Versailles» sprengen. Seine wichtigste Aufgabe bestand im April darin, um jeden Preis zu verhindern, dass Außenminister Rathenau die deutsch-russische Annäherung bremste, und zugleich den Einfluss des sozialdemokratischen Reichspräsidenten Friedrich Ebert fernzuhalten, der ebenfalls wenig von zu großer Nähe zu Sowjetrussland hielt. Deshalb versuchte Maltzan in den ersten Tagen der Genueser Konferenz, seinen Chef Rathenau so gut wie möglich abzuschotten und den Informationsfluss zu kontrollieren.

Im Zentrum der Gespräche stand der Artikel 116 des Versailler Vertrages. Auch Rathenau fürchtete, Briten und Franzosen könnten die Russen dazu bringen, von Deutschland Reparationen zu verlangen. Tschitscherin sei vor Lloyd Georges Villa d'Albertis gesichtet worden – solche Nachrichten streute Maltzan in wohlabgemessener Dosierung. «Wie ein Tierbändiger, dem seine Bestien nicht gehorchen wollten», erzählte ein deutscher Politiker, sei er vor dem Eden-Hotel auf und ab gegangen. Das meiste, was wir über die Abläufe von Rapallo wissen, stammt jedoch aus Maltzans eigenen Überlieferungen. Rathenau starb, bevor er etwas aufschreiben konnte, Wirth hinterließ nur wenige Einblicke.

Aus Maltzans Perspektive stellten sich die Ereignisse folgendermaßen dar: Es war Ostersonntag, der 16. April 1922, als Maltzan gegen 2.30 Uhr Rathenau aufsuchte und ihm mitteilte, die Russen hätten angerufen und seien zu Verhandlungen bereit. «Sie bringen mir mein Todesurteil?», fragte Rathenau. Er witterte ein Komplott und sagte, er wolle Lloyd George sprechen. «Unmöglich!», gab Maltzan zurück. Zu einem solchen «Verrat an Tschitscherin» sei er nicht bereit. Kurz darauf drang auch Wirth in Rathenaus Suite ein. Im Pyjama musste sich der Außenminister von Maltzan und dem Kanzler bearbeiten lassen. Ihr Hauptargument waren die vermeintlichen Verhandlungen Tschitscherins mit den Briten zuungunsten des Deutschen Reichs. Am frühen Morgen gab Rathenau nach: «Le vin est tiré, il faut le boire» – «der Wein ist entkorkt, nun muss man ihn trinken».

Am Morgen des Ostersonntags brach die deutsche Delegation nach Rapallo auf, um sich im Imperiale Palace Hotel mit den Russen zusammenzusetzen. Um kurz vor 19 Uhr unterzeichneten sie den Vertrag. Er besiegelte die Aufnahme diplomatischer Beziehungen, den Verzicht auf Reparationsforderungen und alte Ansprüche, Handel auf Meistbegünstigungsbasis und weitreichende wirtschaftliche Kooperation.

Der Vertrag «schlug wie eine Bombe ein», schrieb Kanzler Wirth später, und das war noch vorsichtig ausgedrückt. Lloyd George habe «wie der Stier von Uri» geschrien. Denn mit der Aufnahme diplomatischer Beziehungen zwischen Berlin und Moskau waren die britischen Hoffnungen auf eine neue europäische Wirtschaftsordnung geplatzt. Mehr noch: Der Vertrag galt im Westen als Ausdruck deutscher Unzuverlässigkeit und Illoyalität. Der Plan der Sowjets, die «kapitalistischen Ideen» von Genua zu sprengen, war aufgegangen. Und Rathenaus Versuche, durch die Ausgestaltung des Vertrags militärpolitische Abmachungen zu verhindern, scheiterten. Denn was nicht im Vertrag stand, sollte im neuen Umfeld der erwärmten deutsch-sowjetrussischen Beziehungen hinzugefügt werden. Der Rapallo-Vertrag wurde in den folgenden Jahren zur diplomatischen Hülle für eine Reihe von Geheimabmachungen und Kooperationen. Der Reichswehrchef von Seeckt baute die heimliche militärische Zusammenarbeit unter Umgehung der Versailler Bestimmungen aus: Deutsche Piloten übten im russischen Lipezk, deutsche Panzerfahrer in Kasan, deutsche Chemiker experimentierten mit Kampfstoffen an der Wolga. Deutsche Technik ging nach Russland, zurück floss russisches Öl. Das junge Sowjetrussland half damals der Reichswehr, ihre Schlagkraft aufzubauen, dafür holte Berlin die Bolschewiki aus der internationalen Isolation.

Hitler, ein Gegner des Rapallo-Vertrags, nutzte all das später brutal aus, um mit Stalin 1939 Polen und Ostmitteleuropa aufzuteilen. Bevor er zwei Jahre danach die Sowjetunion selbst überfiel. Das Vorspiel des Hitler-Stalin-Pakts gehört in die unrühmliche Tradition deutsch-russischer Politik gegen Ostmitteleuropa. Rapallo war nichts anderes als eine Etappe in der langen deutsch-russischen Zusammenarbeit zulasten Dritter. Rathenau sollte das alles nicht mehr erleben. Er wurde wenige Wochen nach Vertragsunterzeichnung von Rechtsextremisten in Berlin-Grunewald erschossen.

Seltsamerweise lernte man in Deutschland wenig aus der Geschichte des verunglückten Vertrags. Nach dem verlorenen deutschen Vernichtungskrieg gegen die Sowjetunion wurde der Rapallo-Vertrag in der DDR als ein Vorläufer sozialistischer Bruderschaft gepriesen. In der Bundesrepublik interpretierten ihn konservative Historiker als ein Stück Realpolitik, das unter dem Eindruck des französischen Drucks auf Deutschland in den frühen 1920er Jahren angemessen gewesen sei. Einem starken Realismus folgte in den 1970er Jahren auch die Ostpolitik unter den SPD-Kanzlern Willy Brandt und Helmut Schmidt. Die erwies sich allerdings ganz anders als Rapallo als ein historischer Glücksfall, weil sie andere Voraussetzungen hatte. Die Bundesrepublik war fest im westlichen Bündnis verankert. Die Ostpolitik nahm die amerikanischen Entspannungs-Signale der 1960er Jahre auf und war mit den westlichen Verbündeten in der Hauptsache abgestimmt. Sie ging aus von der Anerkennung der geopolitischen Tatsachen in Europa nach 1945. Brandts historische «Einsicht in die Notwendigkeit» von Verträgen mit Moskau, Warschau und der DDR-Führung ebnete den Weg zur Konferenz von Helsinki 1975, wo die westlichen Staaten den sowjetischen Machtbereich faktisch anerkannten, im Austausch für die Wahrung zwischenstaatlicher Sicherheitsstandards und die Achtung der Menschenrechte. Darauf konnten sich künftig auch Dissidenten in Osteuropa berufen, und darin lag eine Chance auf Veränderung der Verhältnisse im sowjetisch beherrschten Osteuropa. Darauf beriefen sich die polnischen, ungarischen und ostdeutschen Demonstranten, die Ende der 1980er Jahre die kommunistischen Regime zum Einsturz brachten. Die Ostpolitik trug erheblich dazu bei, die Spaltung Europas zu überwinden.

Die Bedeutsamkeit, der Sowjetunion diese Zugeständnisse abgetrotzt zu haben, wurde in der sogenannten «zweiten Phase der Ostpolitik» leider vollkommen vergessen. Der einstige Vordenker der Ostpolitik Egon Bahr und andere Sozialdemokraten standen für eine fortschreitende Verirrung der Ostpolitik, die in den 1970er Jahren so erfolgreich war. Als die Arbeiter der Danziger Werft Anfang der 1980er Jahre gegen die Kommunistische Partei revoltierten, wollten deutsche Sozialdemokraten zuallererst die «Stabilität» retten. Das polnische Kriegsrecht hielten sie für bedauerlich, aber notwendig. An «Runden Tischen» mit der SED-Führung in den 1980er Jahren plauderten SPD-Politiker wie Egon Bahr über die fundamentalen Unterschiede zwischen Demokratie und Diktatur hinweg. Sie fütterten die Stabilisierungsbedürfnisse der kommunistischen Herrscher – anstatt ihre Widersprüche und Menschenrechtsbrüche zu entblößen. Das taten am Ende die aufgebrachten Menschen selbst, als das sowjetisch beherrschte Osteuropa Ende der 1980er Jahre von Aufständen und nationalen Bewegungen erschüttert wurde. Der alte Bahr war später einer der Hauptbefürworter einer engen Kollaboration mit Putins Russland auf Kosten der Beziehungen zu den USA.

Nach der Wiedervereinigung und in den 1990er Jahren entdeckten die Deutschen eine für sie früher untypische Sympathie für die nationalen Regungen und demokratischen Forderungen der Völker Ostmitteleuropas. Die deutschen Regierungen der 1990er Jahre unterstützten die demokratische Entwicklung in der Region. Das galt nicht nur für den Christdemokraten Helmut Kohl, sondern auch für die rot-grüne Regierung von Gerhard Schröder ab 1998. Sie unternahmen große Anstrengungen, um

Polen, Ungarn, Tschechien, die Slowakei, die baltischen Staaten und andere Länder Ostmitteleuropas in die EU und in die Nato zu bringen. Zugleich gelang es, Russland mit der Nato-Russland-Grundakte, der Erweiterung der G7-Gruppe um Moskau und zahlreichen anderen Abkommen zumindest nicht auszuschließen. Trotzdem verpasste der Westen in der Zeit des halbwegs demokratisch gesinnten Präsidenten Boris Jelzin eine Chance, Russland etwas fester an sich zu binden.

Diesen Versuch unternahm bekanntlich Gerhard Schröder, aber er hatte auf der bewegten Schlittenfahrt mit Putin im Januar 2001 irgendwo unterwegs den Kompass verloren, der den angemessenen Weg zwischen Solidarität mit den ostmitteleuropäischen Verbündeten und Kooperation mit Russland anzeigt. Es war schließlich Schröder, der die traditionelle deutsch-russische Zusammenarbeit auf Kosten Ostmitteleuropas fortsetzte, die verhängnisvolle Linie von den polnischen Teilungen des 18. Jahrhunderts über Rapallo bis zum Bau der Nord-Stream-Pipelines. Die Rohrleitung unter der Ostsee war eine russische Idee, die Putin Schröder nahegebracht hatte – und die Schröder am Ende seiner Amtszeit 2005 unter Dach und Fach brachte. Er drückte noch als Kanzler in der Regierung eine Kreditbürgschaft der staatlichen Hermes-Versicherungen für die erste Pipeline durch. Bauherren und Finanziers sollten Gazprom und europäische Konzerne sein, darunter die deutsche BASF und der von der Schröder-Regierung geschaffene neue Konzern E.on. Diesem hatte Schröder zuvor durch einen Trick eine marktbeherrschende Stellung verschafft. Erst fusionierten 2000 Viag und Veba, dann übernahm die neue E.on-Gesellschaft den Gasversorger Ruhrgas, der damals schon 60 Prozent des deutschen Gasmarktes kontrollierte. Dagegen legte das Kartellamt zu Recht Widerspruch ein, aber die Schröder-Regierung drückte eiskalt die Übernahme von Ruhrgas per Minister-Erlaubnis durch. Ein Gigant war entstanden, der sich künftig mit dem russischen Riesen Gazprom verbünden sollte. Beide Konzerne waren entscheidende Finanziers des Nord-Stream-Projektes. Kaum zwei Wochen nach seiner Entlassung als Bundeskanzler trat Schröder im Dezember 2005 sein neues Amt als Chef des Aufsichtsrats der neugegründeten Nord Stream AG an. Hier war sie wieder, die Idee, dass deutsche Technik und russische Rohstoffe die Welt verändern können, dass Russland und Deutschland besondere Interessen verbinden, die sich westlichen Einflüssen entziehen und nicht durch Einsprüche von Polen oder Balten gestört werden sollen.

Der Bau der beiden Nord-Stream-Pipelines ist ein unrühmliches Kapitel, das Deutschlands Verhältnis zu seinen unmittelbaren Nachbarn stark eintrübte und seine Glaubwürdigkeit nachhaltig beschädigte. Die deutsche Erdgasindustrie hat sich, wie Teile der deutschen Industrie in den 1920er Jahren, ebenso gierig wie blind mit Russland verflochten. Schon der Bau der ersten Pipeline ab 2005 stieß auf die Empörung und die Proteste ostmitteleuropäischer Regierungen, die sich durch das Ostsee-Rohr umgangen sahen. Dennoch bauten russische, deutsche und andere europäische Konzerne die Pipeline ungerührt zu Ende. Deutschland ließ sie ans Netz gehen, die Irritationen in der EU und in Brüssel waren groß. Völlig unverständlich war deshalb, warum es trotz der schmerzhaften Auseinandersetzungen mit den Verbündeten über Nord-Stream 1 und des damit verbundenen Vertrauensverlustes überhaupt zum Bau einer zweiten Pipeline kommen konnte. Deshalb möchte ich wie im Fall Rapallo auch diesen deutschen Irrtum im Umgang mit Russland genauer betrachten.

Das Debakel nahm seinen Anfang kaum sechs Wochen nach Putins Annexion der Krim im März 2014. Da feierte Gerhard Schröder in St. Petersburg seinen 70. Geburtstag nach. Zu der opulenten Feier im Jussupow-Palais fanden sich Wladimir Putin und der Gazprom-Chef Alexei Miller ein. Bezahlt wurde die Party in den historischen Prachträumen am Mojka-Fluss von der Nord Stream AG. Besprochen wurde der Plan einer neuen Doppelröhre unter der Ostsee, genannt Nord-Stream 2. Es war Putins Projekt, um die Ukraine nach dem Angriff auf die Krim und den Donbass weiter zu schwächen und Deutschland dabei zum Komplizen zu machen.

In einem Luxushotel in Wladiwostok trafen sich dann am 4. September 2015, also eineinhalb Jahre später, hochrangige

Energiemanager und russische Bürokraten, unter ihnen Alexei Miller von Gazprom und Vertreter der deutschen Konzerne E.on und BASF. In der oft windigen Stadt am Pazifik wurde an diesem Tag ein Jahrhundertgeschäft verabredet. Alexei Miller einigte sich mit deutschen, niederländischen und französischen Unternehmern auf die neue Röhre, durch die pro Jahr bis zu 55 Milliarden Kubikmeter Gas von Russland nach Deutschland strömen sollten – zusätzlich zu den 55 Milliarden Kubikmetern von Nord-Stream 1. Damit sollte die Gesamtkapazität der Leitungen, die durch die Ukraine führten, erreicht werden. Das Geschäft entwickelte sich für die deutsche Regierung zu einem Albtraum. Nord-Stream 2 verschlechterte das angespannte Verhältnis zwischen Deutschland und Polen, stellte Berlin in der EU an den Pranger, versetzte die USA in Rage und brachte Kanzlerin Angela Merkel in die Bredouille. Die deutsche Regierung versuchte sich herauszuwinden, indem sie lange Zeit behauptete, das geopolitische Projekt sei rein wirtschaftlicher Natur.

Sechs Wochen nach dem Treffen in Wladiwostok, am 28. Oktober 2015, flog der damalige deutsche Vizekanzler und Wirtschaftsminister nach Moskau. Für Sigmar Gabriel nahm sich Wladimir Putin ungewöhnlich viel Zeit. Fast zwei Stunden sprachen sie auf der Staatsdatscha Nowo-Orgarjowo, auch Alexei Miller saß am Tisch. Gabriel war für die Nord-Streamer der zentrale Mann in Berlin. Er wurde der moderne Ago von Maltzan, der von Schröder gestützte Exekutor von Rohrpallo. Der Wirtschaftsminister winkte 2014 und 2015 den Verkauf der größten deutschen Gasspeicher und von deutscher Erdgasinfrastruktur an Gazprom durch. Er setzte sich dafür ein, dass deutsche und nicht europäische Behörden für Nord-Stream 2 zuständig seien. Er lobbyierte in Brüssel und den europäischen Hauptstädten. Das war wichtig, denn die Bundesregierung wollte die Pipeline, die EU-Kommission lehnte sie ab.

Der Streit, der nun begann, ähnelte dem über Nord-Stream 1, als die Kommission und die Ostmitteleuropäer die Leitung kritisierten. Nur hatten sich 2015 die politischen Umstände radikal verändert. Die russische Intervention in der Ostukraine und die

Krim-Annexion hatten Europa erschüttert. Die EU wollte unabhängiger von russischen Gaslieferungen werden. Am 30. November 2015 schrieben die Wirtschaftsminister aus Polen, Ungarn, Rumänien, Lettland, Estland, Litauen und der Slowakei einen Brief an die EU-Kommission. Auf drei Seiten wetterten sie gegen Nord-Stream 2: Die geplante Pipeline nehme der Ukraine Transitgebühren; sie erhöhe die Abhängigkeit der EU von Russland. Zwei Wochen später schloss sich das Europäische Parlament der Kritik an, die EU-Kommission ging auf Distanz zu dem Projekt.

All das wusste Angela Merkel, als sie am 17. Dezember 2015 zum EU-Gipfel nach Brüssel reiste. Neben der sogenannten Flüchtlingskrise sprachen die Regierungschefs auch über Nord-Stream 2. Spätestens jetzt hätte Merkel Stellung beziehen müssen. Die Nord-Stream-2-Gesellschaft hatte begonnen, Genehmigungen zu beantragen. Bei St. Petersburg wurden bereits die ersten Bauteile gelagert. Doch Merkel scheute die Festlegung. Im Kanzleramt stritten ihre Berater um eine einheitliche Linie. Der außenpolitische Berater Christoph Heusgen war dagegen, der Wirtschaftsberater Lars-Henrik Röller war dafür. Die Kanzlerin wollte vor allem keinen Dauerstreit mit der SPD und ihrem Vizekanzler Gabriel riskieren. In Brüssel redete sie sich darauf hinaus, «dass es erst einmal ein wirtschaftliches Projekt» sei. Obwohl der politische Streit längst am Kochen war.

Merkels Lavieren ermöglichte es ihrem Vorgänger Schröder, das Pipeline-Projekt voranzutreiben. Im Juli 2016 wurde er im Handelsregister des Schweizer Kantons Zug als Verwaltungsratspräsident der Nord-Stream-2-Gesellschaft eingetragen. Im Februar 2017 machte er in Berlin den Gazprom-Chef Miller mit der neuen Wirtschaftsministerin Brigitte Zypries von der SPD bekannt, während Sigmar Gabriel Außenminister geworden war. Gabriel hielt auch im neuen Amt engen Kontakt mit Russland. Am 2. Juni 2017 lud Wladimir Putin den Außenminister zum Vieraugengespräch nach St. Petersburg. Danach ergab sich ein privates Abendessen im Konstantinpalast, der Petersburger Residenz Putins. Mit am Tisch, mal wieder: Gerhard Schröder. Es galt, den Widerstand gegen Nord-Stream 2 ins Leere laufen zu lassen. «Wir glaubten, dass sich Russland in der Energieversorgung ebenso verlässlich verhalten würde wie die alte Sowjetunion», die in der Zeit des Kalten Krieges ein verlässlicher Lieferant gewesen sei, erklärte Gabriel in einem Interview im Mai 2022 rückblickend seine Politik. «Diese Erfahrung wurde einfach bruchlos auf Russland und Putin übertragen. Das war eine Fehlkalkulation.»

In der EU waren die Fronten verhärtet. Am stärksten war der Widerstand in den östlichen EU-Ländern, die von russischen Gaslieferungen besonders abhängig waren und nun an ihren Küsten LNG-Terminals bauten, um aus den USA Flüssiggas importieren zu können. Doch ihre Versuche, die Gazprom-Röhre mithilfe des EU-Rechts zu verhindern, scheiterten. Zunächst. Der gefährlichste Angriff auf Nord-Stream 2 kam jedoch nicht aus Warschau oder Brüssel, sondern aus Washington. Am 13. Juni 2017 beschloss der US-Senat Sanktionen gegen die «Gegner Amerikas». Ganz oben auf der Liste stand Russland. In der Sektion 232 «Sanktionen gegen russische Pipelines» gab der Senat dem US-Präsidenten eine Auswahl von Maßnahmen an die Hand, um die Erbauer der Pipeline zu bestrafen. Das konnte auch deutsche Firmen als Finanziers und Partner treffen. Europa fiel auseinander. Während die polnische Regierung Washington ungeniert zu diesem Schritt ermunterte, verurteilte der deutsche Außenminister das Embargo des amerikanischen Senats. Gabriel warf den USA vor, mit völkerrechtswidrigen Sanktionen eigene wirtschaftliche Interessen zu verfolgen.

Doch auch in Berlin sammelte sich Widerstand gegen Nord-Stream 2. Die Grünen und Umweltgruppen kritisierten das Projekt, der Naturschutzbund Deutschland klagte. Die deutschen Behörden erhöhten daraufhin das Tempo. Am 31. Januar 2018 erteilte das Bergamt Stralsund flugs die Genehmigung für Bau und Betrieb der Pipeline im deutschen Küstenmeer. Es folgten Genehmigungen aus Schweden und Finnland, durch deren Hoheitsgewässer die Röhre laufen sollte. Nur Dänemark verweigerte die Erlaubnis, aber das konnte Nord-Stream 2 nicht stoppen. Die Planer verlegten kurzerhand die Trasse und umgingen die dänischen Territorialgewässer.

Angesichts des wachsenden Drucks ging Angela Merkel im April 2018 in die Offensive für eine diplomatische Reparaturmission. Als der ukrainische Präsident Petro Poroschenko sie am 10. April 2018 in Berlin besuchte, stand sie in einer hohen Halle des Kanzleramts neben ihm und erklärte, dass Nord-Stream 2 wohl doch kein ausschließlich «wirtschaftliches Projekt» sei. Sie räumte ein: «Es sind auch politische Faktoren zu berücksichtigen.» Poroschenko lächelte süßsauer. Merkel versuchte danach, die Russen darauf zu verpflichten, ihr Gas künftig garantiert sowohl durch die Ostsee wie auch durch die Ukraine nach Westeuropa zu liefern: «Ohne eine Perspektive, wie es mit dem Transit durch die Ukraine weitergeht», sei Nord-Stream 2 nicht möglich. Tatsächlich gelang es Merkels Regierung, zwischen Moskau und Kiew einen Vertrag über die Verlängerung der Gaslieferungen durch die Ukraine bis 2024 zu vermitteln. Aber das reichte alles nicht, um die Gegner zu besänftigen.

Am 11. Juli 2018 frühstückte US-Präsident Donald Trump im Nato-Hauptquartier in Brüssel mit Generalsekretär Jens Stoltenberg. Trump griff Berlin frontal an: «Deutschland ist Russlands Gefangener.» Es beziehe bis zu 70 Prozent seiner Energie aus Russland, und jetzt komme noch die Pipeline. Das stimmte zwar nicht, aber damals stammte immerhin rund die Hälfte der deutschen Gas- und Ölimporte aus Russland. Der Nato-Gipfel wurde zur Demonstration der Uneinigkeit. So beschädigte Nord-Stream 2 – verstärkt durch Trumps Megafon – sowohl die Nato als auch die EU. Eine ausgewogene gemeinsame Reaktion der EU auf die geplanten US-Strafmaßnahmen gegen europäische Energiefirmen war kaum vorstellbar. Zu gegensätzlich waren die Interessen, und zu groß war das Misstrauen, das die Große Koalition und Schröder bei den Nachbarn geweckt hatten. Schließlich fiel 2019 auch noch Merkels treuer Verbündeter Emmanuel Macron um und wechselte in das Lager der Pipeline-Kritiker. Deutschlands Russlandpolitik hatte es den populistischen Nationalisten Wladimir Putin und Donald Trump einfach gemacht, die EU zu spalten. Davon völlig unbeschadet wurde die Rohrleitung einfach weitergebaut.

Es brauchte nichts weniger als einen Krieg, um Nord-Stream 2 zu stoppen. Die Pipeline wurde noch zu Zeiten der Großen Koalition fertiggestellt, es fehlte am Ende nur eine Formalität, die Zertifizierung durch die Bundesnetzagentur und die EU-Behörden. In den ersten Wochen unter dem neuen Kanzler Olaf Scholz pumpte Gazprom Ende 2021 die Leitung voll, um Deutschland zu beliefern. Zur selben Zeit ließ Putin über 100 000 Soldaten an den Grenzen der Ukraine aufmarschieren, um den Überfall auf den Nachbarn vorzubereiten. Der außenpolitische Druck wuchs, das Projekt abzublasen. Doch Scholz verteidigte Nord-Stream 2 in bester sozialdemokratischer Manier. Schon als Finanzminister der Merkel-Regierung hatte er den US-Amerikanern den Bau eines deutschen Flüssiggas-Terminals in Aussicht gestellt, damit diese ihren Widerstand gegen die Pipeline aufgaben. Scholz war bereits Kanzler, als Gerhard Schröder am 10. Februar 2022 die Gelegenheit erhielt, einige SPD-Außenpolitiker in Sachen Pipeline und Russland zu beraten. Der Regierungschef hielt wochenlang an seiner Linie fest, das Schicksal der Pipeline im Unklaren zu lassen, äußerte keine Drohung, keine Warnung, keine Prognose. «Strategische Ambiguität» nannte das Kanzleramt diese letzte deutsche Volte, ein unmögliches Projekt über die abgelaufene Zeit zu retten. Erst zwei Tage vor dem russischen Überfall auf die Ukraine zog Scholz endlich den Stecker und erklärte die Aussetzung des Zertifizierungsverfahrens. Es war fünf nach zwölf.

Deutschland hatte längst seine Souveränität und Handlungsfreiheit verloren. In den Jahren seit Schröders Schlittenfahrt war die Abhängigkeit Deutschlands von russischen Energieressourcen mit jedem Jahr gewachsen. Beim Öl, bei der Kohle, beim Gas. Ich studierte jährlich die Zahlen des Bundeswirtschaftsministeriums und stellte fest, dass die Zahlen der Gasimporte aus Russland seit 2016 nicht mehr veröffentlicht wurden. Damals lag die Größenordnung bei vierzig Prozent. Auf meine Nachfragen teilte mir das Ministerium mit, dass die Behörden diese Daten aus «Gründen von Geschäftsgeheimnissen» nicht mehr veröffentlichen könnten. Mit anderen Worten: aus Rücksicht auf die Geheimnisse von Gazprom und der mit ihnen verbrüderten deutschen Energiekonzerne. Es folgte ein sechsjähriger statistischer Blindflug, an dessen Ende herauskam, dass der Anteil Russlands am gesamten Gasimport Deutschlands auf über 55 Prozent gewachsen war. Deshalb war die Bundesregierung nach dem russischen Überfall auf die Ukraine in der Falle. Sie konnte zwar zügig auf Kohle, später auch auf Erdöl aus Russland verzichten, aber beim Erdgas hatten vorherige Bundesregierungen und die deutsche Gasindustrie ganze Arbeit geleistet. Deutschland konnte sich nicht ohne gewaltige Kosten von Russland lösen, Berlin hing an der Gazprom-Leitung. Schlimmer noch: Der größte deutsche Gaskonzern, der sich wider besseren Rat tief mit Russland verflochten hatte, kollabierte in dem Moment, als alles auf ihn ankam.

Es handelte sich um die Nachfolgegesellschaft der von Kanzler Gerhard Schröder am Kartellamt vorbei fusionierten E.on. Die Unternehmensteile für Erdgasgeschäfte waren mittlerweile unter dem Namen Uniper ausgegliedert und verkauft worden. Uniper war der größte deutsche Versorger und ächzte 2022 unter der Vertragsbrüchigkeit von Gazprom. Putin wies seinen Staatskonzern an, die Lieferungen durch Nord-Stream 1 nach Deutschland erst zu drosseln und dann zu stoppen. Im September 2022 zerstörten Anschläge insgesamt drei von vier Strängen der Nord-Stream-Pipelines. Das verbliebene Gas strömte an die Oberfläche der Ostsee und schließlich in die Atmosphäre. Jetzt rächte sich die blinde Verflechtung der vergangenen 20 Jahre. Weil Gazprom nicht mehr lieferte, musste Uniper Gas zu Höchstpreisen auf dem internationalen Markt nachkaufen – und brach zusammen. Um die deutsche Versorgung zu retten, nahm die Bundesregierung viele Milliarden Euro Steuergeld in die Hand und stieg bei Uniper als Gesellschafter ein.

Das war so unausweichlich wie empörend. Denn Uniper – und bis 2016 der Vorläuferkonzern E.on – war einer der Hauptagenten für Deutschlands Weg in die Abhängigkeit von Putins politisch kontrollierten Gaslieferungen. Dieser Konzern hatte sein Gasgeschäft, wie übrigens auch die BASF, willentlich und systematisch mit Russland verflochten. Uniper erstickte nun an den Fehlentscheidungen der Vergangenheit.

E.on/Uniper bezog sein Gas überwiegend aus Russland und konnte nicht genug davon bekommen. Immer neue Lieferverträge und schließlich die Beteiligung an sibirischen Gasfeldern erhöhten die Abhängigkeit des größten deutschen Energiekonzerns von Russland. Erschwerend kam hinzu, dass E.on im Lauf der vergangenen 20 Jahre Alternativen zu Russlands Gaslieferungen ignorierte oder nachgerade verhinderte. E.on versprach in den 2000er Jahren, einen deutschen Flüssiggas-Terminal in Wilhelmshaven zu bauen. Alle dachten, die Sache liefe, Deutschland bekäme seinen Terminal. Doch der Konzern verschleppte den Bau jahrelang, um das Projekt 2008 zu begraben. Der Nachfolge-Konzern Uniper verwarf erneut 2020 die Planungen für einen LNG-Terminal wegen zu geringer Nachfrage. Es lohne sich nicht, hieß es. 2022 aber hätte Uniper mit einem LNG-Terminal und Lieferverträgen mit Qatar und den USA wahrscheinlich nicht vom Staat gerettet werden müssen.

Auch weitere Optionen mied der Konzern tunlichst. In den 2000er Jahren förderte die Europäische Kommission das Nabucco-Projekt, eine Pipeline, die Gas vom Kaspischen Meer über die Türkei nach Europa bringen sollte. An Russland vorbei. Der E.on-Ruhrgas-Chef Burckhard Bergmann sagte dazu 2008, er sehe «in der Umsetzung ernste Probleme» – woher solle denn das Gas kommen? In Deutschland zerstörten solche Einschätzungen der Erdgas-Chefs die Reputation des Projekts. Für die Nord-Stream-Pipelines aber warf man gern Geld in eine Grube, deren Grund man nicht sah.

Dabei war der Konzern gewarnt. Es gibt zahlreiche Interviews von 2008 bis 2022, in denen E.on-Manager auf kritische Fragen von Journalisten und Expertinnen nach Russlands Gaswaffe abwiegelten. «Einen äußerst zuverlässigen Lieferanten» nannte der E.on-Ruhrgas-Chef Bernard Reutersberg Gazprom 2008. Der E.on-CEO Johannes Teyssen sagte nach Putins Überfall auf die Ukraine 2014, «Russland habe kein Interesse», Gas als Waffe einzusetzen, weil es vom Export lebe. «Die Russen können beschließen, kein Geld zu verdienen, was sehr unwahrscheinlich ist». Noch im Januar 2022 behauptete Uniper-CEO Klaus-Dieter Maubach Ähnliches: Gas aus Russland sei «seit 50 Jahren absolut zuverlässig.»

Das Gegenteil war richtig. Putin wies Gazprom bereits während seiner Konflikte mit prowestlichen Regierungschefs in der Ukraine zwischen 2004 und 2014 mehrfach an, den Gasfluss dorthin zu verknappen. Auch erpresste Gazprom ostmittel- und südosteuropäische Staaten mit exorbitanten Preisen. Und im Jahr 2021 laugte Gazprom die deutschen Gas-Speicher aus, damit Deutschland verwundbar wurde. Gas ist in Russland keine Handelsware, sondern ein politischer Rohstoff.

Es entlastet Uniper (vormals E.on) nicht, dass der deutsche Konkurrent Wintershall unter dem Dach von BASF sich Gazprom auf ähnliche Weise in die Arme warf. Sich an Nord-Stream 1 und 2 beteiligte. Sich in sibirische Gasfelder einkaufte. Wintershall verhökerte sogar alle seine deutschen Gasspeicher an Gazprom, abgesegnet von SPD-Wirtschaftsminister Sigmar Gabriel. Das war 2015, nach Putins Überfall auf die Ukraine 2014! Der Warnungen vor diesen Gas-Deals mit Putin gab es viele. Aber die Gaswirtschaft wollte sie nicht hören.

Mit Uniper brach eine ebenso korrumpierte wie irregeleitete Energiestrategie zusammen. Und mit Putins Krieg war die Ostpolitik in ihrer x-ten Neuauflage gescheitert. 20 Jahre Verstehen, Vermitteln und Verständnis zeigten: Es hatte alles nichts genutzt. Die deutsche Politik stand nach zwei Jahrzehnten der unzähligen Konferenzen, Gipfel und Gespräche nackt da, betrogen von Putin und beschämt von sich selbst. «Wir haben uns geirrt!», war nach dem Überfall der meistausgesprochene Satz der deutschen politischen Elite. Die Reflexion aber, warum es so weit kommen konnte, blieb häufig aus. Was fehlt, ist ein Untersuchungsausschuss, der dieses Totalversagen aufarbeitet und dabei auch Namen nennt. Drei deutsche Politikansätze waren grundsätzlich gescheitert. Die Logik der wirtschaftlichen Verflechtung, die Fehlwahrnehmung von Putins Russland und die Besserwisserei vom moralischen Feldherrnhügel aus.

Von Helmut Schmidt hörte ich seit meinem Beginn bei der ZEIT 1992 in den Redaktionskonferenzen immer wieder die Auffassung: «Wer handelt, führt keine Kriege gegeneinander.» Das war ein eherner Lehrsatz deutscher Außenpolitik, der Generationen von Bonner und Berliner Politikern anleitete. Und er war lange Zeit auch schwer widerlegbar. Während andere Staaten Armeen und Waffen hinausschickten, lieferten die Deutschen Maschinen, Luxusautos und andere High-Tech-Produkte in die Welt. Und auch einiges an Waffen, aber die fielen in der Außenhandelsbilanz kaum ins Gewicht. Aus Russland kamen Öl und Gas zu erschwinglichen Preisen nach Deutschland. Die Deutschen vernetzten sich und setzten darauf, dass die gegenseitige Abhängigkeit jede Lust zum Konflikt im Keim ersticken würde, da der Schaden für einen selbst so groß gewesen wäre. Das ging lange gut. Aber nicht mehr mit Wladimir Putin nach seiner Rückkehr ins Präsidentenamt 2012. Deutsche Politiker und Gasmanager glaubten, sie hätten es mit einem Mann zu tun, der rationale Entscheidungen fällen würde und für den der ökonomische Vorteil wichtiger sei als nationalistische Träume. War Putin nicht ein «Quasi-Deutscher»? Den Kipppunkt 2012 haben die Deutschen verpasst. Putin wurde zum Musterbeispiel eines autoritären Herrschers, für den die Wirtschaft wenig zählte, wenn es um die Ausdehnung seiner Macht ging. Seit 2012, spätestens seit 2014 fällte er in der Hauptsache Entscheidungen gegen das wirtschaftliche Interesse seines eigenen Landes. Sicherheit zuerst! Die Verflechtung wurde schließlich Deutschland zum Verhängnis, weil deutsche Politiker und Energiemanager diese Wahrheiten nicht hören wollten. Zu gut war es zuvor gelaufen.

Dabei war es prinzipiell nicht falsch, mit dem Mann zu reden. Die heute scharf kritisierte Idee einer «Modernisierungspartnerschaft» mit Russland in der Zeit der kurzen Präsidentschaft von Dmitrij Medwedew von 2008 bis 2012 war zumindest den Versuch wert. In der EU wird reichlich geheuchelt. Die ostmitteleuropäischen Staaten, die Berlin für seine frühere Russland-Politik kritisieren, hatten ihre eigenen Verflechtungsskandale mit Moskau. Länder wie Polen, Bulgarien, Lettland und Finnland erlaubten Russland einen ähnlich hohen Anteil an ihren Gasimporten wie Deutschland – oder höher. Polens rechtsnationalistische Regierung kollaborierte viele Jahre mit dem Nationalisten Viktor Orbán gegen die EU und half dem Mann in die Position, aus der er EU-Sanktionen gegen Russland verwässerte oder ein Ölembargo blockierte. Dabei waren die EU-Sanktionen und der Minsker Waffenstillstand von 2015 der Weg, um Russland daran zu hindern, eine damals praktisch wehrlose Ukraine zu überrennen und komplett einzunehmen. Verhandlungen und Vermittlung sind keine Verbrechen, wie heute mancher suggeriert. Der sogenannte «Friedensprozess» von Minsk, ein Siegfrieden zugunsten Russlands, war für die Ukraine zwar schmerzhaft und erniedrigend, aber er schenkte dem Land sieben wichtige Jahre, um sich zu ertüchtigen und wehren zu können. Die unzähligen Anläufe, die deutsche Politiker nach Moskau unternahmen, straften all jene Lügen, die in deutschen Talkshows behaupteten, man habe nicht genug geredet. Mehr als die Deutschen mit Putin hat gewiss niemand konferiert, außer vielleicht der türkische Staatspräsident Recep Tayyip Erdoğan.

Nicht der Redeversuch an sich war der Fehler, sondern die unterlassene Bilanzierung des eigenen Tuns, die mangelnde Erkenntnis, dass das Reden ab einem bestimmten Punkt zu nichts führte. Der mangelnde Wille, sich mit besserer Ausstattung der Bundeswehr und einer Diversifikation der Energiequellen auf das Scheitern des Redens vorzubereiten. Deutsche Politiker und Wirtschaftslenker hatten dafür zwei Jahrzehnte Zeit. Sie sahen an dem wahren Charakter des russischen Regimes vorbei, sie ignorierten die inneren Veränderungen Russlands und Metamorphosen Putins an der Macht. Sie übersahen vor allem, dass Putins Russland nicht die siegreiche, saturierte Sowjetunion war, sondern ein zunehmend revanchistischer Staat, der auf Rache für 1991 sann. Ein zentraler ostpolitischer Akteur, Sigmar Gabriel, räumte in einem Interview nach Kriegsausbruch 2022 ein, «dass wir in der Zeit ab 2007 die Ambitionen des russischen Präsidenten unterschätzt haben oder besser gesagt unsere Erfahrung im Umgang mit der Sowjetunion und mit Russland überschätzten.»

Es war eigentlich noch schlimmer: Die Deutschen meinten Russland am besten zu verstehen, und das war wohl ihr größtes Missverständnis. Ich beobachtete auf europäischen Konferenzen, wie deutsche Teilnehmer den ostmitteleuropäischen Vertretern vom Hochsitz der moralischen Erhabenheit erklärten, wie man mit Russland umzugehen habe. Außerdem fühlten sich die Deutschen frei von antirussischen Ressentiments, die sie als Folge der Sowjetherrschaft bei Polen, Balten und Tschechen vermuteten, vor allem aber bei den Ukrainern. Die von Russland unabhängige Geschichte osteuropäischer Staaten wurde allzu oft ignoriert. In der Ukraine sahen manche Deutsche nicht viel mehr als eine kuriose Variation von Russland und auf alle Fälle ein Land in Moskaus Sphäre. Das wurde gerade nach dem Überfall von 2014 sichtbar. Mein ehemaliger Herausgeber Helmut Schmidt bestritt dem Land sogar seine staatliche Tradition. Aus diesem Zweifel heraus waren einige deutsche Politiker und Intellektuelle auch nach Putins Überfall auf die Ukraine 2022 bereit, dem Kreml-Herrscher erhebliche Teile der Ukraine zuzusprechen, wenn doch nur die Waffen schweigen würden. Viele Deutsche hielten sich für besonders geläutert, weil ihr Land mehr als ein halbes Jahrhundert lang seine Vergangenheit eines beispiellosen Vernichtungskriegs bewältigt hatte. Gegenüber anderen europäischen Staaten ließen deutsche Politiker und Diplomaten gelegentlich durchblicken, dass sie Russland einfach besser verstehen würden. Gabriel bezeichnet es im Rückblick sehr treffend als «Arroganz». Genau aus dieser Haltung ist auch das Nord-Stream-Projekt in doppelter Ausführung entstanden. Die Deutschen glaubten zu wissen, dass Putin Gas niemals als Waffe gebrauchen würde, obwohl er genau das gegenüber den Nachbarn seit den 2000er Jahren tat, ganz im Gegensatz zur Sowjetunion. Die Besserwisser in Berlin hatten wenig Ahnung.

So scheiterte die deutsche Ostpolitik am Ende in einer Mischung aus Überheblichkeit, Illusionen und einem gehörigen Schuss Korruption beim Pipeline-Bau. Alles zusammen half Wladimir Putin, zu dem zu werden, der er heute ist.

Der russische Präsident Boris Jelzin verurteilt die Putschisten, stehend auf einem Panzer vor dem Weißen Haus, Moskau 1991

3 Ahnengalerie
Warum die Putschisten von 1991 heute gesiegt haben

Auf meinem Weg ins Büro der ZEIT in Moskau liegt ein Tunnel. In dieser Unterführung im Arbat-Viertel wurden 1991 drei unbewaffnete Demonstranten von einem Panzer der russischen Streitkräfte zermalmt. Heute steht an diesem Ort eine kleine Stele mit den Namen der Getöteten. Und zwar auf einer Verkehrsinsel zwischen Tunnelöffnung und Autopiste, wo kein Fußgänger sie bemerken kann. Ich fuhr auf meinem Fahrrad mehr als ein Jahr täglich an der Kreuzung vorbei, ohne die an den Rand verbannte Stele zu bemerken. Auch meine Moskauer Freunde wussten nichts von dem kleinen Denkmal, bis ich selbst zufällig im Netz darüber las. Dafür kennen alle das große Geschäft am Arbat-Tunnel, in dessen Auslagen Panzerplakate, Militärhüte und Uniformen hängen. Es ist ein Bekleidungs- und Souvenirgeschäft der russischen Armee.

Die Panzerattacke und der Putsch der sowjetischen alten Garde gegen den letzten Präsidenten der Sowjetunion Michail Gorbatschow werden in Putins Russland heute verdrängt. In vielen anderen Ländern wären ein Putsch und seine Opfer Anlass für einen Gedenktag, eine alljährliche Parlamentssitzung oder ähnliche Erinnerungsrituale. In Russland herrscht Schweigen. Für Putin ist der Putsch ein kompliziertes Ereignis, weil er von seinen ehemaligen Vorgesetzten im Geheimdienst angezettelt wurde. Er hat kollektives Vergessen angeordnet. Zu verwirrend und schmerzhaft ist es für ihn, dass damals Gleichgesinnte gegen den Präsidenten aufbegehrten, was für ihn eigentlich Verrat ist. Die Putschisten wollten ein Russland, das dem von heute ähneln würde. Ihr Scheitern war eine krachende Niederlage der sowjetischen Sicherheitsdienste, in denen Wladimir Putin selbst aufgestiegen ist. Eine Niederlage für den sowjetischen Staatsapparat. Eine Niederlage, die Russland ein Jahrzehnt der Freiheit und der Chancen eröffnete. Plötzlich war alles möglich: freies Reisen ins Ausland, freie Wahlen, die Demokratisierung und ein Ende des russischen Fluchs, das persönliche Leben für die Expansion des Landes opfern zu müssen. Das Scheitern des Putsches befeuerte die Unabhängigkeit der kleineren Sowjetrepubliken und Russlands Aufbruch zugleich. Damals befreite sich Russland von den Fesseln der sozialistisch-imperialen Sowjetunion und bekam die Chance, ein normaler Nationalstaat zu werden. Putin hat sich an vielen gerächt, die für diese Entwicklung standen. Er will an die Niederschlagung dieses kläglichen Putsches nicht erinnern. Und genau deshalb soll es an dieser Stelle geschehen. Die Rebellion von 1991 ist einer der Schlüssel zum Verständnis Putins und seiner Sicherheitsapparate.

Michail Gorbatschow weilte auf der Krim, als sich seine engsten Mitarbeiter am 17. August 1991 trafen. Um 14 Uhr kamen sie in einem grauen Granitbau im Südwesten Moskaus zusammen, in der Bibliothek des Geheimdienstes KGB mit angeschlossener Sauna und Schwimmbad. Der Premierminister, der KGB-Chef, der Verteidigungsminister, der Chef des Sicherheitsrats – Gorbatschows beste Leute. Sie klagten: über die Aufstände an der Peripherie des Reiches, den Kontrollverlust der Kommunistischen Partei, den Zerfall der Streitkräfte. Sie klagten auch über den sowjetischen Präsidenten Gorbatschow, auf den kein Verlass mehr sei und der nur an sich dächte. Sie klagten darüber, dass sie entlassen werden sollen, sobald die Sowjetunion einen neuen Unionsvertrag erhielte. Als sie ausreichend geklagt hatten, beschlossen sie den Staatsstreich.

Mit dem Putsch vom August 1991 wollten die Verschwörer die Sowjetunion retten und sich selbst. Das Imperium war ihnen wichtiger als Sozialismus und Sowjetvolk. Doch am Ende zerstörten sie das größte Land der Erde. Sie glaubten, gegen Michail Gorbatschow zu kämpfen, der Macht und Reich verspiele. Tatsächlich waren sie es, die mit ihrem Salto rückwärts die nichtrussischen Republiken aus der Union trieben. Und einen Keil zwischen die Sowjetmacht und die russische Föderation. Denn im Laufe der Putschtage erwuchs ihnen ein weitaus gefährlicherer Gegner als Gorbatschow: Boris Jelzin. Der russische Präsident wiederum musste einen der Putschisten wirklich ernst nehmen: Wladimir Krjutschkow, den Chef des mächtigen Geheimdienstes KGB, Putins Kaderschmiede. Man sieht Krjutschkow kaum auf den Fotografien dieser Tage. Doch war der Putsch eigentlich ein Zweikampf dieser beiden Männer. Jelzin und Krjutschkow lieferten sich über Russlands Weg ein Duell, das erst heute entschieden ist – und zwar in Putins Sinne.

Wladimir Krjutschkow, der Gastgeber in der KGB-Bibliothek am 17. August, war an diesem Tag bestens vorbereitet. Er überredete den Vizepräsidenten Gennadij Janajew, zahlreiche Notstandsdekrete zu unterschreiben: die Befreiung Gorbatschows von seinen Pflichten, die Machtübernahme durch Janajew und das Staatliche Notstandskomitee (GKTschP). Ebenso wichtig war der Verteidigungsminister. Dmitrij Jasow ließ die Tamaner Schützendivision und die Kantemirow-Panzerdivision am 19. August um 4 Uhr morgens nach Moskau marschieren. Krjutschkow befahl die KGB-Truppe Alpha in die Nähe des Dorfes Archangelskoje, wo sich Boris Jelzins Datscha befand. Der KGB-Chef schlief kaum mehr als eine Stunde in dieser Nacht. Noch sah er in Gorbatschow seinen Gegner, nicht in Jelzin. Im Morgengrauen des 19. August erklärte er vor der KGB-Führung, dass Gorbatschows verhasste Perestroika endgültig beendet sei. Um 6 Uhr früh verkündeten die Rundfunkstationen die Notstandsdekrete. Danach folgten Auszüge aus Tschaikowskis «Schwanensee», sonst nur gespielt beim Tod eines Sowjetführers. Gorbatschow hörte die Suite auf der Krim mit seinem Kofferradio, seinem damals letzten Draht zur Außenwelt.

«Papa, steh auf, ein Umsturz!» Boris Jelzin wurde von seiner Tochter Tatjana früh geweckt, als «Schwanensee» im Radio lief. Tatjana, ihre Schwester Jelena und Jelzins Frau Naina standen vor ihm. Zehn Minuten später stürmte sein Personenschützer ins Zimmer. Kurz darauf saß Jelzin mit seinen engsten Mitarbeitern zusammen, um einen «Aufruf an die Bürger Russlands» zu verfassen. Darin rief er die Russen auf, das «gesetzwidrige» Notstandskomitee abzulehnen. Die Töchter tippten fleißig alles in die Schreibmaschine. Jelzin war überrascht, wie dilettantisch die Putschisten vorgingen. Telefon und Telefax funktionierten, seine Mannschaft schickte den Appell an die Agenturen. Bald danach wurde Jelzin unruhig, er wollte nach Moskau fahren. Doch wie? Seine Datscha in Archangelskoje lag rund 25 Kilometer vom Zentrum entfernt, dazwischen lauerten bewaffnete KGB-Truppen. Er wusste schlicht nicht, ob er durch ihre Linien kommen würde, lebend und frei. Aber er ließ sich nicht abschrecken. Um 9 Uhr morgens stieg Jelzin in seine Tschaika-Limousine, neben sich sein Leibwächter mit einer Maschinenpistole auf den Knien. Womit sie kaum gerechnet hatten: Die Alpha-Truppe ließ sie vorbeifahren – noch war Jelzin nicht ihr Feind.

Boris Jelzin und Wladimir Krjutschkow kamen aus derselben Elitekaste des Sowjetstaates, der Nomenklatura. Aber sonst trennte sie alles. Jelzin war damals 60 Jahre alt, Krjutschkow sieben Jahre älter. Jelzin war von Beruf Bauingenieur, Krjutschkow Jurist. Jelzin galt als kraftvoller, charismatischer Politiker, eine Führungsfigur, Krjutschkow als beharrlicher, außerhalb der Apparate kaum wahrnehmbarer Bürokrat. Der eine erwarb sich einen Ruf als politischer Rebell, der andere als gehorsamer Geheimdienstsoldat. Jelzin machte seine Karriere in der Kommunistischen Partei, stieg von der Leitung in Swerdlowsk am Ural über den Parteichef in Moskau bis zum Posten des Präsidenten der russischen Teilrepublik auf. Krjutschkow ging erst in den diplomatischen Dienst und nahm dann die Ochsentour im KGB bis an die Spitze. Er folgte seinem Mentor Jurij Andropow, dem ehemaligen KGB-Chef und Generalsekretär der KPdSU zwischen 1982 und 1984.

Im Westen ist Andropow weithin vergessen, und wer sich an ihn erinnert, hat ihn als einen der Greise an der Spitze des Sowjetstaates in Erinnerung, die Anfang der 1980er Jahre kurz regierten und die Macht an den nächsten Greis vererbten. Doch in russischen Geheimdienstkreisen war und ist Andropow eine Kultfigur. Nicht nur Krjutschkow bewunderte ihn, sondern auch der junge Wladimir Putin, der ebenfalls im KGB Karriere machte. Andropow führte in den frühen 1980er Jahren jene Kader an, die die Sowjetunion behutsam reformieren und modernisieren, dabei aber ihren Platz in der Welt hart verteidigen wollten. Das Imperium sollte auf jeden Fall bleiben, aber die sozialistische Stagnation überwunden werden. Diesen Kadern missfiel die ganze Richtung unter Andropows Nachfolgern Gorbatschow und Jelzin: Öffnung nach Westen, politische Vielfalt, Meinungsfreiheit, wachsende Selbständigkeit der Sowjetrepubliken. Heute würde es ihnen viel besser gefallen: Unter Wladimir Putin grenzt sich das Land scharf vom Westen ab, schaltet die politische Konkurrenz zuhause aus, erhöht den Druck auf die ehemaligen Sowjetrepubliken – und versucht, die Ukraine mit einem Angriffskrieg zurück ins Reich zu zwingen. Westorientierung und Liberalisierung oder der russische Sonderweg und Autoritarismus: Die zwei Wege russischer Politik in der Moderne, sie standen im August 1991 zur Auswahl.

Boris Jelzin traf kurz vor 10 Uhr im Moskauer Zentrum ein. Er sprang aus der Tschaika-Limousine und verbarrikadierte sich sofort in seinem Regierungssitz, dem Weißen Haus an der Moskwa unweit des Kiewer Bahnhofs. Er diskutierte mit seinen Getreuen, telefonierte, trommelte mit den Fingern auf dem Tisch. Nach einer quälenden Stunde wurde ihm klar, dass er so nicht gewinnen konnte. Vor seinem Fenster sah er einen Panzer, um diesen herum standen Menschen, die keine Angst vor dem Panzer und den aufgepflanzten Maschinengewehren der Soldaten zeigten. In diesem Moment begriff Jelzin, dass er jetzt genau dahin gehörte, auf die Straße.

«Ich kletterte auf den Panzer und richtete mich auf», schrieb er später in seinen Memoiren. «Hier war alles klar, ich fühlte mich vollkommen eins mit den Menschen, die mich umringten.» Dann zog er das Blatt mit dem Aufruf heraus, den seine

Töchter getippt hatten. Verlas ihn, verdammte das «reaktionäre Komitee», rief auf zum Generalstreik, sah die applaudierenden Menschen, begrüßte den Kommandanten des Panzers, schaute in die Augen der Soldaten – und gewann den Augenblick, der zum ewigen Symbol des Widerstands gegen den Putsch wurde. Es war ein einprägsames Bild, das aus Jelzin den Helden machte und ihn durch die schweren 1990er Jahre tragen sollte. Der erste russische Präsident hatte zweifellos seine besten Momente in Zeiten äußerster Bedrängnis. «Plötzlich spürst du einen Stoß und weißt, das Spiel läuft, und du kannst in die Offensive gehen», schrieb er in seinen Erinnerungen.

Auf diese hartnäckige Überlebensmentalität war Krjutschkow nicht eingestellt. Innerlich bedauerte er nun, Jelzin nicht gleich verhaftet zu haben. Jetzt führte der russische Präsident den Widerstand im Weißen Haus an und rief ihn auch noch dreist an. Er fragte den KGB-Chef am Telefon:

«Sehen Sie denn wirklich nicht, was Sie da anrichten? Die Menschen werfen sich vor die Panzer, jeden Augenblick kann es Opfer geben.»

Krjutschkow antwortete:

«Nein, Opfer wird es nicht geben. Es handelt sich um eine rein friedliche Operation ohne scharfe Munition. Wir wollen lediglich Ordnung schaffen.»

Jelzin wollte widersprechen, doch Krjutschkow unterbrach ihn: «Die ganze Unruhe geht doch von Ihnen aus, von der Führung Russlands. Nach unseren Informationen sind die Menschen ruhig, und das Leben verläuft normal.»

Damit die Normalität der Öffentlichkeit angemessen vermittelt wurde, ordneten die Putschisten am Nachmittag des 19. August die Schließung der liberalen Medien und Zeitungen an und übernahmen die Fernsehkanäle. Von jetzt an sprach das Notstandskomitee, und nur das Notstandskomitee. Aber wer waren diese Leute? Krjutschkow zeigte sich ungern der Öffentlichkeit, deshalb war er auf den Fotos kaum zu sehen. Aber der KGB-Chef ließ seine Mitputschisten reden. In der Nachrichtenagentur Nowosti nahe der Metrostation Park Kultury stellten sich sechs von ihnen der Presse. Mit zitternden Händen erklärte der Sprecher des Notstandskomitees, Gennadij Janajew, dass Gorbatschow leider zu krank sei, um seine Pflichten zu erfüllen. Übernächtigt und gezeichnet vom Alkohol sah Janajew dabei aus, als käme er selbst gerade von der Intensivstation. Seine Mitstreiter machten keinen vitaleren Eindruck. Alle in grauen Anzügen, dem einem lief die Nase, der andere hüstelte vor sich hin. Ein ausländischer Reporter fragte, ob sich das Komitee mit General Pinochet, dem Führer des chilenischen Putsches von 1973, beraten habe. Gelächter. Die Pressekonferenz geriet zum Desaster für die Putschisten.

Derweil wuchs der Widerstand. Immer mehr Menschen versammelten sich vor dem Weißen Haus. Die Moskauer riefen sich gegenseitig an, auch ein lokaler Sender forderte dazu auf, vor den Regierungssitz zu gehen. Boris Jelzin entwickelte sich mit jeder Stunde mehr zum umjubelten Volkstribun, der sich im Weißen Haus verbarrikadierte und so den Plan der Putschisten durchkreuzte. Bald standen mehr als 100 000 Menschen vor dem Weißen Haus. Die Leute trugen die russische Trikolore statt der Sowjetfahne. Die UdSSR, die war schon fast Vergangenheit. Während Scharfschützen auf den Dächern in Stellung gingen, trat Jelzin hinter Panzerglas auf den Balkon und sprach zur Menge. Moskauer Berühmtheiten schlossen sich ihm an und warnten vor der Gefahr einer «neuen Diktatur». Jelena Bonner, die Gattin des Nobelpreisträgers Andrej Sacharow, der Dichter Jewgenij Jewtuschenko, Gorbatschows ehemaliger Außenminister Eduard Schewardnadse. Und Mstislaw Rostropowitsch, der Cellist, spielte mit wehenden Haaren im Wind gegen den Putsch. Ihr Widerstand fand öffentlichen Rückhalt, viele spürten: Am Weißen Haus standen sie auf der richtigen Seite der Geschichte.

Für Wladimir Krjutschkow wurden böse Erinnerungen wach. Beim Aufstand gegen die Sowjetmacht in Ungarn 1956 arbeitete Krjutschkow als junger Presseattaché in der sowjetischen Botschaft in Budapest. Sein Chef und Botschafter hieß übrigens Jurij Andropow. Die Moskauer Führung ließ den ungarischen

Warum die Putschisten von 1991 heute gesiegt haben — 47

Aufstand damals mit Panzern niederwalzen. In Prag 1968 wurde die Konterrevolution gegen die Sowjetmacht mit ähnlichen Mitteln verhindert. Waren das nicht die wirklichen Vorbilder für die Niederschlagung einer Rebellion?

Krjutschkow beriet sich mit Verteidigungsminister Jasow. Für den Sturm des Weißen Hauses standen genügend Truppen in der Stadt: Panzer allerorten, auf dem Roten Platz, auf der Gorkij-Straße, dem Puschkin-Platz. Vor dem Weißen Haus hatten die Tamaner Division und die Luftlandedivision aus Tula Stellung bezogen. Krjutschkow und Jasow gaben die Befehle für die «Operation Donner» heraus. So sah der Putschplan aus: Am frühen Morgen des 21. August um 3 Uhr würden Fallschirmjäger und Polizei das Weiße Haus umstellen und die Menge vertreiben. Dann sollten die Alpha-Truppe des KGB und eine Armeeeinheit das Weiße Haus stürmen und sich den Weg freischießen, verschlossene Türen mit Granatwerfern aufsprengen und Jelzin verhaften. Soweit der Plan.

Und so die Realität: Im Notstandskomitee wollte niemand die Verantwortung für die «Operation Donner» übernehmen. Jasows Stellvertreter Jewgenij Schaposchnikow lehnte den Angriff ab. Einige der Kommandierenden führten die Befehle des Verteidigungsministers nicht aus. Sie revoltierten gegen die Vorstellung, dass mitten in Moskau Russen auf Russen schossen. Dennoch kam es zu Todesopfern. Bei dem Versuch, sich den Kettenfahrzeugen als menschliche Barriere in den Weg zu stellen, starben die drei Demonstranten am Eingang des Tunnels im Arbat-Viertel. Der Widerstand hatte seine Märtyrer, die Menge vor dem Weißen Haus wurde mit jeder Stunde größer. Immer mehr Soldaten und Beamte verweigerten den Dienst. Am Ende der Nacht zog Verteidigungsminister Jasow die Konsequenzen: Am 21. August um 8 Uhr morgens befahl er den kompletten Rückzug aus Moskau. Jelzin hatte sich durchgesetzt.

Das war die militärische Vorentscheidung, die politische stand aus. Wladimir Krjutschkow telefonierte eifrig. Erst rief er die Präsidenten der wichtigsten Unionsrepubliken an. Die Ukraine und Kasachstan lehnten jede Unterstützung ab. Die Verzweiflung wuchs, Janajew tauchte betrunken ab. Überhaupt trank das Notstandskomitee viel. Ein russischer Historiker bemerkte Jahre später: «Als typisch sowjetische Leute sind sie mit den einschlägigen Kulturübungen vertraut und trinken oft und gern. Wer nicht trinkt, ist verdächtig.» Janajew nannte man «Gena, das Glas». Krjutschkow, der gern die Kontrolle behielt, trank mit Bedacht, aber wenn, dann einen erstklassigen Whisky aus den Destillen des Klassenfeindes. An so einem nippte Krjutschkow gern beim Telefonieren. Er rief Jelzin an und ließ ihn wissen: «Die Truppen aus Moskau werden abgezogen.» In seinen Memoiren behauptete der KGB-Chef später, ein Sturm sei nie geplant gewesen. Nun hatte er ein großes Problem: Er musste Jelzin auf andere Weise neutralisieren und sich selbst retten. Nur wie?

Da erinnerte sich Krjutschkow der langjährigen Rivalität von Gorbatschow und Jelzin. Da Jelzin nun sein Feind war, erschien ihm Gorbatschow plötzlich als möglicher Unterstützer. Also traf er eine für viele überraschende Entscheidung. Mit Jasow und zwei Mitstreitern flog Krjutschkow am Mittag des 21. August zu Gorbatschow auf die Krim. Der unpässliche Janajew blieb in Moskau. Im Flugzeug erfuhr Krjutschkow zu seiner Empörung, dass Jelzin seine Verhaftung befohlen habe. Und dass der russische Präsident gleichzeitig seine Leute zu Gorbatschow schicke. Auf der Krim angekommen, musste Krjutschkow warten, während Gorbatschow ausführlich mit Jelzins Emissären sprach. Im Fernseher des Vorzimmers sah er, wie die Demonstranten schon vor dem KGB-Gebäude standen. Er sah, wie die Menschen russische Fahnen schwenkten. Er sah die anderen Demonstrationen in russischen Städten. Im Abendprogramm wurden die Putschisten offen verdammt. Es lief schlecht. Obendrein empfing Gorbatschow ihn am Ende gar nicht mehr. Dann ließ ein Mitarbeiter ihn wissen, der Präsident werde nach Moskau fliegen und mit ihm auf dem Rückflug sprechen. Da wusste Krjutschkow: «Die Sache ist verloren».

Der gescheiterte Putsch beschleunigte, was die Putschisten so laut beklagt hatten: den Zerfall. In Moskau ließ Jelzin alle Aktivitäten der Kommunistischen Partei verbieten und zwang den KP-Chef Gorbatschow öffentlich, das auch noch zu unterschreiben. Mit der Partei zerriss ein wichtiges Band, das die UdSSR zusammenhielt. Nach dem Putsch erklärten die meisten Republiken ihre Unabhängigkeit von der Sowjetunion. Und weil die Abfolge erst in ihrer Gesamtschau so beeindruckend ist, führe ich sie hier auf:

Estland erklärte die Unabhängigkeit von der Sowjetunion noch während des Putsches am 20. August 1991,
die Ukraine danach am 24. August,
Belarus am 27. August,
Moldau am 27. August,
Aserbaidschan am 30. August,
Usbekistan am 31. August,
Kirgistan am 31. August,
Tadschikistan am 9. September,
Turkmenistan am 23. September,
Kasachstan am 16. Dezember.

Litauen, Lettland und Georgien hatten ihre Unabhängigkeit von der Sowjetunion schon im Frühjahr 1991 erklärt. Auch Russland selbst sagte sich von der Sowjetunion los: Moskau nahm Abschied von Moskau. Die Sowjetunion wurde nicht von außen zerschlagen, wie Putin und seine Gefolgsleute heute behaupten, sie zerfiel von innen. Aus den Ruinen des Imperiums entstand der russische Nationalstaat. Als Krjutschkow und Gorbatschow am 21. August im selben Flugzeug saßen und in Moskau landeten, waren sie beide praktisch entmachtet. Gorbatschow verlor in den folgenden Wochen das Land, das er regierte, Krjutschkow büßte seine Freiheit ein.

Doch im Gefängnis saß Krjutschkow nur für kurze Zeit, schon 1993 kam er wieder auf freien Fuß. In Moskau triumphierten zwar für ein paar Jahre die Demokraten um Jelzin, aber nicht die Demokratie. Als Wladimir Putin 1999 von Boris Jelzin die Macht übernahm, wurde Putins Bedauern über den Zerfall der Sowjetunion als «geopolitischer Katastrophe» zur Staatsdoktrin.

Zeitungsberichte behaupteten gar, der Geheimdienstmann Putin habe sich von Krjutschkow persönlich beraten lassen. Seine letzten Jahre verbrachte der Ex-KGB-Chef in Ruhe und Freiheit. 2007 starb Krjutschkow, im selben Jahr wie sein Gegenspieler Jelzin. Der Geheimdienst ehrte Krjutschkow mit einer großen Zeremonie, während Jelzin verfemt und tunlichst vergessen wurde.

In Russland gab es eine Diskussion darüber, wo sich Wladimir Putin zum Zeitpunkt des Putsches aufhielt und auf wessen Seite er stand, zumal er das Ende der Sowjetunion in den vergangenen Jahren mehrmals ausdrücklich bedauerte. Leider fehlen darüber unabhängig nachprüfbare Quellen. Putin selbst sagte in einem Interview mit der Fernsehmoderatorin Ksenia Sobtschak im Mai 2018, er habe seinen Dienst im KGB am 20. August 1991, dem zweiten Putschtag, quittiert. Er sei hin- und hergerissen gewesen. «Einerseits arbeitete ich bei Anatolij Sobtschak, dem Bürgermeister von St. Petersburg, der auf der Seite von Jelzin und den Anderen stand», sagte er. Anatolij Sobtschak war ein Verbündeter des damaligen Präsidenten und der Vater der Moderatorin. Putin fuhr fort: «Andererseits waren die Sicherheitsdienste auf der Seite derer, die den Putschversuch umsetzten.» Er hatte nicht «hier wie dort sein können», sagte Putin. Deshalb habe er seinen obersten Vorgesetzten Wladimir Krjutschkow am 20. August gebeten, ihn aus dem Dienst zu entlassen. Ähnlich wiederholte Putin es in einem Interview mit dem amerikanischen Regisseur Oliver Stone, der einen vierteiligen Film daraus machte. Putin amüsierte das russische Publikum allerdings auch mit der Erinnerung, er habe 1991 neben seiner Arbeit für Sobtschak in St. Petersburg und der Aufklärungstätigkeit für den KGB noch als Taxifahrer gejobbt, um Geld zu verdienen.

Putin hat sich in diesen Interviews zwar vom Putsch distanziert, aber eine klare und unmissverständliche Verurteilung der Putschisten und ihres Weltbilds stets vermieden. Kein Wunder, denn der Geheimdienst, in den er wenig später wieder eintrat, um schließlich dessen Chef zu werden, war der wichtigste Hüter eines Weltbildes, nach dem das Ende des sowjetischen

Imperiums keine Befreiung, sondern ein Unglück war. Putin sieht es genauso. Er weiß aber, dass eine offizielle staatliche Würdigung der als Trunkenbolde verschrieenen Putschisten selbst im heutigen Russland unpopulär wäre. Deshalb verdrängt er die Erinnerung an die unrühmlichen Augusttage 1991 einfach. Doch lässt er die geistigen Väter des sowjetischen Aufstands gegen Russlands Öffnung ehren. Putin ordnete zum Beispiel an, dass der langjährige KGB-Chef Andropow eine gut sichtbare Stele und eine Gedenktafel erhielt. Er verlieh auch dem während des Putsches kommandierenden Verteidigungsminister Jasow 2014 persönlich eine Medaille. Und den Kommandeur des Panzers, der 1991 im Arbat-Tunnel drei Demonstranten gezielt überrollte, zeichnete er mit höchsten Ehren aus. Putin machte Sergej Surowikin im Oktober 2022 zum Oberbefehlshaber im Ukraine-Feldzug. Die kleine Stele, die im Arbat-Viertel an die Getöteten von 1991 erinnert, verschwand im Herbst 2022 hinter einem neu eingerichteten Autoparkplatz. Darüberhinaus zwang Putin die Zeitung Nowaja Gaseta, ihr Erscheinen in Russland einzustellen. Sie war schon in den 1990er Jahren eine wichtige liberale Stimme. Michail Gorbatschow war an ihr beteiligt. Das und der Friedensnobelpreis von 2021 für den Chefredakteur der Nowaja Gaseta hinderten Putins Bürokraten nicht, gegen die Zeitung vorzugehen, vielleicht spornte sie das sogar an.

    Die Putschisten hatten 1991 eine Schlacht verloren. In den unübersichtlichen Jahren der Reformen unter Boris Jelzin gingen ihre Gesinnungsgenossen in den Apparaten in eine Art bürokratischen Winterschlaf, aus dem Putin sie später erwecken sollte. Den langen Krieg um die Wiederherstellung der Sowjetunion gaben sie und die angeschlossenen Sicherheitsdienste nie auf. Ein Krieg, der erst in Russland und dann gegen seine Nachbarn geführt wurde. Sie hinterließen ein Erbe, das Putin wiederbelebte und seither in allen Konsequenzen pflegte. Der stellvertretende Sicherheitsratsvorsitzende und Zwischendurch-Präsident Dmitrij Medwedew drohte den baltischen Staaten im August 2022 mit einem zornigen Blick zurück auf das Jahr 1991, sie hätten sich die Freiheit nicht verdient, sondern Moskau hätte es versäumt, sie am Austritt aus der Union zu hindern. Wladimir Putin zog aus, um Rache zu nehmen für den gescheiterten Aufstand gegen Gorbatschow und Jelzin und für den Zerfall des Sowjetreichs. Heute wird Russland ganz im Geist der Putschisten regiert.

Eine Schlange vor der ersten McDonald's-Filiale in Russland
am Moskauer Puschkin-Platz 1990

4 Demokratie-Übungen
Die Hoffnungen der 1990er Jahre

«Jelzins Neunziger... Wie wir daran zurückdenken? Das war eine glückliche Zeit... Ein verrücktes Jahrzehnt... schreckliche Jahre... eine Zeit schwärmerischer Demokratie... die verheerenden Neunziger... eine schlichtweg goldene Zeit... die Stunde großer Hoffnungen... schlimme und gemeine Zeiten... eine bunte Zeit... eine aggressive... stürmische... das war meine Zeit... das war nicht meine Zeit!»

So bringt die belarussische Literaturnobelpreisträgerin Swetlana Alexijewitsch die 1990er Jahre in ihrem Buch «Secondhand-Zeit» auf den Punkt. Irgendwann kommt man in Moskau immer auf dieses Jahrzehnt zu sprechen. Es ist der Ausgangspunkt des heutigen Lebens, der Urknall des modernen Russlands und das Modell eines alternativen Gesellschaftsentwurfs, der von den gegenwärtigen Machthabern abgelehnt wird. Es ist die Zeit, auf deren Verdammung Wladimir Putin seine Legitimation gründet. Es ist die Epoche, über die sich die Russen zerstreiten und an der sie sich trennen, in Verehrer der Freiheit oder des Staates, in Pro-Westler oder Nationalisten, in Liberale oder Autoritäre. Erstere sind im heutigen Russland eine kleine Minderheit. Das ist eine Tragödie, für sie und für ihr Land. Denn die 1990er Jahre waren für Russland eine Chance, die sich nicht oft in der Geschichte bietet. Die Russen bauten damals an einem neuen Modell: an einer freien Gesellschaft. Sie begannen, ihren Staat abzurüsten und ein kooperatives Verständnis von Russlands Rolle in der Welt zu entwickeln. Genau diese Alternative wird heute erstickt, ihre Anhänger werden marginalisiert oder verfolgt. Doch der Rückblick auf die 1990er macht klar, warum: Weil die russische Elite und Wladimir Putin in diesem Modell nicht an der Macht wären. Eine Reise zurück in das Jahrzehnt einer verpassten Chance.

«Wenn sie heute im Fernsehen dauernd Gorbatschow und Jelzin schlechtmachen», sagt die Ärztin Assja Kudrjawzewa über den letzten sowjetischen KP-Generalsekretär und Russlands ersten Präsidenten, «dann denke ich immer: Warum eigentlich? Für mich war die Epoche Jelzins eine richtig gute Zeit. Ich war glücklich und frei, es gab keine Grenzen für mich. Und das war mir das Wichtigste!»

Ich besuchte Assja Kudrjawzewa, die ich der Lesbarkeit im Deutschen halber einfach Assja nennen möchte, in einer Neubaugegend im Südwesten Moskaus. Sie empfing mich in einer geräumigen Wohnung aus den 1970er Jahren mit eher niedrigen Decken und doppelflügeligen Fenstern mit Isolierglas. Im Wohnzimmer standen eher schlichte, moderne Möbel, aus dem Fenster schaute sie auf einen Hof mit Bäumen. Die heute 55-jährige Frau war Ärztin an einem Moskauer Krankenhaus. Ihre Kinder, zwei Töchter und ein Sohn, waren vor nicht langer Zeit ausgezogen. Von ihrem Mann wollte sie nicht sprechen. Der Streit über die 1990er Jahre zerriss auch ihre Familie und ihren Freundeskreis, aber davon später. Assja ist bei ihren Freunden und Kollegen dafür bekannt, dass sie mehr von Gorbatschow und Jelzin als vom heutigen Präsidenten Russlands hält. So lernte ich sie über ihre Freunde kennen.

«Was war denn nun so gut an Jelzin», fragte ich sie, als sie mir einen schwarzen Tee eingoss und dazu kleine Schalen mit Honig, Marmelade und Nüssen aufstellte. «Er gefiel mir», sagte sie. «Ein starker Typ, der Charisma hatte, von überzeugender Klarheit und sehr mutig war.» So einen habe Russland damals gebraucht, um das Sowjeterbe, die Diktatur der Kommunistischen Partei zu beseitigen. Leider sei es auch ihm nicht vollständig gelungen. Aber das sei nicht das, was man ihm heute vorwerfe. Heute würde er für das «sogenannte Chaos» und die Wirtschaftskrise verantwortlich gemacht.

Die späten 1980er und die 1990er Jahre, das waren für Millionen von Russen bittere Jahre. Alle akkumulierten Defizite der

Sowjetunion fielen in diesem Jahrzehnt zusammen, der Bankrott der Planwirtschaft, die himmelschreiende Korruption, die Ineffizienz der Verwaltung, eine erschöpfte Infrastruktur, eine ausgeweidete Industrie. Russland und seine sowjetischen Nachbarrepubliken rutschten in eine Dauerkrise. Anfang der 1990er Jahre wirkte alles dramatisch. Ich sah damals Professoren und Lehrerinnen ihre Bücher auf Pappkartons auf der Straße verkaufen, Ingenieure als Taxifahrer arbeiten. Selbst Putin behauptete ja, 1991 durch Fahrdienste sein Gehalt aufgebessert zu haben. Ein historisch niedriger Ölpreis von teilweise zehn Dollar pro Fass verschärfte die Krise der russischen Staatshaushalte und führte 1998 zu einem Finanzcrash. Auch Assja und ihre Familie hatten es nicht leicht. «Ich verdiente damals so gut wie nichts als Assistenzärztin», erinnert sie sich. «Im Jahr 1992 haben wir im Wesentlichen von Nudeln gelebt.» Und alle hätten von den Vouchern gesprochen, die die Regierung unter dem Volk verteilte. Das waren Anteilsscheine an den staatlichen Fabriken, die auf diese Weise privatisiert wurden. «Die besonders Schlauen kauften den Leuten die Voucher für wenig Geld ab und schufen private Industrieimperien.» Ja, das habe es alles gegeben.

Aber das sei nur die eine Seite gewesen, sagt Assja. Die andere: die Freiheit, die jedem nach 70 Jahren Sowjetherrschaft geschenkt wurde. Der Staat hörte auf, die Leute zu gängeln. «Ich wurde endlich nicht mehr kontrolliert, in nichts!», rief Assja, immer noch begeistert. «Ich konnte plötzlich reisen, wohin ich wollte, lernen, was ich wollte, arbeiten, wo ich wollte, auch leben, wo ich wollte.» Das sei in der Sowjetunion nicht möglich gewesen. Und man dürfe nicht vergessen: Unter Jelzin bekam im Juli 1991 jeder eine Wohnung praktisch geschenkt, nämlich die Wohnung, die er bisher vom Staat gemietet hatte. «Ein enormes Startvermögen ins freie Leben.» Assja war Anfang der 1990er Jahre Mitte 20, voller Energie und Lebensfreude. Die Jelzin-Epoche, erinnert sie sich, war eine «Zeit des ununterbrochenen Umbaus». In der Sowjetunion waren sie stolz auf die Kranführerinnen, aber unter Jelzin fuhren plötzlich die Frauen selbst ein Auto. Man renovierte die Wohnung, warf die alten sowjetischen Schrankwände raus und baute sich etwas Modernes ein. «Wir malten die Wände und Häuser erst rot an, dann gelb, blau und violett.» Bloß kein Sowjetbraun und -grau mehr. «Alles blühte auf!»

Assja war damals nicht in der Minderheit. Es war das Lebensgefühl einer ganzen Generation. Eine Mehrheit schwelgte damals nicht mehr in russischer Großmächtigkeit, im unausweichlichen Untergang des westlich-liberalen Systems und Wettläufen mit den USA um Länder, Meere und das Weltall. Die Russinnen und Russen interessierten sich für ihr Land und ihre persönliche Freiheit. Sie waren frei von der totalitären Gängelung, Unterdrückung und Verfolgung der sowjetischen Zeit. Die Angst war verschwunden. So wie den Menschen ging es auch den Völkern. Assja hatte überhaupt kein Problem damit, dass die Litauer, Letten und Esten Anfang der 1990er fanden, dass es Zeit war zu gehen. «Endlich, nach einem halben Jahrhundert, konnten die baltischen Republiken zu sich selbst finden und sich selbst entwickeln. Das war doch keine Katastrophe, sondern ein großes Glück für uns alle.» Nach den baltischen Staaten kamen die Ukrainer, die Georgier, die zentralasiatischen Staaten und die anderen freiheitshungrigen Republiken. Boris Jelzin habe dafür gesorgt, dass das alles friedlich über die Bühne gehen konnte. «Das war sein Verdienst.»

Heute ist das eine Minderheitenmeinung in Russland. Wie ihr Führer sind die meisten russischen Bürger heute der Ansicht, dass es ein Fehler gewesen sei, die nichtrussischen Republiken damals in Frieden ziehen zu lassen. Putin selbst hat 2005 von der Auflösung der Sowjetunion als «der größten geopolitischen Katastrophe des 20. Jahrhunderts» gesprochen. Und die machen er und viele Russen an einem Datum fest, dem 8. Dezember 1991, einem der umstrittensten Tage in der neueren russischen Geschichte. Für russische Liberale gilt der Tag als Gründungsdatum des modernen Russlands. Für die Regierung und die herrschende Elite des Putin-Russland steht dieser Tag hingegen für den Verrat an der Sowjetunion. Damals trafen sich die Präsidenten Russlands und der Ukraine mit dem Staatsoberhaupt von Belarus im Jagdschloss von Wiskuli im Belowescher Urwald, um die UdSSR in einem Abkommen formell aufzulösen. Der ehemalige Vizepräsident des Obersten Sowjets, Jurij Woronin, sprach von «Staatsstreich» und einer Belowescher «Verschwörung». In Moskau liegen Bücher aus mit Titeln wie «Wer hat wen verraten?» und «Wie sie die Sowjetunion töteten». Den drei Präsidenten wird in vielerlei Variationen unterstellt, sie hätten als Trinkerkollektiv im Rausch ohne Not ein Imperium zerstört. Die offiziellen und regierungsfreundlichen Darstellungen beschreiben den 8. Dezember 1991 als den Unglückstag, an dem das sowjetische Weltreich unterging.

In diesen Einschätzungen liegen reichlich viel Ressentiment und noch mehr politisches Kalkül. Das Urteil über den 8. Dezember hat viel mehr mit der Rechtfertigung der heutigen Herrschaft in Russland zu tun als mit den historischen Fakten. Dabei geht es um die Beurteilung der demokratischen Gehversuche Russlands in den 1990er Jahren, der Phase der Meinungsfreiheit, der Öffnung der Archive, des beginnenden politischen Wettbewerbs. Diese pluralistische Periode in der russischen Geschichte muss aus Regierungssicht möglichst düster wirken, damit die autoritäre Gegenwart umso heller leuchtet. Entsprechend muss der Tag, an dem sich Russland aus der Umklammerung des moribunden sowjetischen Staates befreite, ein schlechter Tag gewesen sein.

Doch das Treffen in Wiskuli verlief ganz anders, als viele Regierungsangehörige heute in Erinnerung haben wollen. Ich habe mit entscheidenden Akteuren und Zeitzeugen gesprochen, die noch leben oder zum Zeitpunkt des Interviews noch lebten. Ich halte die harschen Urteile für politisch eingefärbt und sehe die Folgen des 8. Dezember 1991 wesentlich positiver, als die heutigen Eliten es wahrhaben wollen. Dieses Datum ist für die Beurteilung der 1990er Jahre von zentraler Wichtigkeit. Schauen wir zurück: Worum ging es?

Der Urwald von Belowesch an der sowjetischen Westgrenze war ein besonderes Erlebnis für jene wenigen Privilegierten, die dorthin eingeladen waren. Die ukrainische Delegation jagte gleich nach der Ankunft Wildschweine. Die einstöckige weiße Villa mit hellbraunen Säulen war zu Sowjetzeiten ein Lieblingsjagdhaus der Nomenklatura. In dieser bukolischen Idylle trafen sich am Abend des 7. Dezember 1991 der russische Präsident Boris Jelzin und der eine Woche zuvor neugewählte ukrainische Präsident Leonid Krawtschuk. Sie waren die Hauptpersonen. Denn wenn Russland und die Ukraine sich einigten, mussten die Belarussen mitziehen. Mit am Tisch saß Stanislau Schuschkewitsch, der Vorsitzende des Obersten Sowjets von Belarus, mit dabei waren die Stellvertreter der beiden Präsidenten, Jelzins Vertrauter Gennadij Burburlis und Krawtschuks Vize Witold Fokin. Die beiden letzteren berichteten mir von jedem Detail dieser Nacht. Jelzin erhob sein Glas und versuchte, Leonid Krawtschuk von einem neuen Unionsvertrag der Sowjetrepubliken zu überzeugen. Das war jene vom sowjetischen Präsidenten Michail Gorbatschow angedachte Übereinkunft, die an die Stelle der alten Sowjetverfassung treten und, so hoffte auch Jelzin, die Sowjetunion als eine lose Konföderation retten sollte. Krawtschuk hob ebenfalls sein Glas und sagte rundheraus: «Nein.»

Da wurde Jelzin und seinem Stellvertreter Gennadij Burbulis klar, dass dies ein schwieriges, vielleicht konfrontatives Treffen mit unübersehbaren Folgen werden konnte. «Die Ukraine war am Wegschwimmen, und das wollten wir auf jeden Fall verhindern», erinnerte sich Burbulis mir gegenüber in seinem Moskauer Büro. Jelzin spürte den Druck, der auf ihm lastete, er wollte nicht als derjenige dastehen, der die Ukraine nach über 300 Jahren der Union mit Russland verlöre. Alle Repräsentanten um den polierten Holztisch in der Staatsdatscha wussten: Die starke Verhandlungsposition der Ukraine in Wiskuli gründete sich auf die jüngsten Abstimmungen in dem jungen Staat zwischen den Karpaten und der Krim. Jelzin aber wollte nicht glauben, dass auch die russischsprachigen Regionen im Osten für die Unabhängigkeit eintraten. «Was, hat auch der Donbass dafür gestimmt?», fragte er. Es ging um die russischsprachige Region, in die Putin 2014 und 2022 seine Soldaten schicken sollte. «Ja», antwortete Krawtschuk selbstsicher. «In keiner Region liegt die Zustimmung unter fünfzig Prozent.»

Am 1. Dezember 1991 hatten die Ukrainer mit überwältigender Mehrheit ihre Unabhängigkeit bekräftigt und ihren neuen Präsidenten Krawtschuk bestimmt. Die Ukraine war damit eine der letzten Sowjetrepubliken, aber die wichtigste, die diesen Schritt machte. Als erste hatten sich die baltischen Republiken an der Ostsee, dann die kaukasischen Republiken im Süden für unabhängig erklärt. Man nannte das in Russland die «Parade der Souveränitätserklärungen», Austritte, die das mächtige Gebäude der Sowjetunion Stück für Stück abrissen. Das stärkste Symbol aber lieferten jene, die für sich in Anspruch nahmen, die alte Sowjetunion erhalten zu wollen: die Putschisten vom 19. August 1991. Der Putsch scheiterte, wie wir im vorangegangenen Kapitel gesehen haben. Seit 1988 war die Kommunistische Partei der Sowjetunion schon in einem langen, schier unaufhaltsamen Erosionsprozess begriffen. Zunächst setzten sich in Armenien, dann in den baltischen Republiken nationale Bewegungen gegen die Partei und die Sowjetorgane durch. Mit der Auflösung der Parteistrukturen zerbrach eine entscheidende Klammer, die die Sowjetunion seit den 1920er Jahren zusammengehalten hatte. Mit dem Putsch gegen Gorbatschow im August 1991 war die KPdSU auch in der russischen Teilrepublik RSFSR kein Machtfaktor mehr.

Deshalb ist es eine unerträgliche Verdrehung historischer Tatsachen, wenn heute der 8. Dezember 1991 als Ursache des Untergangs bezeichnet wird. Als Jelzin und Krawtschuk nach Wiskuli aufbrachen, war die Sowjetunion praktisch schon nicht mehr existent. Nur hatte sie niemand für tot erklärt – aus Angst, was dann passieren könnte. Alle taten so, als würde der staatliche Leichnam immer noch weiterleben. Immerhin war die UdSSR neben den USA die größte Nuklearmacht der Erde. Die Atomwaffen waren auf mehrere Republiken verteilt, auch auf die Ukraine.

Jelzin erklärte, wenn Krawtschuk keinen neuen Unionsvertrag wolle, dann wolle auch er keinen. Dann endlich wurde

Krawtschuk hellhörig. «Wenn die Mehrheit hier ein Abkommen möchte, dann sollten wir nicht ohne auseinandergehen», sagte er. Jelzin schlug vor, dass die mitgereisten Rechtsexperten kein Dokument zur Fortführung der Sowjetunion, sondern einen neuen Vertrag der drei unabhängigen Staaten aufsetzen sollten. Das Wort «Sodruschestwo» – «Gemeinschaft» – machte die Runde. Krawtschuk schlug ein.

Boris Jelzin hatte seinen jungen, exzellenten Juristen Sergej Schachraj und den Ökonomen Jegor Gajdar in das nächtliche Ringen geschickt. Gajdar lebt nicht mehr, mit Schachraj konnte ich in seinem Büro an der Moskauer Staatsuniversität sprechen. Sie trafen sich in Gajdars Datscha im Wald, erinnerte er sich. Aber die Ukrainer kamen nicht. Kein Wunder. Der 35-jährige Schachraj war sich bewusst, dass «die Sowjetunion schon mit den Austritten der einzelnen Republiken am Ende war». Etwas Neues musste geschaffen werden, was ein blutiges Auseinanderfallen verhindern würde. Gajdar und Schachraj wussten, dass die Ukrainer das Wort «Union» rigoros ablehnten. Gemeinsam mit den Belarussen entwarfen sie einen Text. Gajdar notierte alles mit der Hand, weil keine Schreibkräfte mitgereist waren. Russland, Weißrussland und die Ukraine – also jene drei Republiken, die 1922 die Sowjetunion geschaffen hatten – wollten eine «Gemeinschaft Unabhängiger Staaten» gründen. Zugleich, so formulierte es der Urheber dieser Idee Sergej Schachraj, «stellten sie der Sowjetunion nach ihrem Ableben den Totenschein aus». Das Abkommen las sich in der Präambel so: «Die Sowjetunion als Subjekt internationalen Rechts und geopolitische Realität hat aufgehört zu existieren». Um sechs Uhr am Morgen des 8. Dezember stand der Text und wurde den drei Präsidenten etwas später mit sowjetischem Champagner zum Frühstück serviert.

Am Morgen des 8. Dezember 1991 versammelten sich die drei Oberhäupter der slawischen Republiken im Billardraum der Datscha von Wiskuli. Die neuen Staaten erkannten gegenseitig ihre territoriale Integrität und Grenzen an. Ihre Gemeinschaft unabhängiger Staaten war offen für den Beitritt anderer Republiken. Sie wählte ihren Sitz nicht in Moskau, der Zentrale des sowjetischen Imperiums, sondern in Minsk, der Hauptstadt von Belarus. Sie sollte einen gemeinsamen Militärrat haben. Und, der entscheidende Punkt für den Weltfrieden, die nuklearen Waffen sollten vorläufig unter gemeinsame Kontrolle gestellt werden. Damit stellte Jelzin sicher, dass die Sowjetunion nicht zerfiel wie Jugoslawien ab 1990 und dabei ein Streit über die Atomarsenale die ganze Welt bedrohte. Anders als sein Nachfolger Putin später wollte Jelzin die nukleare Gefahr eindämmen und nicht heraufbeschwören.

Gegen Mittag war man sich in Wiskuli über alle Punkte einig. Auf einem alten Faksimileapparat wurde die letzte Version vervielfältigt. Jelzin erhob auf jeden der vierzehn Artikel sein Glas. Dann wurden die Tische aus dem Billardraum von Wiskuli in die Empfangshalle gebracht, dazu drei Flaggen und einige Zweige aus dem Belowescher Urwald als Dekoration. Um 14 Uhr nahmen die drei Oberhäupter in der großen Eingangshalle an spiegelblanken weißen Tischen Platz und setzten ihre Unterschriften auf die Dokumente. Alle waren erleichtert. Schuschkewitsch schlug vor, gemeinsam auf die Jagd zu gehen. Nun zierte sich auch Krawtschuk nicht mehr: «Na klar, da komme ich mit!»

Das Belowescher Abkommen wurde wenige Tage nach dem 8. Dezember von den Parlamenten Weißrusslands, Russlands und der Ukraine ratifiziert. Bei einem Nachfolgetreffen am 21. Dezember 1991 in Almaty trafen sich die Vertreter von elf der verbliebenen zwölf Sowjetrepubliken und unterzeichneten die Gründungsakte der Gemeinschaft der Unabhängigen Staaten. Am Morgen des 25. Dezember 1991 trat Gorbatschow zurück und übergab die Macht samt Atomkoffer an Boris Jelzin. Damit war der blutige, womöglich apokalyptische Zerfall einer nuklear bewaffneten Supermacht verhindert worden. Das war keine «größte geopolitische Katastrophe des 20. Jahrhunderts», wie Putin sagte, sondern ein historischer Glücksfall. Das Beispiel Jugoslawien demonstrierte, wie ein Land im Krieg versinken konnte. Putins Überfälle auf die Ukraine 2014 und 2022 zeigten, dass es auch 1991 ganz anders hätte ausgehen können.

Assja empfand das Ende der Sowjetunion als Befreiung. Sie

Die Hoffnungen der 1990er Jahre — 63

genoss die Öffnung ihres Landes in vollen Zügen. Die Ärztin und ihr Mann lasen viel, sie sahen kontroverse Sendungen im Fernsehen, sie ließen täglich neue Eindrücke auf sich einprasseln. Assja lernte Englisch, «nicht als tote Sprache wie in der Sowjetunion, sondern mit einer Chance, die Sprache auch mal anzuwenden». Denn unter Jelzin konnte sie plötzlich: reisen! «Uns öffnete sich eine ganz neue Welt!» Im vierten Jahr nach dem Zerfall der Sowjetunion hatte sie so viel Geld zusammen, um ins Ausland zu fliegen. «Wir fuhren nach Österreich zum Skifahren und lebten die Ferien wie im Rausch. Das hatten wir uns niemals erträumt.» Zwei Jahre später ging es nach Tschechien. Dann Frankreich, Deutschland, Italien. Immer wieder fuhr sie zum Skifahren, es war die Besessenheit dieser Jahre. Dann kamen die Geschäftsreisen nach Europa dazu, die Medizinkongresse, der Austausch mit den Europäern.

Ihre Nachbarn konnten ihr «obsessives Reisen» nicht verstehen und schüttelten oft den Kopf, wenn sie vor dem Haus wieder mit dem Koffer auf das Taxi zum Flughafen wartete, erinnert sich Assja. «Wir Russen isolieren uns ja gern, sind gern anders als alle anderen.» Das Volk rede gern nur Russisch, sei misstrauisch gegenüber der Außenwelt. Es verbarrikadiere sich in Wohnungen mit vielen Schlössern, mit kompliziertem Code an der Eingangstür, mit einem Knüppel dahinter. «Die Angst vor der Außenwelt wird von Generation zu Generation vererbt.»

Assja liebte die Veränderung, sie war neugierig auf die Zukunft, schwelgte in den Möglichkeiten, die ihr die 1990er Jahre boten. Aber sie wusste, dass es viele Russen gab, die an der Vielfalt und der Auswahl litten. «Die meisten Menschen in Russland sind daran interessiert, dass alles so bleibt, wie es ist.» Sie würden nicht gegen Freiheitsbeschränkungen, nicht gegen Willkür der Polizei protestieren, sie wollten nur absolute Sicherheit und genug zu essen haben. «Das reicht schon.» Auf dieser Grundlage würde das heutige Regime herrschen. Die Menschen interessierten sich nicht für die Zukunft, sie störten sich nicht an den schwer durchlässigen Grenzen, sie lebten im russischen Hier und Jetzt, egal, wie traurig es sei.

Assja spricht aus Erfahrung, die sie in ihrer eigenen Familie gesammelt hat. Ihre älteste Tochter Anastassija wurde 1987 geboren und hat in den 1990er Jahren viel Zeit mit ihrer Großmutter verbracht. «Für meine Mutter waren diese unübersichtlichen Jahre schwerer als für mich.» Viele ihrer kritischen Eindrücke habe sie mit Anastassija geteilt. Die Tochter hat Design studiert, aber vor allem, damit sie etwas habe, um Geld zu verdienen. Für sie war es wichtig, Sicherheit zu bekommen. «Einen geeigneten Mann finden, Kinder kriegen, eine Wohnung schön einrichten, abends gemeinsam fernsehen.» Anastassija hat andere Vorstellungen vom Leben als ihre Eltern. In den 1990er Jahren war sie noch ein Kind, aber ihre Erinnerung sei von den Erzählungen der Großmutter und im Fernsehen geprägt: keine gute Zeit. Heute arbeite Anastassija in einer Firma für Inneneinrichtungen und interessiere sich wenig für die Welt jenseits ihres Alltags. Sie kümmere sich viel um ihren Mann, koche für ihn und lächele, wenn er nach Hause komme. «Auch sie lebt im Hier und Jetzt, will, dass alles so bleibt, wie es ist.»

Ihre zweite Tochter sei ganz anders gestrickt, mehr wie Assja selbst. Darja ist 1996 geboren, mitten in den 1990er Jahren. Sie hat die wirtschaftlichen Entbehrungen nicht mitbekommen, saß aber auch nicht ganz so oft bei der Großmutter auf dem Schoß. «Darja lebt in die Zukunft hinein, sie lebt für die Zukunft. Sie versteht, wie isoliert unser Land ist, dass wir uns von der Welt abwenden, und wollte deshalb früh raus.» Darja ist mit 18 Jahren schon in die USA gegangen, um zu studieren. Sie hat Wirtschaftswissenschaften am California College in Los Angeles studiert. «Das war ihre Wahl.» Natürlich hätte sie Darja so gut wie möglich unterstützt, mit Rat, mit Geld. Jetzt lebe sie in Amerika und mache sich viele Sorgen um ihre Familie in Russland. «Wir können ihr nicht mehr helfen, sie ist uns entwachsen, sie will uns helfen, aber noch ist nicht klar, wie sie das kann.»

Assjas drittes Kind ist ein Junge, Ilja wurde 2002 geboren. Er schloss das Gymnasium ab – und wollte studieren. Auf ihn wirke die ganze vergiftete Atmosphäre stark ein, «die Besessenheit mit der Ukraine, die Krim-Hysterie, das ständige Gerede vom Krieg.»

Aber instinktiv fühlte er, dass er von den zwei Wegen seiner Schwestern lieber Darja folgen wollte. Er lernte Englisch und zog sich die Eintrittskarte in die Welt. Assja wollte ihn am liebsten aus alledem rausholen, nur wusste sie nicht wie. Sie war ja selbst noch drin. «Mit jedem Jahr seit der Annexion der Krim wurde mir klarer, dass unser Land seine Zukunft verliert.» Die Erinnerung an die Jelzin-Jahre schwand mit jedem Jahr unter Putin.

Die Jelzin-Ära ist heute in ein Museum verbannt, das einen Blick über Moskau hinaus lohnt. In der Heimatstadt des ersten Präsidenten der Russischen Föderation steht ein weißes modernes Gebäude, architektonisch anspruchsvoll, ein wirklicher Hingucker in Jekaterinburg, einer 1,5-Millionenstadt am Ural. Das «Jelzin-Zentrum», 2015 eröffnet, ist ein Museum, eine Konferenzhalle, ein Studienort und ein Begegnungszentrum zugleich. Als ich 2018 die große Freitreppe vor dem Gebäude nahm, schaute ich hoch und fand, dass die dynamische Architektur perfekt zu Boris Jelzin passte, der in seinen besseren Jahren von einer unerschöpflichen Energie war. Im Inneren stand ich rasch vor einigen Reliquien, die Ausstellung begann. Jelzins Schulzeugnis, Jelzins Arbeitsbuch, Jelzins Anzug, Jelzins Schal, Jelzins Atomkoffer. Seine Staatskarosse, ein gepanzerter ZIL 41 052, stand gleich im Vestibül. In einer Vitrine ein paar Meter weiter sah ich einen orangen Pullover, den ihm sein ehemaliger Vizepremier Boris Nemzow nicht lange vor Jelzins Tod zum Geburtstag geschenkt hatte. Neben mir standen vier Männer Mitte 20 vor der Vitrine und lasen fast andächtig Nemzows Glückwunschkarte vor: «Verehrter Boris Nikolajewitsch, ich hoffe, dass dieser Pullover Sie wärmen wird. Seine orange Farbe ist ein Hinweis auf das, was heute in Russland so bitter fehlt. Mit jedem Tag liebe und schätze ich Sie mehr.» Die vier jungen Männer in schwarzen T-Shirts und schwarzen Hosen kamen aus Tscheljabinsk am südlichen Ural. «Danke», sagten sie und standen noch lange vor dem Pullover, der die Farbe der ukrainischen Revolution von 2004 trug. Es gibt nicht wenige Jelzin-Fans in diesem Land. Aber sie sind in Deckung gegangen und pilgern hierher.

In einem Büro in den höheren Stockwerken begrüßte mich Dina Sorokina, die seit 2016 Direktorin des Jelzin-Zentrums war und 2021 ersetzt wurde. Von ihrem Zimmer hatte sie einen weiten Blick über Jekaterinburg. Das Jelzin-Zentrum wolle die Erinnerung an den Präsidenten und an Russlands alternativen Weg wachhalten, sagte sie mir. Viele Russinnen und Russen würden nicht begreifen, dass die wirtschaftlichen Schwierigkeiten der 1990er Jahren eine Folge der «Prozesse der 1970er und 1980er Jahre» gewesen seien, also ihren Ursprung in der Sowjetunion hatten. Das werde heute verdrängt. Genauso wie die Tatsache, «dass die Sowjetunion so, wie sie existierte, nicht zu erhalten war». Ihr Ende sei keine willkürliche Entscheidung von einzelnen Politikern, sondern eine historische Zerfallsentwicklung gewesen.

Die Ausstellung habe zwei Ziele, erzählte Sorokina. Sie solle die Ereignisse der 1990er Jahre für jeden erlebbar machen, damit er die Geschichte von allen Russen mit seiner eigenen persönlichen verbinde. «Die Jungen können sich diese Zeit ja kaum noch vorstellen», amüsierte sie sich. «Sie lachen über die komischen 1990er Jahre, über die ganzen Experimente dieser Zeit, in der wir alles ausprobierten im Politischen, im Kulturellen, im Wirtschaftlichen und Gesellschaftlichen.» Mit Filmen, Ausstellungen und Diskussionen wolle sie diese «Zeit der großen Experimente» in die Gegenwart zurückholen. Und nicht nur, um zu bewundern.

Sie wusste, dass die 1990er Jahre nicht nur wegen der Armut umstritten waren. Auch an Jelzins politischen Entscheidungen gab es viel auszusetzen, und zwar auch von Liberalen. Er war im permanenten Überlebenskampf. In einem politischen Konflikt mit kommunistischen und reaktionären Kräften im Parlament ließ er 1993 den damaligen Parlamentssitz, das Weiße Haus, beschießen. Er hat danach eine Verfassung durchgesetzt, die demokratisch sein sollte, aber viele autoritäre Schlupflöcher ließ, was Putin später ausnutzte. In der Auseinandersetzung mit der widerspenstigen Republik Tschetschenien schickte Jelzin 1995 die Armee in das geschundene Land. Und für die Wahlen 1996 verbündete er sich mit den Oligarchen, die das Bündnis rücksichtslos für ihre geschäftlichen Zwecke ausnutzten. Viele der Experimente in den 1990er Jahren gingen schief. Das «Jelzin-Zentrum soll ein Raum sein für diese Debatten, was war richtig, was war falsch?», sagte Dina Sorokina.

Es war übrigens auch Jelzin, der Putin im August 1999 zum Premierminister und designierten Nachfolger machte. Putin sicherte Jelzin damals zu, dass dieser und seine Familie nicht verfolgt würden. Vielleicht erklärt das auch, warum das Zentrum 2015 überhaupt öffnen konnte. Und warum es sogar Unterstützung aus dem föderalen Budget erhielt. «Das macht aber nur einen kleinen Teil aus», sagte Dina Sorokina. Die größten Einnahmen kämen von Sponsoren, durch Stiftungen und Unternehmen. Außerdem dürfe das Zentrum in dem großen Gebäude Büros untervermieten, auch das bringe Geld. Wie lange, hing am Ende von Putin ab, dem vieles nicht gefallen konnte, was hier zu sehen war.

Sehr bewegend war ein Zeichentrick-Film in einem Saal, durch den alle Besucher geführt wurden: ein Abriss russischer Vergangenheit als Geschichte der Demokratie. Geht das? Sehr gut sogar. Ich sah eine animierte Erzählung über bürgerliche Freiheit, Teilhabe, Eigeninitiative, Staatsferne, Bürgersinn und Bereitschaft zum Aufstand, wenn der Herrscher überschnappte. Erklärt an den Dreh- und Wendepunkten russischer Geschichte, zum Beispiel an der Volksversammlung in der freien Republik Nowgorod im späten Mittelalter, wo Recht schriftlich niedergelegt und Militärführer und Erzbischöfe gewählt wurden. Oder an dem Reformer und Zarenberater Michail Speranski Anfang des 19. Jahrhunderts, der Gewaltenteilung empfahl und eine Verfassung schrieb. Oder an den Dekabristen, die 1825 gegen den reaktionären Zaren Nikolaus I. rebellierten und eine Verfassung sowie die Befreiung der Bauern forderten. Oder an dem Zaren und Reformer Alexander II., der die Leibeigenschaft der Bauern schließlich 1861 aufhob. Oder eben an den legendären 1990er Jahren. Russland hat eine spektakuläre Geschichte der Freiheit, hier wurde sie eindrücklich gezeigt. Das Jelzin-Zentrum widerlegte das alte Vorurteil, das Land könne nur mit harter Hand regiert werden. Es erzählte eine überzeugende Gegengeschichte zu den großen, von Putin abgesegneten Ausstellungen. Diese beschrieben Russland als Erfolgsgeschichte harter, entschlossener Führer von Iwan dem Schrecklichen bis Josef Stalin, die Russland einig, groß und gefürchtet gemacht hätten.

Im 20. Jahrhundert hatte Russland drei Chancen, aus dieser von oben vorgeschriebenen Spur auszubrechen. Die Revolution von 1905, auf die eine kurze Phase der Parlamentarisierung folgte, die bald erstickt wurde. Die Februar-Revolution von 1917, die zum Sturz des Zaren führte, aber im Oktoberputsch 1917 von den Bolschewiki unter Führung von Wladimir Lenin gekapert wurde. Und das Ende der Sowjetunion im Dezember 1991, worauf acht bewegte Jahre demokratischer, freiheitlicher Experimente unter Boris Jelzin folgten. Alle drei Versuche waren von einer schweren Wirtschaftskrise begleitet, an deren Ursache die demokratischen Akteure nicht schuld waren. Die Gründe waren 1905 vor allem die zaristische Misswirtschaft und der verlorene Krieg gegen Japan, 1917 der fortgesetzte Krieg gegen Deutschland und 1991 das Erbe von Jahrzehnten sowjetischer Misswirtschaft samt einem historisch niedrigen Ölpreis. Die Aufschwünge kamen stets den Autokraten zugute.

Doch alle diese historischen Tatsachen sind in Russland heute vergessen. Das Jelzin-Zentrum war den Gralshütern des Putinismus schon länger ein Dorn im Auge. Und deshalb geriet es 2022 immer stärker unter Druck. Diese Regime- und Elitenvertreter sprachen aus, was Putin wegen seiner Abmachung mit der Jelzin-Familie nicht sagen wollte. Putins publizistischer Pitbull, der Fernsehmoderator Wladimir Solowjow, warf dem Jelzin-Zentrum vor, Homosexualität zu fördern. Das Zentrum habe vor einiger Zeit einen Preis an ein Gymnasium vergeben, das 2022 mit einem Tanz mit homosexuellen Anspielungen ins Gerede gekommen sei. Das sei offenbar «Stil des Freiheitsgeistes», den das Jelzin-Zentrum fördern möchte, ätzte Solowjow. Wenig später meldete sich der Putin-treue konservative Filmregisseur Nikita Michalkow zu Wort und forderte, übrigens nicht zum ersten Mal, das Jelzin-Zentrum zum «ausländischen Agenten» zu erklären, was jeglichen Außenkontakt und die Finanzierung des Zentrums verbieten würde. Vaterländisch gesinnte Musiker, Sänger und Schauspielerinnen schlossen sich sofort an. Michalkow rief nach einer «patriotischen Sicht auf die Geschichte» und forderte die Zerstörung «destruktiver Einflüsse auf die nationale Identität von Kindern.»

Dieser Elite geht es um eine totalitäre Kontrolle über die Geschichte und das Selbstbild der Russen. In die Kontrolle eingebaut ist ein festgefügtes Bild von den 1990er Jahren, das Putin selbst vorgegeben hat. Es hat drei Bestandteile: Zerfall, Chaos und Kriminalität, Fernsteuerung durch die Amerikaner. Der russische Herrscher lässt keine Gelegenheit aus, die Amtszeit seines Vorgängers in den schwärzesten Farben zu malen. «Tatsächlich lief damals ein Bürgerkrieg», sagte Putin im Dezember 2021. Das Land sei kurz vor dem Auseinanderfallen gewesen. Dann aber habe er die Zügel angezogen und das Land geeint – und die US-Agenten vertrieben, die in Moskau als Berater arbeiteten. Das ist im Kern seine Erzählung: die harte Hand, die das amerikanisierte, unregierbare und chaotische Land wieder zusammenführte.

Wer die Geschichte kennt und in den 1990er Jahren in Russland gelebt hat wie ich selbst, weiß, dass das eine Lüge ist. Es gab keinen Bürgerkrieg. Tatsächlich war es Boris Jelzin, der Russland in den 1990er Jahren nach dem Zerfall der Sowjetunion zusammenhielt. Der Alptraum von Jelzin war es, nach einem Totenschein für die Sowjetunion wie im Belowescher Wald einen zweiten Totenschein für die Russische Föderation ausstellen zu müssen. So erklärte sich unter anderem seine Bereitschaft, den Tschetschenienkrieg 1995 mit aller Härte zu führen und im zweiten Tschetschenienkrieg 1999 Putin freie Hand zu lassen. Schwere Fehler, die Verbrechen ermöglichten. Doch die eigentliche Integrationsleistung Jelzins erfolgte am Verhandlungstisch. Er setzte auf Überzeugung und Ausgleich und gelegentliche Zuschüsse für die Regionen. Mit der Wolgarepublik Tatarstan schloss er 1994 den ersten Föderationsvertrag ab, für eine Abgrenzung der Kompetenzen von Zentrum und Peripherie unter dem Dach der Russischen Föderation. Tatarstan bekam den besten Deal von allen, weil die Republik die erste war. Doch ihrem Beispiel folgten alle anderen Gebiete und Republiken. Das erwies sich auch in der Finanzkrise 1998 als belastbar. Boris Jelzin hatte die Russische Föderation längst geeint, als Putin sein Amt antrat. Putins Schritte darüber hinaus galten nicht der angeblich notwendigen Einigung Russlands, sondern der Errichtung eines autoritären Systems. Das Regime von heute nahm im zweiten Tschetschenienkrieg und in der Zerstörung des Föderalismus seinen Anfang.

Um das zu rechtfertigen, muss heute das große Bild der 1990er so dunkel wie nur möglich erscheinen. Putins Propagandisten kippen täglich schwarze Farbe hinzu. Margarita Simonjan, die Chefredakteurin von drei Staatsmedien, bemerkte, dass man damals als Staatsangestellter kein Gehalt bekam, sondern «in Naturalien wie Spritzen und Morcheln» ausgezahlt wurde. «Das hat aufgehört.» Der Milliardär Boris Titow, der 2018 mit einer Schein-Kandidatur zur Legitimation der Präsidentenwahlen ins Rennen ging, rechnete Putin hoch an, dass er «Stabilität nach dem Chaos der 1990er Jahre» gebracht habe. Und Patriarch Kirill dankte Putin von Gott dafür, dass er diesen «Irrgang unserer Geschichte» begradigt habe. Mit diesen Formeln stützen sie alle die Gewaltherrschaft nach den Jahren der tastenden und experimentierenden Demokratisierung. Doch wenn es nur Vertreter der russischen Elite wären. Nein, auch in Deutschland wurde das Putinsche Narrativ fleißig weiterverbreitet. Am plattesten trug es Gerhard Schröder vor, wen wundert es. Die 1990er Jahre seien «geprägt von Ausplünderung, Korruption und Chaos», bemerkte der Ex-Kanzler und Erdgas-Oligarch schon 2007 bei einer Diskussion im Berliner Adlon. Es habe «keine Staatlichkeit» mehr gegeben. Erst Putin habe das Land auf einen Weg der Stabilität und Verlässlichkeit geführt. Wie Schröder redeten auf Russland-Konferenzen bis in die Pandemiejahre etliche Politiker, aber auch viele deutsche Wirtschaftsvertreter. Zugleich war es das feste Narrativ der Partei Die Linke:

Jelzin stand für US-Rezepte, Chaos und Verarmung, Putin für Stabilität und Wohlstand. Die Deutschen, die so redeten, haben sich um das russische Regime verdient gemacht. Schröder und zahlreiche andere Deutsche bekamen dafür in Moskau Posten, Orden und nicht zu wenig Geld.

Dina Sorokina, die Direktorin des Jelzin-Zentrums, legte ihre Arbeit 2021 nieder. Als ich sie im Sommer 2022 anschrieb, lebte sie auf unbestimmte Zeit in New York, um «ihre eigenen Projekte» zu verfolgen. Eine neue Führung versuchte in Jekaterinburg zu überleben. Nach dem Überfall auf die Ukraine im Februar erklärte das Zentrum, der Krieg sei ein «undenkbares Desaster für beide Länder und Völker», und rief zur sofortigen Einstellung der Kampfhandlungen auf. Das kam nicht gut an. Im Juni versuchte das Zentrum den Eindruck zu korrigieren, unpatriotisch zu sein. Man lud regimetreue Vortragsredner ein. Ein «Held Russlands» dozierte vor Studenten über die «Operation» in der Ukraine. Wenig später sprachen zwei russische Militärkorrespondenten über ihre Reisen in die Donezker Volksrepublik und die Erfahrungen an der Front. Sie warnten vor «Falschnachrichten aus der Ukraine und dem Westen» auf den Nachrichtenkanälen und bekannten ihre «Liebe» zum «russischen Donezk» und dem Donbass.

Für Assja Kudrjawzewa kam mit dem Krieg gegen die Ukraine eine lange Entwicklung zum Abschluss. Die Herrschenden, so sah sie es, richteten alle Konzentration und alle Kraft des Landes nach außen, auf wilde Eroberungen der Krim und des Donbass. «Aber nach innen passiert nichts», ärgerte sie sich. Es gebe keine Entwicklung, zum Beispiel in ihrem medizinischen Fach. Da sei mit der Öffnung seit den 1990er Jahren sehr viel geschehen. Aber irgendwann stagnierte die Entwicklung, und jetzt, mit der Abwendung vom Westen, würden die Wissenschaften, die Medizin, die Bildungseinrichtungen von allem Austausch abgeschnitten, die Öffnung der 1990er Jahre zurückgedreht. Jetzt werde die Jugend patriotisch erzogen. «Sie nehmen meinem Land und meiner Familie die Zukunft», lautete ihr Urteil.

Als ich von Assja vor dem Abfassen dieser Sätze zum letzten

Mal hörte, bereitete sie eine große Reise vor. Sie wollte zu Darja nach Amerika. Ilja hatte Russland bereits verlassen. Nur Anastassija, die erste Tochter, wollte bleiben. Beim Familiengespräch über Russlands Weg habe sie sich in der Regel herausgezogen, weil sie mit der Meinung ihrer Familie nicht einverstanden sei. «Ich sehe das alles etwas anders als ihr», habe Anastassija gesagt. Schnitt. Assja zog Darja hinterher. Ihr Sohn Ilja studierte in den Niederlanden. «Wir gehen», sagte Assja, «bevor sich das Land so abschottet, dass wir es gar nicht mehr verlassen können».

Zwei Frauen und ein Kind vor Neubauten in Grosny,
der Hauptstadt Tschetscheniens

5 Schurkenrepublik
Das tschetschenische Modell

Ich erkannte die Stadt nicht wieder. Das erste Mal seit dem Krieg 2000 war ich zurück in Grosny – und geriet in einen Ausbruch von Minutenglück auf dem Kadyrow-Platz im Zentrum. Junge Männer tanzten auf klackenden Lederschuhen, vor und zurück, auf einem Bein und auf den Händen. Junge Frauen in langen Röcken wirbelten um sie herum. Ich sah pechschwarze Sonnenbrillen und weiße Spitzenumhänge, schwindelerregend hohe Hacken und Kopftücher. Eine Band spielte kaukasische Popmusik, Verstärker trugen die Bässe über den riesigen Asphaltplatz vor der großen Moschee. Ein Volksfest in Grosny, der Hauptstadt von Tschetschenien. Die Menschen feierten wie jedes Jahr das Ende der «Antiterroristischen Operation», ein beschönigendes Wort für Russlands brutalen Tschetschenienkrieg, den Wladimir Putin 1999 entfesselt hatte.

Doch was ich bei diesem Besuch siebzehn Jahre später sah, war keine Anti-Putin-Demonstration. Im Gegenteil. Ein bunt gekleideter Zug älterer Frauen wedelte mit russischen und tschetschenischen Flaggen. Mehrere von ihnen hielten wacker große Poster mit Politikerfotos hoch: Wladimir Putin und Ramsan Kadyrow, das Oberhaupt der tschetschenischen Republik. Drumherum standen komplett in schwarz gekleidete Uniformierte mit langen Bärten, Kadyrows gefürchtete Sicherheitsgarde. In Grosny feiert niemand unautorisiert.

Plötzlich Schreie aus der Menge. Ein schwarzer Mercedes-Geländewagen raste auf den Platz und hielt auf die tanzende Menge zu. Dahinter fuhr ein zweiter Geländewagen mit Wachpersonal. Ein Tschetschene zischte mir mit hochgezogenen Augenbrauen zu: «Der Vizepremierminister!» Tatsächlich: Am Steuer des Geländewagens saß Islam Kadyrow, roter Rauschebart, Sonnenbrille, schwarzes T-Shirt, der Bruder des Herrschers von Tschetschenien. Die Menschen erkannten den Mann am Steuer und wichen zurück. Er bremste den Mercedes ab und fuhr langsam mitten durch die Menge. Die Musik brach ab, die Menschen erstarrten. Dann gab der Mann erneut Gas, drehte eine Ehrenrunde auf dem Riesenplatz und rauschte davon. «Feiert!», riefen die Polizisten. Aber jetzt wollte keine Stimmung mehr aufkommen. Still packten die Menschen ihre Sachen. Die Feier war vorbei.

Tschetschenien ist für Russland Manöverplatz und Laboratorium zugleich. Ein Land, in dem die Mächtigen die Extreme austesten, die Grenzen von Krieg, Zerstörung, bürokratischer Willkür, die Grenzen der Gewaltherrschaft und der Duldsamkeit der Leute. Wladimir Putin ist mit dem Tschetschenienkrieg 1999 an die Macht gekommen. Es war sein erster Krieg, der ihn in Russland populär machte und die Wahl zum Präsidenten 2000 gewinnen ließ. Putin unterwarf das Land, um zugleich Tschetschenien und Russland zu kontrollieren. Doch weckte er damit Dämonen, die das ganze Land heimsuchten. Putins Feldzug in Tschetschenien gewöhnte die Menschen an Krieg und Gewalt, und die Kaukasusrepublik selbst wurde zum Modell für Russlands Zukunft unter Putin.

Ich hätte die Marktplatz-Szene kaum verstehen können, wenn ich nicht schon 1999 in dieser wohl unglücklichsten aller russischen Teilrepubliken herumgereist wäre. Um zu zeigen, welch wichtige Rolle Tschetschenien in Russland einnimmt, will ich hier kurz auf den Beginn der Putin-Herrschaft zurückblicken.

Im Jahr 1999 wollte Putin beweisen, dass er imstande war, mit dem kleinen unbotmäßigen Kaukasusstaat fertigzuwerden. Schon sein Vorgänger Boris Jelzin hatte 1995 dort einen blutigen Feldzug gestartet. Ähnlich wie bei der Ukraine 2022 gab es 1999 keinen nachvollziehbaren Anlass für einen großen Krieg. Ein tschetschenischer Warlord namens Schamil Bassajew hatte im August 1999 mehrere Dörfer im russischen Dagestan besetzen lassen. Eine gezielte Aktion russischer Spezialkräfte hätte das Problem sicher gelöst. Es gab keinen Grund, den 1997 von Präsident Boris Jelzin geschlossenen Friedensvertrag mit Tschetschenien zu brechen. Doch Putin entschied sich anders.

Ähnlich wie beim Überfall auf die Ukraine 2022 erfand er eine Kriegsbegründung. Dafür benutzte er eine rätselhafte Anschlagsserie. Im September 1999 sprengten Unbekannte in Moskau, Wolgodonsk und Bujnaksk Wohnhäuser in die Luft. Aber in der Provinzstadt Rjasan vereitelten Bewohner eines Hauses einen Anschlag. Dort hatte der russische Geheimdienst sprengstofffähiges Material im Keller eines Wohnhauses platziert und das Ganze, als Bewohner die merkwürdigen Säcke entdeckten, zur «Übung» erklärt. Wofür, blieb unklar. Wer steckte also hinter den Anschlägen in Moskau, Wolgodonsk und Bujnaksk?

Das fragte ich im November 1999 in einem ZEIT-Interview Wladimir Putin persönlich. Ich konnte ihn damals in seinem Büro im Weißen Haus in Moskau besuchen. «Tschetschenien», sagte er mir mit geballter Faust auf dem Tisch, «Tschetschenien ist zu einem Weltzentrum des internationalen organisierten Verbrechens und Terrors geworden.» Putin sprach von Menschenraub und Waffengeschäften, Anschlägen und Banditenüberfällen. Der Marktplatz von Grosny, wo die russische Armee im Oktober 1999 ein Massaker mit über 100 Toten unter der Zivilbevölkerung angerichtet hatte, war für ihn nur ein «Waffenmarktplatz». Solche frühen Ausreden erinnern an spätere Propagandaformeln der Russen, als sie 2022 in der Ukraine mit Raketen auf zivile Ziele schossen. Im Frühjahr 2022 behauptete Putin, er würde in der Ukraine gegen die USA kämpfen. Im Herbst 1999 rechtfertigte Putin den Tschetschenienkrieg so: «Das ist eine Aggression des internationalen Terrorismus gegen Russland.» Mit dem gemäßigten tschetschenischen Präsidenten Aslan Maschadow wollte er nicht reden. Alle Bemühungen um eine politische Vermittlung wurden von den Geheimdiensten sabotiert. «Die Banditen werden vernichtet», versprach Putin. So wie die angeblichen «Nazis» in der Ukraine 2022. Der FSB, eine Nachfolgeorganisation des KGB, brachte den vom Präsidentenposten längst verdrängten Maschadow in einer Spezialoperation 2005 um, nachdem er Putin ein Waffenstillstands-Angebot gemacht hatte.

Die russischen Streitkräfte wühlten sich 1999 in blutigen, verlustreichen Kämpfen in Tschetschenien voran. In der Rückschau weisen der russische Feldzug in Tschetschenien und der Angriffskrieg gegen die Ukraine 2022 viele Ähnlichkeiten auf: die schlechte Planung, die mangelhafte Abstimmung der Truppen, die hohen Verluste, die Zerstörung von Wohngebieten und die zunehmende Brutalität des Krieges. So starben Anfang Dezember 1999 in einem Gefecht nahe der Hauptstadt Grosny allein an einem Tag 250 russische Soldaten. Im März 2000 fielen 84 Soldaten der Luftlandetruppen aus Pskow, als sie in einen Hinterhalt gerieten. Vor ihrer Kaserne in Pskow steht heute ein haushohes Denkmal zur Erinnerung an diese Niederlage. Wegen mangelnder Koordination ging damals viel schief. Ende März 2000 starben 43 Elitesoldaten des Innenministeriums im Feuer regulärer russischer Truppen. Die meisten Gefallenen wurden, wie im Fall der Ukraine 2022, in einer Gruft des Schweigens beerdigt. Dagegen informierte im November 1999 der Armeesprecher General Walerij Manilow ausführlich darüber, welche Verluste die tschetschenischen Kämpfer erlitten. Dabei enthüllte er jedoch, wie wenig Übersicht er selbst hatte. Er behauptete, die Zahl der Rebellen betrage rund 8000. Im Januar 2000 verkündete er, die Streitkräfte hätten 10 000 (!) von ihnen getötet. Im Juli 2000 bezifferte er die Zahl der Rebellen auf 25 000. Die Russen hatten es offenbar mit einem schwer fassbaren Feind zu tun.

Deshalb gewannen – wie in der Ukraine 2022 – schnell der Luftkrieg und die Artillerie an Bedeutung. Nur konnten die Tschetschenen dem Bombardement viel weniger Luftabwehrwaffen entgegensetzen als mehr als zwei Jahrzehnte später die Ukrainer. Russische Flugzeuge konnten weitgehend unbehelligt ihre Sprengladungen über Städten und Dörfern abwerfen. Militärspezialisten in Moskau beschuldigten die Streitkräfte, dabei auch die international geächtete Splittermunition und Vakuumbomben eingesetzt zu haben. Diese töten durch ihre teuflische Druckwirkung Menschen selbst in Bombenschutzkellern.

Das Resultat dieser Kriegführung konnte ich selbst auf einer Fahrt nach Grosny Mitte Februar 2000 besichtigen. Es war nicht einfach, dorthin zu kommen, die Russen sahen damals ausländische Journalisten ungern in der Stadt. An einem LKW-Rastplatz unweit der Grenze zu Inguschetien konnte ich einen Fahrer der russischen Armee überzeugen, mich in seinem Lastwagen mitzunehmen. Er fuhr Soldatenkleidung und Wäsche nach Grosny. Unser Deal: Ich ließ ihn mit meinem Satellitentelefon seine Freundin und seine Mutter in Sibirien anrufen. Er verbesserte dafür meine Kenntnisse in der russischen Fluchsprache «Mat» und brachte mich dabei nach Grosny.

Der Anblick war markerschütternd. Das Zentrum der Stadt, die ich später wiederbesuchte, war im Februar 2000 der tote Punkt Tschetscheniens. Auf dem Minutkaplatz, um den russische Truppen und tschetschenische Rebellen wochenlang gekämpft hatten, war kein Leben mehr vorstellbar. Schutt, Geröll, durchgeglühte Metallteile, zertrümmerte Fahrzeuge, zerborstenes Glas und Patronenhülsen. Die angeblichen Präzisionsschläge russischer Bomben hatten die Häuser verwüstet und metertiefe Krater hinterlassen. Die Bäume waren zerfetzt und die Straßenlaternen von der Feuerhitze verbogen. Grosnys Leninstraße war ein Boulevard der Ruinen, die Gebäude standen Gerippe-gleich Spalier an einer Panzerpiste. Im Zentrum stand keine Wand gerade, steckte kein Fenster mehr im Rahmen, war kein Haus mehr bewohnbar. Wenige Keller waren zum letzten Rückzugsort geworden. An Türen im Halbparterre sah ich vereinzelt weiße Flaggen und immer wieder die gekrakelte Aufschrift: «Hier leben Menschen!» Ich konnte mit einer Frau sprechen, die aus einem Keller ans Tageslicht kroch und in die Wintersonne blinzelte. «Die Soldaten kommen jeden zweiten Tag und prüfen unsere Papiere», sagte sie. Dann forderten sie sie auf, zu gehen. «Was wir hier noch wollen», würden sie fragen. «Aber wohin sollen wir gehen?»

Grosnys Zentrum war ausgelöscht. Zwischen den Häuserruinen hatten die russischen Soldaten Checkpoints postiert. Ich wurde bei einer Kontrolle festgehalten, weil ich keine spezielle

Genehmigung der Armee hatte. Nach einer Befragung ließen die Soldaten mich ziehen mit der Auflage, die Stadt und Tschetschenien auf schnellstem Wege zu verlassen. Aber einen Termin hatte ich noch: im Filtrationslager. An diesen Besuch erinnere ich mich auch heute noch, wenn ich die Berichte von ukrainischen Soldaten lese, die aus russischer Gefangenschaft zurückkehren. Auch sie waren in sogenannten Filtrationslagern.

Das Lager war in Tschernokosowo, einem Dorf unweit von Grosny. Eigentlich war es ein Untersuchungsgefängnis, das größte im russisch kontrollierten Tschetschenien. Auf der Straße zur Haftanstalt standen Eltern, Schwestern, Freunde der Inhaftierten: «Frag nach Achmed! Schaut nach Ruslan!», riefen sie mir zu. Die Straße endete da, wo Stacheldraht und Zäune begannen. Der Schlagbaum öffnete sich nur für zugelassene Besucher. Major Michail Nasarkin, der Leiter des Untersuchungsgefängnisses, empfing mich lächelnd für eine Besichtigung. Vor mir lagen ein Fabrikgelände, rostige Gleise, Kräne, eine ausgebombte Halle. «In der Sowjetunion war hier eine Erziehungs- und Arbeitskolonie für Schläger, Trinker, Krawallmacher, Arbeitsscheue», erklärte der Major. «Später unterhielten die Tschetschenen hier ein Straflager», sagte Nasarkin. Er wies auf eine Wand voller Einschusslöcher. «Da ließ das Scharia-Gericht die Verurteilten exekutieren.»

Ich sah junge Männer, die das große Tor zum Gefängnisvorhof grün anstrichen und sorgfältig den Stacheldraht richteten. Vom Hof führte ein rundum vergitterter Gang zu den Zellen. «Bei uns sitzen derzeit 113 Leute ein, die in ungesetzlichen Militäreinheiten kämpften», sagte Nasarkin. Der Gegner im Krieg wird nach russischem Rechtsverständnis nicht nur gefangen gehalten, sondern strafrechtlich verfolgt. Er ist ein «Terrorist». Nicht nur Männer, auch Frauen, die den Kampftruppen geholfen haben. Ein Wachsoldat öffnete mir eine eisenbeschlagene Holztür, dann riss er einen Gitterverschlag auf. Feuchte Kälte schlug mir aus der dunklen Zelle entgegen. Eine Ahnung von Licht fiel durch ein briefbogengroßes, verdrecktes Fenster hinein. Von den Pritschen schreckten vier Gefangene hoch, die etwa Mitte dreißig Jahre alt waren. Die abgezehrten Männer wendeten sich schnell ab zum Fenster, senkten die Köpfe. Auf dem Boden sah ich Kakerlaken, viele von ihnen. «Was ist, füttert man euch nicht gut?», rief Nasarkin in die Zelle. Keine Antwort. «Alle kriegen hier Bettwäsche, medizinische Hilfe und Lebensmittel», sagte Nasarkin. «Alle sind zufrieden, wie Sie sehen.» Krachend warf er die Zellentür ins Schloss. Weiter zum Frauentrakt. Dort war es nicht heller als bei den Männern. In einer Zelle war gleich neben dem Eingang ein Loch in den Beton geschlagen, aus dem die Fäkalien überliefen. «Wart ihr auch schön in der Badestube?», dröhnte Nasarkin in die Zelle hinein. Ein scheues Ja kam zurück. Warum waren die Frauen hier? «Soldaten haben mich in einem Vorort von Grosny aus einem Autobus geholt», sagt Amina, eine 38-Jährige mit tief geränderten Augen, mit der ich kurz unter Aufsicht sprechen durfte. «Sie haben mir meinen Ausweis abgenommen und behauptet, ich sei eine Verbrecherin.» Dabei habe sie niemals gekämpft, sagte sie. «Meine einzige Schuld ist, Tschetschenin zu sein.» Seit einem Monat und acht Tagen saß sie schon in Tschernokosowo. Nasarkin ging dazwischen, die Tür fiel zu. Er winkte ab. «Hier bleibt keiner länger als eine Woche, dann lassen wir ihn entweder frei oder schicken ihn in ein anderes Gefängnis weiter. Darüber entscheiden die Ermittler.» Hatten Rechtsanwälte Zugang zu den Gefangenen? Er lächelte mich spöttisch an: «Finden Sie mir mal einen Anwalt in Tschetschenien.» Natürlich war während der gut einstündigen Führung kein Folterinstrument zu sehen und kein Schrei zu hören. Aber die Menschen, die sich vor dem Gefängnis versammelt hatten, behaupteten, sie hätten in den Nächten Schreie gehört. «Die Russen halten geheim, wer im Filtrationslager sitzt», erregte sich eine 50-jährige Frau, die aus einem Nachbarort angereist war, um ihren verschollenen Sohn zu suchen. «Verwandte und Freunde verschwinden einfach. Die Soldaten benutzen jeden Vorwand zur Festnahme.»

Nach der Rückkehr aus Tschetschenien traf ich in der Nachbarrepublik Inguschetien einen ehemaligen Gefangenen aus Tschernokosowo. Seinen Namen wollte er mir aus Angst vor

Verfolgung nicht nennen. Er war im Januar 2000 von einer russischen Patrouille festgenommen worden. «Sie wollten irgendwelche Geständnisse, irgendwelche Informationen über Kämpfer, die noch im Einsatz sind», sagte er mir. Dafür war den Ordnungshütern offenbar jedes Mittel recht. «Sie fesselten mich und schlugen mir mit einem Hammer auf Arme und Beine, weil ich nichts Brauchbares sagte», erzählte er. «Zweimal befahlen sie mir, mit erhobenen Händen den ganzen Tag zu stehen, bis ich zusammenbrach.» Wenn es dämmerte, ging unter den Gefangenen die Angst um. «Dann soffen die Wächter und schlugen wie besinnungslos drauflos. Sie wollten dann keine Geständnisse mehr, sondern Geld und Armbanduhren.» Er entkam dem Karzer Anfang Februar, weil ein Freund durch einen entlassenen Inhaftierten erfuhr, dass er im Gefängnis von Tschernokosowo saß. Der Freund bestach einen Offizier – und er konnte nach einer halben Stunde gehen.

Die Aussagen des Gefangenen ähnelten den Interviews, die ich später in den Berichten von Human Rights Watch über Tschernokosowo las. Demnach ließen Wächter die Inhaftierten Spießruten laufen, schlugen sie mit Gummiknüppeln und Eisenhämmern, raubten Goldringe, Lederjacken, Geld, sprühten Tränengas in die Zellen, vergewaltigten Frauen und Männer. Und diese Berichte deckten sich wiederum mit denen von 1995 und 1996, als die russische Armee schon einmal Tschetschenien überrollt hatte. Und heute liest man die Fortsetzung dieser Geschichten in den Berichten von Ukrainern, die russischer Gefangenschaft entkommen sind.

Tschetschenien ist das Laboratorium einer Art der Kriegführung, die mangelnde Effizienz und Durchschlagskraft durch Grausamkeit und Rache ersetzt. Für den Sieg setzten und setzen die russischen Truppen überproportional Gewalt ein, um den Gegner zu demoralisieren und zu entwaffnen. Die Ausradierung Grosnys war das Modell für die Zerstörung Aleppos 2016 und die Auslöschung Mariupols 2022. Die Grausamkeit von Tschernokosowo und anderen tschetschenischen Tatorten folgte einer Logik, die sich 2022 im ukrainischen Butscha fortsetzte. Allen

Militärreformen und Veränderungsankündigungen zum Trotz tragen Putins Kriege seit Tschetschenien ein und dieselbe Handschrift.

Anders als der Krieg war die Entwicklung Tschetscheniens in der Föderation ein absoluter Sonderweg. Und das sieht man schon beim Spaziergang durch die Stadt. Zwischen meinen Besuchen in Grosny lagen 17 Jahre. Und es gab einen Grund, warum ich die Stadt überhaupt nicht wiedererkannte. Sie hatte sich in den Jahren meiner Abwesenheit in eine tschetschenische Kopie von Dubai und Istanbul verwandelt. Die Stadtherren entschieden sich, die Ruinen des Zentrums komplett abzuräumen. Dort, wo ich 2000 mit der Frau aus dem Keller sprach, ragen heute Wolkenkratzer in den Himmel, mit glitzernden Glasfassaden und vergoldeten Dächern. Nachts fangen die Türme an zu leuchten und zeigen Spruchbänder mit Koran-Suren. Vor «Grosny City», wie der Hochhaus-Park heißt, steht eine riesige Moschee, von den Türken erbaut, eine Reproduktion von Sultanahmet, der Blauen Moschee im alten Zentrum von Istanbul. Eine Koranschule dagegen wirkt mit ihren goldenen Pagodendächern eher ostasiatisch. Der tschetschenische Regierungsbezirk wurde in einem ehemaligen Park erbaut. Aus meinem Hotelfenster im 22. Stock konnte ich auf die Gebäude der Macht schauen: Weiße Paläste mit hohen Säulen, Pilastern und grünen Kuppeln, eingerahmt von Triumphbögen, Säulengängen, Obelisken und frisch gepflanzten Blumenrabatten. Das sogenannte Parlament erinnerte nicht an den grauen Kasten der Duma in Moskau, sondern an das Kapitol in Washington. Darunter machen die Tschetschenen es heute nicht. Das einzige, was ich schemenhaft von 2000 wiedererkannte, war der Lenin-Prospekt. Dort standen klassizistische Häuser aus der Mitte des 20. Jahrhunderts, unter Stalin gebaut, unter Putin zerstört und nun als «historisches Zentrum» wieder rekonstruiert. Die Straße heißt heute übrigens Putin-Prospekt.

Auch das zeigt, dass die heutigen Herrscher Tschetscheniens Putin den furchtbaren Krieg nicht krummnehmen. Ramsan Kadyrow, der 46-jährige Herrscher der Republik, versteht sich bestens mit dem russischen Präsidenten, der ihn 2022 zum Generaloberst der russischen Nationalgarde beförderte. Kadyrow ist der Sohn des ehemaligen Muftis von Tschetschenien Achmat Kadyrow, den Putin 2003 zum Oberhaupt der Republik wählen ließ. Achmat Kadyrow starb kaum ein Jahr später – nicht landesuntypisch – durch einen Anschlag. Heute ist sein Sohn Ramsan Kadyrow der unumschränkte Gebieter der Kaukasusrepublik. Seine Untertanen nennen ihn Padischah, wie die osmanischen Untertanen ihren Sultan bis 1918. Es gelang ihm, Teile der russischen Truppen und Aufpasser aus dem Land zu drängen. Die Unterdrückung übernimmt er mit seiner Leibgarde und dem Sicherheitsdienst selbst. Mit Putin verbindet ihn und sein Land keine Verfassung, kein Vertrag, kein Föderationsmodell, sondern ein Pakt der Mächtigen. Es ist ein personalisiertes, ein quasifeudales Vasallenmodell, vorbei an allen Institutionen. Putin hat ihm Tschetschenien als Lehen gegeben, Kadyrow kann schalten und walten, wie er will, solange er Putin treu bleibt. Weitgehende Unabhängigkeit gegen absolute persönliche Loyalität. Putin tut so, als sei er allmächtiger Präsident auch von Tschetschenien, Kadyrow tut so, als gehöre Tschetschenien wie jedes andere Gebiet zur Russischen Föderation. Putin zahlt dafür mit viel Geld, von dem sich Kadyrow seine Glitzerpaläste baut. 80 Prozent des tschetschenischen Budgets stammten 2016 aus Moskau. Russland alimentierte die im Jahr 2000 zerstörte Republik, wo die Wirtschaft bis auf die Baubranche und die Ölförderung brach liegt und die meisten Menschen arbeitslos sind. Doch Putin und Kadyrow verbindet noch viel mehr.

Auf dem Putin-Prospekt steht ein Eckhaus, auf dem eine Wandmalerei Putin und Kadyrow in einem ovalen Rahmen zeigt. Kadyrow ist eine Kopie von Putin. Beide reden von Familienwerten und konservativer Weltanschauung, interpretieren dabei aber die klassischen Familienbindungen sehr frei. Beide verbinden Machtbesessenheit, Misstrauen gegenüber jedermann und Machonationalismus. Beide unterdrücken Homosexuelle, der eine lässt sie mutmaßlich foltern, der russische Präsident drangsaliert sie mit Gesetzen. Beide lieben Kampfsportarten,

Judo und Karate. Beide posieren gern mit Tigern, Pferden und lassen sich vor Waffen ablichten. Beide sind populistische Führer, die mit Schimpfwort-gespickten Reden und reichlichen Subsidien das einfache Volk hinter sich scharen. Und natürlich gehen beide gern in den Gottesdienst und beten für die Kameras, damit das Volk sieht: Der Führer fürchtet niemanden außer Gott.

Was es bedeutet, von einem Herrscher wie Ramsan Kadyrow geführt zu werden, konnte ich 2017 in Grosny von Ajub Titijew hören. Er vertrat die angesehene Menschenrechtsorganisation Memorial, die 2022 von Putins bestellten Richtern «liquidiert» wurde. Ich traf Titijew in seinem Büro, das damals noch existierte, aber von Schließung bedroht war. Eine Vorgängerin, Natalija Estemirowa, war 2009 in Grosny ermordet worden. Titijew sah Putin und Kadyrow in einer Symbiose, der eine hänge vom anderen ab. «Kadyrow ist Putins Sohn, er ist ganz sein Geschöpf», sagte der Menschenrechtler. Vieles, was in Russland angedacht sei, werde hier ausprobiert. Beispiele? «Überall stehen Sicherheitskräfte, auf dem Markt von Grosny gibt es laufend Razzien», erzählte er. Dann müssten die Menschen ihre Papiere zeigen und die Mobiltelefone für die Uniformierten öffnen. Die schauten dann die Chats und Suchverläufe auf Verdächtiges durch. Diese Methode wurde in Moskau erst viel später systematisch angewandt. Bei der kleinsten Auffälligkeit werde man festgenommen, berichtete Titijew. Deshalb zuckten die Menschen schon zusammen, wenn sie die Sicherheitskräfte nur sehen. Ich erinnerte mich sofort an die Szene auf dem Kadyrow-Platz. Aber es geht schlimmer.

Das erste Problem seien die Entführungen. Menschen würden einfach verschwinden: auf den Weg zum Einkaufen, auf einer Busfahrt in Nachbarstädte, auf dem Heimweg von Freunden. «Plötzlich sind sie weg, antworten nicht auf Anrufe, das Telefon ist abgestellt», erzählte Titijew. Jeden Monat würde allein in der Hauptstadt rund ein Dutzend Menschen verschwinden oder entführt werden. Oft steckten Banden dahinter, die aber ohne die Duldung der Sicherheitsbehörden kaum die Menschen terrorisieren könnten. Nicht selten seien es Auftragsentführungen. Die Angst davor sei in jedes Haus gezogen. Manche Menschen rächten sich für die Gewalt an der Polizei. Deshalb sei es gelegentlich zu schweren Schießereien zwischen bewaffneten Tschetschenen und Sicherheitskräften gekommen. Als ich Titijew besuchte, lag eine schwere Schlacht nicht lange zurück. Vierzehn Tote und 36 Verwundete waren das Ergebnis. Und zehn der Toten kamen aus Kadyrows Einheiten. Die nahmen dafür brutalstmöglich Rache. Sie machten die Verwandten ihrer Gegner ausfindig und fuhren dann zu deren Häusern. Gossen Benzin um die Häuser und zündeten alles an. «Andere müssen mit ansehen, wie ihre Häuser mit Bulldozern und Kamas-Lastwagen plattgewalzt werden.» So nimmt das Regime Rache für Widerstand.

Traumatisch für viele Tschetschenen seien die Vertreibungen. Eine Form der Repression sei die Ausweisung aus der Republik, weg von Haus, Hof und Familie. Das erinnert an die Deportationen der Tschetschenen 1944 unter Stalin im Zweiten Weltkrieg. Damals wurden rund eine halbe Million Menschen nach Zentralasien vertrieben; erst nach Stalins Tod durften sie zurückkehren. Ein Denkmal für die Deportierten ließ Kadyrow zum Teil zerstören und verlegen. Im staatlichen Nationalmuseum von Grosny gibt es keinen Hinweis auf die Deportationen von 1944. Eine Konferenz über die Vertreibungen trug dem Organisator eine Verurteilung ein: vier Jahre Gefängnis. Die Erinnerung ist nicht gewünscht, die Methode aber wird heute noch praktiziert.

Doch kann das funktionieren? Wie lange lassen sich die Menschen von einem brutalen Regime gängeln und unterdrücken? «Das kann noch dauern», sagte Titijew. Denn Kadyrow unterdrücke nicht nur, er verteile soziale Wohltaten aus der russischen Staatskasse und sorge für das geistliche Wohl. Seine Trumpfkarte: der Islam. Sein Vater Achmat war der Mufti von Tschetschenien, das ist das Erbe, mit dem er wuchert. Der Islam, das ist das Mittel. Seit 2015 veranstaltet Ramsan Kadyrow gigantische Aufmärsche in der Stadt. 2015 rief er eine halbe Million Menschen zusammen, die gegen die Mohammed-Karikaturen in der französischen Zeitschrift Charlie Hebdo Sturm liefen. Mit dem Segen von Putin hängte sich Kadyrow an eine weltweite Bewegung in der islamischen Welt, wo meist autoritäre Herrscher den Zorn der Menschen über vermeintliche Beleidigungen des Islam anfachten. Natürlich mit antiwestlicher Spitze, hier gegen Frankreich. Kadyrow ist eine von Putins Brücken in diese Welt. «Kadyrow baut Moscheen und Koranschulen, er zahlt den Menschen die Hadsch, die Pilgerfahrt nach Mekka», sagte Titijew. Die große Moschee im Stadtzentrum solle ich mir unbedingt ansehen, riet er. Als ich mich von Ajub Titijew verabschiedete, wusste ich nicht, dass es unser letztes Treffen gewesen sein sollte. Zumindest auf lange Zeit. Ein Jahr nach unserem Treffen wurde er verhaftet und zu einer Gefängnisstrafe verurteilt. Weil man nichts anderes gegen ihn fand, bekam er die Strafe wegen angeblicher Drogendelikte, ein beliebtes Mittel, um Menschenrechtler aus dem Verkehr zu ziehen.

Ich hatte einen Termin beim Mufti. Ich ging auf die Achmat-Kadyrow-Moschee zu, die gewaltige Kopie der Blauen Moschee aus Istanbul. Die Islamische Universität liegt direkt daneben, dazwischen ein Park mit japanischen Kirschen, Goldregen, Hibiskus und eindeutig zu vielen schmiedeeisernen Leuchten. Die Universität war nicht minder reich ausgeschmückt als die Moschee. Außen Bögen, innen Marmor an den Wänden und Böden. Ich musste sehr lange warten und sah mir zahlreiche Bilder von Putin und Kadyrow an, auf Zelluloid und in Öl, goldgerahmt und mit Lämpchen darüber. Und während ich so vor mich hin träumte, stand plötzlich der Mufti vor mir. «Kommen Sie bitte!», sagte Salach Meschijew. Wir gingen in sein Büro, das mit schweren neuen Holzmöbeln zugestellt war. Er begann unvermittelt mit einer Strafrede gegen den Terrorismus. Die tschetschenischen Terroristen, al-Qaida, der Islamische Staat, das seien allesamt Abgesandte des Satans. Sie hätten mit dem Islam nichts zu tun, das müsse ich wissen. Ich konnte kaum Luft für eine Frage holen, da redete er ununterbrochen weiter. Tschetschenien habe über den Terrorismus gesiegt, «weil Achmat Kadyrow und sein Sohn Ramsan den Weg dafür gebahnt haben». Dafür sei er dankbar. Ramsan Kadyrow genieße das volle Vertrauen Putins. «Dieses Vertrauen ist die Grundlage unserer Einheit und Stabilität auf dem Kaukasus.» Wladimir Putin sei der wichtigste christliche Freund der Muslime. «Er erlaubt keine Beleidigungen und keine Karikaturen.»

Aus diesem Satz lernte ich zweierlei. Der offizielle tschetschenische Islam ist Teil des antiwestlichen Programms in Russland, die stete Betonung der Karikaturenfrage erinnerte mich an die ganz ähnlichen Kampagnen in Syrien und Iran. Über den tschetschenischen Islam sollte Russland anschlussfähig im Mittleren Osten werden: Putins Soft Power. Wie in vielen Ländern der Region gab es in Grosny einen wohlkontrollierten Staatsislam. Die religiösen Institutionen dienen dem Staat und nur dem Staat und werden von ihm ausgehalten. Das Konzept ist Russland nicht fremd, seitdem Peter I. 1721 den Heiligen Synod gründete und damit faktisch die Orthodoxe Kirche unterwarf. Entsprechend werden in Russland seither auch die anderen Religionen kontrolliert. Die Türkei hält es übrigens ähnlich mit ihrem Religionsamt Diyanet, das dem türkischen Präsidenten unterstellt ist. Im Gegenzug wird dann alles bezahlt. Imame werden vom Staat ausgewählt, ausgebildet, kontrolliert und besoldet. So geschieht es auch in Tschetschenien. «Die Moscheen werden aus dem Achmat-Kadyrow-Regionalfonds finanziert, hier muss kein Tschetschene für seinen Gottesdienst bezahlen», sagte der Mufti. Ramsan Kadyrow habe auch schon selbst für Moscheen gespendet. Mit gutem Grund.

Der Islam ist in Tschetschenien die zweite große Kontrollinstanz neben der Repression durch die Sicherheitskräfte. Der Mufti und die Imame wachen über das in vielen Kriegen zerrüttete Land so wie die bewaffneten Garden Kadyrows. Und natürlich werden Predigten von oben abgenommen, sonst könnte jeder Imam alles Mögliche behaupten. Und da in den 1990er Jahren radikale Prediger aus der arabischen Welt, vor allem vom Golf, eingesickert waren, schaut der Mufti da ganz besonders gut hin.

Ich ließ mir nach meinem Treffen mit dem Mufti von einer

Menschenrechtlerin in einer Seitenstraße des Putin-Boulevards erklären, wie Ramsan Kadyrow den Islam für seine Herrschaft nutzt. «Religion ist etwas, das jedem hilft, im Krieg zu überleben», erklärte Heda Saratowa. «Die Leute stecken die Schläge und den Druck besser weg, wenn sie glauben, sich auf Allah verlassen zu können.» Das wisse auch die Regierung, und deshalb verstärke sie den Trend. «Die Religion gibt der Regierung die Legitimität, die sie durch Gewalt allein nicht bekommt.» Kadyrow würde durch vulgärislamische Maßnahmen seine Beliebtheit aufpolieren. Es gebe Schwimmbäder, in denen Männer und Frauen getrennt am Wasser liegen müssten – oder nur an Frauen- oder Männertagen kommen könnten. Alkohol sei kaum noch zu finden, er würde in den Geschäften unter dem Ladentisch verkauft. Die Islamisierung, vor der Putin immer gewarnt habe, sei Kadyrows Herrschaftsmittel, zumindest der Oberfläche nach. Ziel der religiösen Gängelung seien vor allem Frauen.

In den Schulen würde den Mädchen schon ab der ersten Klasse vorgeschrieben, ein Kopftuch zu tragen, sagte Heda Saratowa. In allen staatlichen Behörden sei die Kopfbedeckung Vorschrift. Von Frauen werde erwartet, dass sie einen langen Rock trügen, auch schon von Mädchen im Schulalter. Wenn sie aus der Schule nach Hause kämen, dann hörten sie im Fernsehen, wie Frauen sich zu verhalten hätten: duldsam und gehorchend. Die Frau solle beten, dann komme der Mann ins Paradies. Sie solle zuhause sitzen – während der Mann nach draußen gehe. «Das funktioniert aber nicht!», rief Heda Saratowa. Denn die Männer würden nicht genug verdienen, also müssten viele Frauen auch arbeiten gehen. Der Präsident habe ihr zum Frauentag am 8. März eine Blume geschenkt und gratuliert. Sie hatte eine überraschende Antwort parat:

«Ich bin keine Frau!»
«Wieso?»
«Ich bin das dritte Geschlecht, Frau und Mann zugleich.»
«Verstehe ich nicht.»
«Ich bete, kaufe ein, mache sauber, kriege Kinder – und darüber hinaus gehe ich raus und arbeite, um Geld zu verdienen.

Und alles nur, um freitags im Fernsehen einen Idioten zu hören, der mir sagt, wie ich mich moralisch zu verhalten habe.»

Wie hat der Präsident reagiert? «Er hat geschwiegen», sagte Heda Saratowa. Alle Werte würden in Tschetschenien so gedreht, dass es für den Mann möglichst angenehm sei. Die Frau sei praktisch rechtlos. Im Fall der Scheidung bekäme der Mann das Haus, das Geld und die Kinder. Die Gerichte in Tschetschenien folgten einer religiösen Logik oder dem, was sie dafür hielten. «Wenn Frauen überhaupt den Mut aufbringen, für ihre Rechte vor Gericht zu gehen», sagte Heda Saratowa.

Die Entmutigung hat System. Ramsan Kadyrow, Vater von 12 Kindern und Ehemann von zwei Frauen, protzt mit Familienwerten. Die Religion steht in Grosny und in Moskau im Dienst der Herrscher. Kadyrow belobhudelt Putin als Führer. Aber vieles von dem, was Kadyrow in Grosny ausprobiert, kommt später in ganz Russland zum Zuge: Polizeiterror, Handy-Durchsuchung, Verdrängung und Vertreibung von Bürgern aus dem Land. Tschetschenien ist Testgrund und Modell für Russland.

Kadyrows beste Dienstleistung für den russischen Präsidenten besteht jedoch in der Lieferung von Feuerkraft – nach innen und nach außen. Tschetschenische Auftragskiller brachten reihenweise Putin-Kritiker in Russland um, darunter die Journalistin Anna Politkowskaja und den Politiker Boris Nemzow. Wer die Morde in den russischen Sicherheitsdiensten ermöglichte oder gar anordnete, wurde nie aufgeklärt. Das Wichtigste: Es durfte kein Schatten auf Putin fallen.

Noch wichtiger ist die Dienstleistung Kadyrows in Putins zahlreichen Kriegen. Tschetschenische Söldner sollen in Syrien und in Libyen gekämpft haben. Eine zentrale Rolle spielten Kadyrows Kämpfer in Putins Angriffskrieg gegen die Ukraine. Sie versuchten dort mit mehreren Bataillonen und größter Brutalität, den ukrainischen Widerstand zu brechen. Verschiedenen Quellen zufolge waren sie auch bei den Verbrechen in Butscha dabei. Ramsan Kadyrow hat sich offen mit seinen Kämpfern in der Ukraine gebrüstet. Er weiß, dass viele Männer in Tschetschenien keine andere Arbeitsstelle finden als die in seinen Söldnerarmeen. Der Kommandeur der Kampfeinheit «Achmat», Apti Alaudinow, sagte im Juli 2022 im russischen Fernsehen, dass er dort mit seinen Männern einen «heiligen Krieg» gegen LGBTQ und den «Antichristen» eröffnet habe. Solche Formeln erinnern an die muslimischen Kämpfer im Auftrag europäischer Kolonialmächte im Ersten Weltkrieg. Putin führt den Ukraine-Krieg im Kolonialstil europäischer Mächte vor 100 Jahren. Vor allem in der ersten Phase des Kriegs ließ er die Drecksarbeit in der Ukraine durch nichtrussische Bürger der Russischen Föderation machen.

Doch wenn der russische Präsident denkt, dass er Tschetschenien so unter Kontrolle hat, irrt er. Trotz des blutigen Krieges von 1999 und der jahrelangen Antiterror-Operation, trotz der Kadyrowschen Loyalität, trotz der treuen Kämpfer in der russischen Armee ist Tschetschenien nicht russifiziert, sondern ein eigener Staat im Staate Russland. Die Tendenz ist umgekehrt. Russland hat sich unter Putin tschetschenisiert.

Der chinesische Präsident Xi Jinping, der russische Präsident Wladimir Putin und der türkische Präsident Recep Tayyip Erdoğan

6 Neue Nationalisten
Putins gute Freunde in der Welt

Seitdem Putin diesen Satz gesagt hat, geht er mir nicht mehr aus dem Kopf. «Wenn jemand Russland zerstören will, haben wir das Recht zu antworten. Das wäre eine Katastrophe für die Menschheit und die Welt. Aber als Bürger Russlands und als russischer Präsident frage ich: Wozu brauchen wir eine Welt, in der es kein Russland gibt?»

Ein Satz wie ein Kanonenschlag. Putin behauptet nicht nur, dass Russland wichtiger sei als alle anderen Nationen und dass Russen mehr wert seien als alle anderen Menschen. Putin verklärt Russland als Anfang und Ende, als Hauptbestandteil menschlicher Zivilisation überhaupt. Er sagt, dass eine Welt ohne Russland jeglichen Sinn und jegliches Existenzrecht verliere – und droht mit ihrer Zerstörung. Der Mann spricht wie ein Sektenführer, was unerträglich, doch nicht weltengefährdend wäre. Er ist aber der Präsident der Russischen Föderation mit dem Atomkoffer in der Hand.

Das Zitat ist ein Auszug aus einem Fernsehinterview kurz vor seiner Wiederwahl zum Präsidenten am 18. März 2018. Putins Satz liegen die beiden wichtigsten Fundamente nationalistischer Ideologie zugrunde: die Überhöhung der eigenen Nation und die Annahme des geringeren oder nicht vorhandenen Wertes aller anderen Nationen. Und damit passt Putin bestens in unsere Zeit.

Der Nationalismus ist zurück. Eine Ideologie, die Europa im 20. Jahrhundert zwei Mal zerstört hat und für den Tod von über 100 Millionen Menschen verantwortlich ist, bestimmt heute die internationalen Beziehungen. Nach den Verheerungen und Völkermorden des vergangenen Jahrhunderts hätte diese Ideologie für alle Zeiten diskreditiert sein müssen. Aber sie ist wirkmächtiger denn je. Heute behaupten ihre Anhänger, diese Verbrechen könnten nicht wieder passieren. Nationalisten machen den Menschen, die sich von Pandemien, Zuwanderung, Handelskonkurrenz und wirtschaftlichem Niedergang bedroht fühlen, ein scheinbar überzeugendes Angebot. Sie preisen den Rückzug ins komfortable Schneckenhaus des Nationalstaates als Schutzraum. Damit suggerieren sie, es gäbe so etwas wie einen «guten Nationalismus», einen «sanften Nationalismus». Schutz und Geborgenheit sind die Illusionen, mit denen autoritäre Rechte auf Stimmenfang gehen. Aber es gibt keinen sanften Nationalismus. Putin ist der lebende Beweis. Seine Karriere ist die Radikalisierung eines Nationalisten, der nur noch den Kriegszustand als Normalität kennt.

Aber da ich den Mann schon seit Ende der 1990er Jahre beobachte, zum Teil aus nächster Nähe, weiß ich auch, dass er nicht immer so war. Putin hat zwar seine lange Herrschaft mit einem Krieg eingeleitet. Doch er warnte in den frühen Jahren seiner Regentschaft vor Nationalismus und warb nicht mit nationalistischen Parolen für sich. Auf Reisen nach Tatarstan und Sibirien lobte er Vielfalt und nichtrussische Kulturen. Der Putin von heute ist ein neuer Nationalist. Ein Mann, der sich den Nationalismus als Mantel übergehängt hat. Und auch damit ist er eine Erscheinung unserer Zeit. Denn neue Nationalisten wie ihn gibt es auch in der Türkei oder in Ungarn. Es gibt sie in China, in Serbien und Amerika. Er selbst aber ist das Idol von allen.

Herrscher wie Putin, der türkische Präsident Recep Tayyip Erdoğan oder der ungarische Premier Viktor Orbán sind Verwandlungskünstler. Sie schlüpfen in viele Rollen, sie klammern sich an die Macht, aber auf flexible Weise. In Krisen nehmen sie alle möglichen Gestalten an. Sie waren erst Wirtschaftsliberale, Wohlstandsverteiler, aus Karrieregründen sind sie schließlich zu Nationalisten geworden. Anders als die klassischen Nationalisten des 20. Jahrhunderts haben sie ihre Agenda nicht in jungen Jahren und vor Beginn ihrer politischen Karriere entworfen. Sie sind Gelegenheitsnationalisten, die sich der Ideologie zwecks

Förderung der eigenen Karriere bemächtigen. Der neue Nationalismus des 21. Jahrhunderts ist opportunistischer Art.

Bei meinem ersten Treffen mit Wladimir Putin vor mehr als zwanzig Jahren sah er älter aus als heute. Seine Wangen wirkten hohl, sein Teint blass, die Schultern kippten nach vorn. Er hatte uns, zwei Redakteure der ZEIT und unseren Verlagsdirektor, zum Gespräch empfangen. Es war ein eiskalter Novembertag, als wir an einem glattpolierten Edelholztisch auf Lederstühlen mit Löwentatzen versanken. Putins Büro lag damals noch im Weißen Haus, das war der Regierungssitz des Ministerpräsidenten mit einer bewegten Geschichte. 1991 hatte Putins Vorgänger Boris Jelzin hier dem Putsch der Verschworenen aus den KGB getrotzt, 1993 hatten sich hier nationalistische und kommunistische Abgeordnete verschanzt – und Jelzin ließ auf das Parlament schießen. Jetzt waren wir zu einem gewissermaßen friedlichen Gespräch hierher gekommen, während Putin in Tschetschenien einen brutalen Krieg führen ließ. Ich hatte einen knallharten, unnahbaren Mann erwartet. Doch Putin überraschte mich, damals zum ersten Mal.

Ich lernte einen eher schüchternen Mann kennen, nicht laut, nicht muskelspielend. Er war es noch nicht gewohnt, wie in den 2000er Jahren mit nacktem Oberkörper auf Pferden zu reiten oder im Kampfjet über den Polarkreis zu donnern. Auch das breitbeinige Macho-Gehabe fehlte, mit dem er in den 2010er Jahren den Westen einschüchtern sollte. Er war sehr kontrolliert, fast ein bisschen linkisch in den Bewegungen. Sein Russisch klang bürokratisch, sein Deutsch war das eines Musterschülers, der keinen Fehler machen wollte. Putin hatte sich den Staub seines mühevollen Aufstiegs aus den ärmlichen Hinterhöfen Leningrads und der Ochsentour durch den Geheimdienst bis in den Kreml noch nicht ganz aus dem Anzug geklopft. Er redete vorsichtig und überraschte uns: keine hässliche Bemerkung über die Nato, die im Kosovo-Krieg 1999 Belgrad bombardiert hatte und sich gerade um Polen erweiterte. Kein böses Wort über die USA, die all das dirigierten. «Zusammenarbeiten», das wollte er, mit Amerika und mit Deutschland. Der Terrorismus sei der gemeinsame Feind. Und er sah seine Rolle darin, eben diesen Terrorismus in Tschetschenien zu bekämpfen. Er warb um Verständnis. Mit russischen Nationalisten wollte er nichts zu tun haben. Dieser Linie sollte Putin in seinen ersten beiden Amtszeiten treu bleiben. Auch bei der Nato-Osterweiterung 2004 hielt er sich mit Kritik zurück – ganz im Gegensatz zu seinen späteren Jahren.

Wenn ich an die Begegnung von Ende 1999 zurückdenke, fällt mir auf, wie sehr der russische Alleinherrscher von heute ein Konstrukt ist. Ein Mann, der von Spin-Doktoren, Propagandisten, Maßschneidern, Orthopäden, Schönheitschirurgen und Taiga-Jägern zu dem harten Typen gemacht wurde, der der Nato trotzt, Oppositionelle verfolgen lässt und sich als «größter Nationalist» seines Landes inszeniert.

Doch in den Jahren vor seiner Wende hatte er die Russen mit anderen Mitteln hinter sich versammelt. Er führte sie aus der unübersichtlichen, krisenhaften, aber freien postsowjetischen Epoche heraus. Er vermittelte den Russen den äußerlichen Eindruck eines stabilen Staates. Ihm half ein Petrodollar-Aufschwung durch stetig steigende Ölpreise. Die Russen spürten zum ersten Mal seit Jahrzehnten so etwas wie ein bescheidenes Wirtschaftswunder. Putin steckte das Geld vor allem in Bauten und Infrastruktur, damit die Menschen sahen, dass sich etwas veränderte. Gleichzeitig verfolgte er gezielt Konkurrenten und Oligarchen, die sich ihm nicht unterwarfen. Wohlstand für die Massen gegen den Verzicht auf jegliche Mitsprache – das war der Deal, den Putin in seinen nicht-nationalistischen Jahren den Russen bot. Doch er hielt nicht.

Putin erschloss den Nationalismus 2012 für sich. Es gibt im Westen zwei Legenden, die beide einer Überprüfung nicht standhalten. Der erste Mythos ist, Putin habe schon 2007 eine nationalistische Linie verfolgt, als er eine harsche Amerika-Kritik auf der Münchner Sicherheitskonferenz vortrug. Tatsächlich ließ Putin damals den Plan fallen, sich mit dem Westen gegen den Terrorismus zu verbünden, weil er die USA zunehmend kritisch sah. Er suchte bereits damals die Abgrenzung zum Westen und griff militärisch in der Nachbarschaft ein. Aber der Nationalismus war noch nicht prägend für seine Politik. Den zweiten Mythos verbreiteten Putin-Anhänger viele Jahre hartnäckig in deutschen Talkshows. Demnach sei Putins Wende nur eine Antwort auf den mangelnden Respekt und die Handlungen des Westens gewesen. Das ist ein Irrtum und mehr noch: eine Geringschätzung. Russland ist als Land zu groß und als internationaler Akteur zu unabhängig, als dass seine Führung grundlegende Richtungsentscheidungen in der Politik vom Ausland abhängig machen würde. Wie so oft in großen Staaten lag der Grund vielmehr in Russland selbst, und in diesem Fall in einer bedrohlichen Krise für Putin, die Ende 2011 ausbrach.

Die Russen hatten sich an den kleinen Wohlstand gewöhnt und verlangten zu Putins Überraschung mehr: Mitsprache. Im Winter 2011 und Frühjahr 2012 protestierten die Menschen gegen seine Rückkehr vom Ministerpräsidentenamt auf den Präsidentensessel und gegen eine dreist manipulierte Wahl. In Moskau versammelten sich Demonstranten am Bolotnaja-Platz, Juristen, Programmierer, Manager, die Gewinner des vergangenen Jahrzehnts. Sie wollten sich mit dem alten Gesellschaftsvertrag «Konsum statt Teilhabe» nicht mehr abspeisen lassen. Und in der russischen Provinz gingen all jene auf die Straße, die nicht vom Petrosegen der frühen Putin-Jahre profitiert hatten.

Putins Popularität stürzte dramatisch ab. Seine teils martialischen Auftritte in Uniform und Judoanzug wirkten nicht mehr, seine Reden liefen ins Leere, Putin wirkte plötzlich alt. Ein Schock. In Umfragen vom Januar 2012 wollten ihn nur noch 42 Prozent zum Präsidenten wählen, Tendenz rasch fallend. Die Wahl im März gewann er dank der gleichgeschalteten TV-Medien und einer konzertierten Anstrengung aller Sicherheits- und Zählkräfte trotzdem. Aber danach sank die Zustimmung schon wieder. Putin wurde nervös. Wenn er sich in der Welt umschaute, sah er Proteste. In Tunesien, Ägypten, Bahrain, Syrien, Jemen und Libyen gingen die Menschen auf die Barrikaden. Schon zuvor hatten ihn die Aufstände in Georgien, der Ukraine und Kirgistan entnervt. Hinter diesen «Farbenrevolutionen», wie er sie nannte, vermutete er die amerikanische Regierung und natürlich die CIA. War das am Ende, so sein Verdacht, womöglich alles gegen ihn persönlich gerichtet? Die Bolotnaja-Proteste zeigten Putin, dass es Zeit war, zu handeln. Er brauchte eine ganz neue Erzählung. Und der Anstoß dafür kam nicht aus dem Westen, sondern von den Demonstranten in Russland.

Auf der Suche nach einer neuen Erzählung verschrieb er sich in einem programmatischen Zeitungsartikel 2012 in der Nesawissimaja Gaseta dem Nationalismus. In dem Text beschrieb er Russland als einzigartigen Raum vieler Völker, eine besondere Zivilisation, die von den Russen in einem Staat gehalten werden müsse. «Kern und Bindegewebe dieser Zivilisation ist das russische Volk, die russische Kultur», schrieb er. Die Russische Föderation verstand Putin als Gegenmodell zu westlichen «multikulturellen Experimenten», er sah sie vielmehr als Gefäß, in der viele Völker unter ethnisch-russischer Leitkultur zusammenlebten. Er propagierte nichts anderes als einen eurasischen Russozentrismus, den viele Nationalisten wie der rechtsextremistische Philosoph Alexander Dugin seit Jahren predigten.

Doch sollte Putin im Laufe der kommenden Jahre eifrig mit den Varianten des russischen Nationalismus jonglieren. Zuweilen förderte er die «Russische Welt» in Russlands Nachbarländern, eine Idee, der ein enges ethnisch-nationalistisches Weltbild zugrunde liegt. Bei Besuchen in nichtrussischen Republiken beschwor er gern Russland als Imperium vieler Völker unter russischer Führung. Und gegenüber der Ukraine griff er zurück auf die Vorstellung des Schriftstellers Alexander Solschenizyn, der Russland, Belarus und die Ukraine als Teil einer dreifaltigen slawischen Gesamtethnie verstand. Als neuer Nationalist spielt Putin mit den Nationalismen, er verfolgt einen «nationalism by choice». 2012 bezeichnete er sich als «den größten Nationalisten in Russland».

Damit hatte er, wie er schnell merken sollte, den für breitere Bevölkerungsschichten passenden Ton gefunden. Putin, der persönlich eher dem Vielvölkerstaat in russisch-sowjetischer Reichstradition huldigte als einem eng gefassten russischen Nationalismus, sprach zunehmend über die Russen als Ethnie und ihre Bedrohungen. Im Krieg gegen die Ukraine zwei Jahre später ließ er ethnischen Nationalisten breiten Raum. Nach der Annexion der Krim war er so populär wie nie zuvor. Doch hat er die im Krieg überschießenden Ideologen des ethnischen Nationalismus wieder eingefangen, entmachtet und mundtot gemacht. Als ich ihm 2015 auf einer Konferenz in St. Petersburg in kleinerem Kreis zuhörte, warnte er davor, es mit dem radikalen Nationalismus zu übertreiben. Den neuen Nationalismus hat Putin einfach verstaatlicht. Im Krieg gegen die Ukraine hat er die Nationalisten von der Leine gelassen, um aufkeimenden Unmut im Land über die Mobilmachung und die Niederlagen der Armee sofort zu ersticken. Bis heute lässt er sich an der Macht von einer Welle des Nationalismus tragen, der sich aus militärischen Abenteuern und der scharfen Konkurrenz zum Westen nährt.

Andere autoritäre Politiker hatten ähnliche Erweckungserlebnisse. Den heutigen türkischen Präsidenten sah ich drei Mal persönlich, 2002, dann 2010, schließlich 2019. Beim ersten Mal traf ich ihn in einem schnörkellosen Konferenzraum. Damals trug er noch eine goldene Krawattennadel zum rot leuchtenden Schlips. Er war freundlich, löste zwei Zuckerwürfel in einem dampfenden Glas Tee, rührte entspannt darin und war so ganz das Gegenbild zum heutigen Erdoğan, dauergereizt und immer auf dem Sprung ins Gesicht des Gesprächspartners. Damals redete er prowestlich, neoliberal, warb für einen «angelsächsischen Säkularismus» und warnte vor Nationalismus. Und tatsächlich, nach der gewonnenen Wahl reformierte er sein Land und erreichte 2004 EU-Beitrittsverhandlungen. In den frühen Nullerjahren deutete nichts auf den Nationalismus und die Feldzüge in Syrien und Irak ab 2015 hin. Es war 2010, als ich Erdoğan in der AKP-Zentrale Ankara zum Interview auf einem ausladenden violetten Diwan in Bananenform traf. Er hielt einen Monolog: Von der EU und ihrer faktischen Ablehnung des türkischen Beitrittsgesuchs war er tief enttäuscht, aber noch sprach er von Demokratisierung. Nach mehreren Kriegen traf ich ihn 2019 wieder, im großen Saal der Rundfunkanstalt TRT in Istanbul. Da ging der einst sportliche, hochgewachsene Mann gebückt wie ein alternder Feldherr, er schwadronierte von vergangenen Schlachten, von brutalen Kreuzfahrern und prächtigen Sultanen. Erdoğan war Nationalist geworden. Kaum aus Überzeugung, sondern aus Gründen des Machterhalts. Eben ganz anders als die Diktatoren des 20. Jahrhunderts, von denen viele ihren Nationalismus schon in jungen Jahren lebten. Erdoğan ist im Gegensatz dazu ein neuer Nationalist, der erst ein glühender Anti-Nationalist war und sich der Ideologie heute als Werkzeug bedient. Flexibel genug ist er. Seine Verwandlung zum Kriegsherrn begann 2015, als er sich mit der Kurdenpartei überwarf, die ihm eigentlich zu einer neuen Präsidialverfassung verhelfen sollte. Nach dem Bruch verlor er deutlich eine Wahl. Deshalb ging Erdoğan eine Koalition mit der Partei der Nationalen Aktion ein, einem Bündnis von Panturkisten, Ethnonationalisten und Faschisten. Erdoğans Deal mit der MHP: Er schenkte ihnen den Kurswechsel nach rechts, und sie verschafften ihm die Mehrheit für eine Verfassungsänderung, um ein autoritäres Präsidialsystem einzuführen. Die MHP durfte mit ihren gut ausgebildeten, ideologischen Kadern Schlüsselstellungen im Staat, in der Justiz und der Armee besetzen. Nationalismus war seit 2016 Erdoğans wesentliches Werkzeug, die Türkei zum Ein-Mann-Staat umzubauen. In der Pandemie verwandelte er sich in einen Rundum-Interventionisten. Er provozierte eine Krieg-in-Sicht-Krise mit Griechenland. Er schickte Söldner und Bayraktar-Drohnen nach Libyen und desgleichen nach Bergkarabach gegen Armenien. Nur beim russischen Überfall auf die Ukraine, da wollte der türkische Herrscher vermitteln, während Rüstungsbetriebe im Besitz seiner Familie die Ukraine mit Waffen belieferten. In den vergangenen Jahren lief kein Krieg in der türkischen Nachbarschaft, in den Erdoğan sich nicht irgendwie einmischte.

Das 21. Jahrhundert hat eine bunte Reihe von neuen Nationalisten hervorgebracht, die diese Ideologie im Laufe ihrer Karriere als Werkzeug der Macht entdeckten. Zu nennen sind unter anderen der griechische Politiker Antonis Samaras, der Erfinder des Konflikts zwischen Griechenland und Nordmazedonien. Als

Außenminister brach der Sprössling einer griechischen Elitenfamilie einen Streit über den Namen des 1992 neu entstandenen postjugoslawischen Staates vom Zaun. Als in Nordgriechenland die Demonstrationen gegen «Skopje» gar nicht mehr enden wollten, spaltete sich Samaras von der konservativen Nea Dimokratia ab und gründete die Populistenpartei «Politischer Frühling». So wollte er die Macht in Athen erobern. Doch er scheiterte mit seiner Partei und kehrte schließlich in den Schoß der Nea Dimokratia zurück. Im Jahr 2012 wurde Samaras mit der ND sogar Ministerpräsident, aber ganz ohne nationalistisches Programm. Er war eben nur ein neuer Nationalist, der sich der Ideologie vorübergehend bedient hatte. Ganz ähnlich Boris Johnson, der als nationalistisch gewendeter Opportunist Großbritannien aus der EU führte, aber Jahre später den Nationalismus streng verurteilte. Flexibel bleiben sichert den Machterhalt. Weitere Beispiele sind Xi Jinping, der China in eine nationalistische Festung verwandelt hat, und Donald Trump, der genau davon in Amerika träumte. Von ihm soll noch die Rede sein. Doch der Pionier dieses neuen Nationalismus kam in den 1990er Jahren aus Ungarn.

Viktor Orbán war in seinen jungen Jahren ein Stipendiat von George Soros und ein Liebling der Liberalen. Dank des amerikanischen Mäzens mit ungarischen Wurzeln konnte der junge Mann aus ärmlichen Verhältnissen in England studieren. Als junger Abgeordneter der Fidesz-Partei kämpfte Orbán mit Bart und langem Haar, mit Jeans und ohne Krawatte für ein liberales Ungarn. Als Fraktionschef machte sich Viktor Orbán einen Ruf als scharfzüngiger und schlagfertiger Liberaler. Im Februar 1992 stand er vor dem Parteitag der Fidesz und erklärte: «Der völkisch-nationale Gedanke, die populistische Politik steht im scharfen Gegensatz zum Liberalismus.» Wer den Mann heute hört, kann die Worte kaum glauben.

Mit kaum 30 Jahren wurde Orbán zum Vizepräsidenten der Liberalen Internationale gewählt und empfing 1993 Liberale aus aller Welt bei einer Konferenz in Budapest. Die Popularitätswerte von Fidesz schossen in die Höhe, die Partei wurde als nächste Regierungspartei gehandelt, und Orbán, das war die Erwartung, würde dabei eine wichtige Rolle spielen. Doch die Spaltungen und Zerwürfnisse der Liberalen, wie man sie früher nur von den K-Gruppen kannte, kamen dazwischen. Orban zerstritt sich mit seinen Parteikollegen, zahlreiche Austritte folgten. Bei den Wahlen 1994 erreichte die gerupfte Fidesz-Partei statt des erwarteten Sieges nur sieben Prozent, eine katastrophale Niederlage. Orbáns politischer Traum lag in Scherben.

Auf dem Tiefpunkt seiner Karriere meinte Viktor Orbán zu erkennen, dass er als netter liberaler Jungstar in Ungarn nicht weiterkäme. Es war, in jungen Jahren vorweggenommen, ein ähnliches Erlebnis wie das von Wladimir Putin nach den Bolotnaja-Aufständen 2012 und von Recep Tayyip Erdoğan nach der Wahlniederlage von 2015. Das mögliche Ende seiner Karriere vor Augen, entschied sich Viktor Orbán für einen scharfen Schwenk nach rechts in den neuen Nationalismus.

Sein Biograf Paul Lendvai konnte dabei «keine tiefere ideologische Seelensuche» entdecken – sondern stattdessen «eine klarsichtige Kalkulation, was es brauchen würde, um die Macht zu erringen». In den folgenden Monaten begann er von Ungartum, Heimat, nationalen Interessen, Familie, Bürgertum und Anstand zu reden. Nur auf der Rechten sah er Raum für politische Expansion. Orbán trug plötzlich Anzug und Krawatte, die Haare waren kurz, die Schuhe poliert. Er wütete gegen die EU, nahm aber gern das Geld aus Brüssel, um es in seinem Namen unter den Ungarn zu verteilen. So gewann er die folgenden Wahlen, mit nur einem Ausrutscher. Orbán hält Ungarn heute fest im Griff, seine Herrschaft findet kein Ende.

Zum Durchbruch der neuen Nationalisten im globalen Maßstab aber brauchte es eine Wahl im wirtschaftlich und militärisch stärksten Land der Welt. Der wichtigste neue Nationalist betrat 2016 die Bühne: Donald Trump. Einst war er ein Befürworter liberaler Einwanderungsgesetze und des Rechts auf Schwangerschaftsabbruch gewesen, als Präsident ließ er Mauern an der Grenze zu Mexiko bauen und hofierte die christliche Rechte. Er hatte früher keine rechte politische Agenda verfolgt, pflegte allerhöchstens Abschottungsimpulse. So hing er schon in den 1980er Jahren der banal-ökonomischen Klippschulüberzeugung nach, dass die ganze Welt Amerika über den Tisch zog.

Trump spendierte den Demokraten Geld und hausierte bei den Republikanern, um irgendwie Politiker zu werden. 2016, in seinem 70. Lebensjahr, war die Gelegenheit da, seine wirren Ressentiments mithilfe seiner Berater zu einer nationalistischen Agenda zu verrühren, die er in einfache Worte packte. Trump veränderte sich selbst und die Welt.

Seine Amtszeit wurde zum nationalistischen Alptraum: Zollschranken, Handelskriege, Sanktionen gegen Iran, Russland und die EU. Mauern gegen Migranten, Vorsicht vor Ausländern und dem Islam! Trump verdrehte den US-Patriotismus, der alle US-Bürger gleich welcher Herkunft im Stolz auf ihr Land vereint, in einen weißen amerikanischen Nationalismus, der das Land entlang ethnischer und rassistischer Kriterien teilt.

Trump wurde damit zur Galionsfigur der nationalistischen Internationale. Putin, Erdoğan, Orbán und Trump bildeten ein Männerkartell, das sich gegenseitig stützte, auch wenn ihre Länder zum Teil geostrategisch konkurrieren. Wenn sie sich trafen oder telefonierten, wurde das Protokoll aus dem Raum geschickt. Trump ließ es zu, dass bei persönlichen Gesprächen mit Erdoğan dessen gut Englisch sprechender Chefberater vom Türkischen ins Englische übersetzte. Dem russischen Präsidenten vertraute Trump selbstgefällig schwadronierend Staatsgeheimnisse an und lästerte über die Europäer ab. Putin hat in Trumps Amtszeit die Lücken gefüllt, welche die USA in der Welt hinterließen, im Nahen Osten, in Afrika und Südasien. Auch deshalb fiel es den USA nach Russlands Überfall auf die Ukraine so schwer, die Länder des Südens von Sanktionen gegen Russland zu überzeugen.

Der zweite Lückenfüller war Erdoğan. Der türkische Herrscher hätte seine Kriege niemals führen können, wenn Trump sein Militär nicht gezielt zurückgezogen hätte. Trump blockierte die Sanktionen, die der US-Kongress gegen die Türkei wegen des Ankaufs russischer Abwehrraketen verhängt hatte. Er schützte zwielichtige Goldhändler und Banker aus dem Umfeld des türkischen Präsidenten gegen Strafverfolgung in den USA. Erdoğan schimpfte viel über den Westen, über die EU und deren angebliche Islamophobie, aber nie über den tatsächlich islamophoben Trump. Putin duldete wiederum Erdoğans Expansion in Nahost. Erdoğan revanchierte sich, indem er mit der Aufstellung russischer S-400-Raketen die Nato unterminierte. Was in der Nato noch geheim blieb, wenn die Türken am Tisch saßen, wusste niemand so genau. Putin hatte seine Sympathien in den US-Wahlkämpfen 2016 und 2020 deutlich gemacht, noch viele Wochen nach der November-Wahl 2020 verweigerte er Joe Biden die Gratulation. Diese nationalistische Internationale endet nicht mit dem Auszug von Trump aus dem Weißen Haus.

Neue Nationalisten wie Putin, Erdoğan oder Orbán warten nun ab. Dafür haben sie drei gute Gründe.

Erstens haben sie ihr Spiel auf Dauer angelegt. Sie sehen sich in einem langen Abnutzungskrieg, den sie zu gewinnen gedenken. Also sparen sie. Beispiel Russland: Putin legte in der Covid-19-Krise Geld zurück. Die gewaltige Verschuldung, in die sich westliche Staaten ab 2020 begaben und die ihnen die Spielräume für die Bewältigung der kommenden Energiekrisen verengen wird, schenkte sich Putin. In der ersten Corona-Welle im Frühling 2020 gab er zwar den Arbeitnehmern wochenlang frei, aber ohne entsprechende Ersatzzahlungen an die Unternehmen auch nur zu erwägen. Nach dem Schock des ersten Covid-Jahres verzichtete er auf weitere einschneidende Maßnahmen und nahm viele Covid-Tote billigend in Kauf. Putin sparte für die Langstrecke, den Krieg. Seine Biographen Fiona Hill und Cliff Gaddy haben ihn als «survivalist» beschrieben, der sich schon immer Netzwerke, Rüstkammern und Staatsfonds aufgebaut hat. Und wenn man auf die eifrige militärische Aufrüstung Ungarns während der Covid-Krise oder den Aufstieg der Türkei zur expansiven Militärmacht zum Billigtarif schaut, sieht man auch hier, dass das Beispiel Putin Schule macht: bei den Überlebenskünstlern.

Seit der Besetzung der Krim heißt es im Westen, Putin gehe

das Geld aus, er könne sich seine Expansion in der Ukraine, in Syrien und anderswo nicht mehr lange leisten. Auch war die Annahme nach dem Überfall auf die Ukraine, dass die westlichen Sanktionen die russische Wirtschaft rasch zum Kollaps bringen würden. Diese Hoffnung bewahrheitete sich 2022 nicht. Das lag an Putins Sparkriegsführung. Er führte seine Feldzüge lange Zeit mit viel geringerem Einsatz als etwa die USA unter Präsident George W. Bush. Der *low-budget-war* mit Stellvertreterarmeen, Billig-Söldnern, Militärberatern und Luftwaffe hatte sich in Syrien und Afrika als effizient erweisen. Im Krieg gegen die Ukraine war natürlich vieles anders, da russische Soldaten im Einsatz waren. Aber Putin konnte sein Kriegsgerät in russischen Fabriken produzieren, zu Rubelpreisen, die er aus dem durch Ölverkäufe geblähten Budget bezahlen konnte. Von außen kaufte er iranische Billigdrohnen ein, mit denen er ukrainische Städte terrorisierte. Kostspielige Wiederaufbau- und humanitäre Hilfsmaßnahmen, mit denen sich früher die Nato in Afghanistan herumschlug, sind bei Vernichtungskriegen ohnehin nicht vorgesehen. Auf Dauer allerdings war abzusehen, dass die Mischung aus Abnutzungskrieg, Mobilmachung, Sanktionen und schwindenden Rohstoffverkäufen auch Putin viel kosten würde.

Zweitens lernen die neuen Nationalisten vom Westen. Sie verschanzen sich nicht nur in ihren nationalistischen Festungen, sie helfen sich auch gegenseitig. Autokraten-Solidarität war schon Putins Mittel, seinen Einfluss in Nahmittelost auszudehnen. Drohten die Syrer ihren blutrünstigen Diktator Baschar al-Assad zu stürzen, griff Putin ein und rettete den Freund. Fühlte sich der ägyptische Herrscher von den Amerikanern kritisiert, bot Putin Waffen und Kredite an. Standen die Belarussen gegen ihren Unterdrücker Alexander Lukaschenko auf, stellte sich Putin demonstrativ hinter ihn. Und bei den Unruhen in Kasachstan im Januar 2022 schickte Putin Luftlandetruppen zur Stabilisierung des Herrschers Kassym-Schomart Tokajew. Mit China übte Russland im September 2022 die gemeinsame Abwehr eines amerikanischen Angriffs. Die neuen Nationalisten

Viktor Orbán in Ungarn und Alexandar Vučić in Serbien belieferte Putin 2022 ununterbrochen mit Gas, während er es in andere Richtungen abstellte. Dafür erwartete er ihre Solidarität.

Putin konnte sich auf seine nationalistischen Freunde verlassen. Die Serben verkauften ihre Gasindustrie im Wesentlichen an Gazprom. Viktor Orbán übernahm die Rolle von Putins eilfertigem Botschafter in der EU. Orbán besuchte Putin nach dessen Überfall auf die Ukraine mehrfach in Moskau. Er verhinderte die geschlossenen Ölsanktionen der EU gegen Russland und handelte für sich heraus, dass er weiter russisches Öl importieren durfte. In Brüssel blockierte er gezielt jene Gesetzesprojekte, die internationale Standards setzen und der EU weltweite Wirkungsmacht verleihen sollen. Zum Beispiel die globale Mindeststeuer für Unternehmen. Orbán verhinderte auch EU-Sanktionen gegen den russischen Patriarchen Kirill, der den Angriffskrieg gegen die Ukraine segnete und stützte. Kritische EU-Erklärungen zu Menschenrechtsverletzungen in China stoppte er mit seinem Veto. Wann immer Orbán konnte, legte er die EU lahm.

Neue Nationalisten schwächen auch die Sanktionen des Westens gegen Russland. Die Türkei und andere Staaten importierten 2022 westliche Waren, die sie weiter nach Russland exportierten, obwohl die Hersteller den russischen Markt ausdrücklich nicht mehr beliefern wollten. Russland begrüßte und erlaubte solche Parallelimporte im April 2022. China kaufte gezielt russisches Öl, das die USA und Europa mit einem Embargo belegt hatten. Russisches Gas, das nicht mehr in die EU geht, soll künftig nach China geliefert werden, auch wenn die Pipelines dafür noch viele Jahre gebaut werden müssen. Indiens nationalpopulistischer Präsident Narendra Modi kaufte nicht nur russische Waffen, sondern auch russisches Öl in großem Stil. Putin lieferte den fossilen Brennstoff im Gegenzug zum Dumpingpreis. Das dürfte Folgen für das Klima haben. Während die EU ihre Unternehmen zwingt, harte Klimaschutzauflagen zu erfüllen, werden die Nationalisten in Russland, Indien und China internationale Klimaziele bewusst und kollektiv missachten, um sich Vorteile auf dem Weltmarkt zu verschaffen. Die Nationalistenallianz setzt beim Sturz der liberalen Weltordnung auf fossile Energieträger.

Der dritte und letzte Grund für das Abwarten der neuen Nationalisten liegt in jener Weltmacht, die sie eigentlich besiegen wollen. Amerika ist für Putin und Konsorten nicht für alle Zeiten verloren. Sie setzen darauf, dass ein Präsident Joe Biden nur Episode sein wird. Der demokratische Politiker hat zwar die Wahl 2020 gewonnen, aber der neue Nationalist Donald Trump konnte mit 73 Millionen die größte Stimmenzahl verbuchen, die je ein republikanischer Kandidat bei einer US-Wahl eingesammelt hat. Trump ist gegangen, aber der Trumpismus bleibt. Es gibt Millionen Amerikaner, die heute dem klassischen einigenden US-Patriotismus einen spaltenden, ja rassistischen amerikanischen Nationalismus vorziehen. Dieser US-Nationalismus ist nur halb geschlagen, das Narrativ lebt weiter. Trumps glühende Anhänger erzählen sich Geschichten von Wahlbetrug und Stimmenklau. Sie versuchen, Wahlbezirke neu zuzuschneiden und Wahlinstitutionen unter ihre Kontrolle zu bringen. Viele von ihnen wollen nicht das Land voranbringen, sondern einfach nur Biden scheitern sehen. Kein Kompromiss, kein Händereichen, keine parteiübergreifende Zusammenarbeit in den Weltkrisen unserer Zeit. Trump hat mit strategischen Besetzungen die höchsten Gerichte des Landes in ihrem Sinne umfrisiert. Das Resultat war in der reaktionären und das Land spaltenden Entscheidung des Supreme Court über den Schwangerschaftsabbruch zu besichtigen. Trotz der verlorenen Wahl haben die Republikaner ihre Machtposition in vielen Institutionen und Gerichten behalten. Der nächste neue Nationalist könnte dann bei den amerikanischen Wahlen 2024 antreten – und hätte keine schlechten Chancen. Putin und die nationalistische Internationale wären entzückt, ihn als US-Präsidenten in ihren Reihen begrüßen zu dürfen.

Wladimir Putin auf dem russischen Staatssender NTW

7 Informationskrieg
Wie die Russen aufgehetzt werden

Wie ein Kampfjet auf die Landebahn, so flog der Zuschauer in diese Sendung auf Kanal Rossija 1: die abendliche Talkshow mit Wladimir Solowjow, einem von Putins bekanntesten Propagandisten. Die Kamera raste im Sturzflug ins Studio und zoomte an zwei Personen heran, Talkmaster Solowjow und Margarita Simonjan, Chefredakteurin der Propagandafabrik Rossija Sewodnja. Sie traten an, um ihren Zuschauern den Schlaf zu rauben. Es beruhigte niemanden, dass Simonjan die ganze Zeit über lachte, während sie über Russlands Krieg gegen die Ukraine sprach:

Simonjan: «Also entweder verlieren wir das in der Ukraine oder der Dritte Weltkrieg beginnt.»

Solowjow (im Hintergrund): «Möglich.»

Simonjan: «Ich glaube ja, der Weltkrieg ist realistischer, ich kenne uns und unseren Anführer Putin. Das Undenkbare, dass alles mit einem Atomschlag enden wird, scheint mir immer wahrscheinlicher zu werden.»

Nochmals lachte sie laut.

Simonjan: «Zu meinem Entsetzen einerseits, aber andererseits habe ich begriffen, dass die Dinge so stehen.»

Solowjow: «Naja, wir gehen ins Paradies und die in die Hölle.»

Das war Ende April 2022, zwei Monate nach Beginn von Russlands Überfall auf die Ukraine. So ging es weiter. Anfang Juni brüllte Solowjow in seiner Sendung dem Westen entgegen: «Versucht's doch! Ich hoffe, wir überleben das. Wenn alles so weiter geht, werden nur noch ein paar Mutanten am Bajkal-See weiterleben. Der Rest wird in einem massiven Atomschlag sterben. Alles geht in diese Richtung, egal, was beide Seiten wollen. Und dann wird nichts mehr bleiben, peng!«

Das Ende der Welt wurde 2022 im russischen Fernsehen regelmäßig herbeigesehnt. Die Apokalypse sei nah, lautete die Botschaft an die Zuschauer, deshalb sei eigentlich egal, wie viele Sanktionen noch gegen Russland verhängt würden, welchen Krieg Wladimir Putin noch anfange, wie schlimm es um Russlands Ansehen in der Welt stehe. Wer solche Sendungen jeden Abend konsumiert, riskiert eine Persönlichkeitsdeformation. Wenn ich einen schönen Abend in Moskau verbringen möchte, lasse ich den Fernseher kalt. Für meine Arbeit aber muss ich mir diese Sendungen oft ansehen.

Denn Wladimir Solowjow und Margarita Simonjan sind nicht irgendwer. Er ist der bekannteste und berüchtigste Talkmaster Russlands, ursprünglich ausgebildeter Hütteningenieur, promoviert am Institut für Weltwirtschaft und Internationale Beziehungen in Moskau. Lehrte in den USA, wurde Geschäftsmann, dann Radiomoderator und Fernseh-Extrem-Talker. Sie ist die von Wladimir Putin geförderte Chefredakteurin der Propagandainstitutionen Rossija Sewodnja und RT. Auch wenn Solowjow viel mehr redet, ist Simonjan die machtvollere Person. Bekannt wurde sie mit 24 Jahren, als sie über eine Geiselkatastrophe am Kaukasus berichtete, einflussreich wurde sie mit 25 Jahren, als sie zur Chefredakteurin der 2005 neu gegründeten Medienfabrik Russia Today aufstieg, dem Vorläufer von RT. Margarita Simonjan ist eine der Personen, die den Absturz des russischen Journalismus in eine apokalyptische Propagandamaschine wesentlich mitgestaltet hat. Diese Staatsfunker gehören zu Wladimir Putins willigen Helfern, um Russland in einen repressiven Geheimdienststaat und die Ukraine in eine Ruinenlandschaft zu verwandeln, während die Mehrheit der Russen auf dem Fernsehsofa jubeln soll.

Manche lächelten vor Jahren über Margarita Simonjan, die jüngste Chefredakteurin des Landes, und führten ihre Berufung auf engste Beziehungen zu höchsten Bürokraten zurück. Doch Simonjan ist sehr ernst zu nehmen. Als Reporterin machte sie gute Arbeit, sie ist belesen und hat ein gutes Sprachgefühl. Leider ist es für ausländische Korrespondenten schwer, sich davon in einem Interview persönlich zu überzeugen. Simonjan gibt westlichen Journalisten seit Jahren nur schriftliche Interviews, wenn überhaupt. Deshalb musste ich Kollegen und ehemalige Wegbegleiter fragen, die sie gut kennen und aus Sicherheitsgründen unerkannt bleiben wollen. Die folgenden Einblicke stammen von ihnen.

Margarita Simonjan lud ihre Mitarbeiter oft in ihr Arbeitszimmer zu Besprechungen ein, in denen zu viele von ihnen bei zu hohen Temperaturen um das Wort stritten. Sie selbst redete ausgiebig, unterbrochen nur von eingehenden Telefonanrufen, die oft das Gespräch zerrissen. Im Sender trat Simonjan sehr selbstbewusst auf, was sie ihre Mitarbeiter spüren ließ. Redeten andere, schaute sie gern auf die großen Bildschirme, wo die Nachrichten großer Netzwerke anderer Länder liefen. Vor Konfrontation schreckte sie nicht zurück. Es war in den mit russischen Schimpfwörtern gespickten Diskussionen kaum möglich, sie von einem anderen Standpunkt zu überzeugen als von ihrem eigenen. Wörter wie «vielleicht» oder «wissen wir nicht genau» sind ihr unbekannt, Kompromisse wurden nicht gemacht. Sie beharrte resolut auf ihrer Sicht der Dinge. Überhaupt vermittelte sie ihren Mitarbeitern stets den Eindruck, dass nicht die Chefin ihnen etwas schulde, sondern die ganze Welt ihr.

Das hatte vielleicht auch mit ihrer Herkunft zu tun. Simonjan erzählte gern, dass sie aus ärmlichen Verhältnissen in Südrussland stamme. Ihr Vater war Handwerker und soll Kühlschränke repariert haben. Sie bezeichnete ihn gegenüber Mitarbeitern einmal als «Banditen», der kaum präsent war und dann auf einmal mit einem Haufen Geld aus unbekannter Quelle auftauchte. Ihre Mutter stammte aus einer armenischen Familie, deren Ahnen 1944 auf Stalins Befehl mit anderen Armeniern, Krimtataren, Griechen und Bulgaren von der Krim deportiert wurden. Die Mutter betrieb vorübergehend ein Restaurant im Badeort Adler an der russischen Schwarzmeerküste. Simonjan brach aus diesen Verhältnissen aus und kämpfte sich blitzschnell nach oben: Journalismus-Studium in Krasnodar, Südrussland, Austauschstudentin in New Hampshire, USA, Reporterin beim Fernsehkanal Rossija, dann Chefredakteurin von RT und Rossija Sewodnja, Moskau. Als solche ist sie heute verantwortlich für viele Nachrichtensendungen, die ganz anderen Werten, anderen Maßstäben und anderer Machart folgen als westliche und deutsche Nachrichtenformate.

Was diesen Nachrichten am nächsten kommt, sind nicht die behäbigen deutschen Tagesthemen, sondern überdrehte Netflix-Serien mit viel Waffen und viel Blut. Schauen wir kurz in eine Dokumentation hinein.

Es ist tiefschwarze Nacht. Scheinwerfer blitzen auf. Dröhnend landet ein Helikopter. Schwarze Stiefel pressen ihr Profil in den feuchten Sand, Soldaten halten Kalaschnikows im Anschlag. Gepanzerte Limousinen fahren vor. Mehrere Personen laufen rasch durch das Dunkel der Nacht. Springen in mehrere Autos und in den Helikopter. Limousinen fahren vor. Russische Spezialeinsatztruppen bringen einen Politiker und dessen Familie in Sicherheit. Mit quietschenden Reifen fahren sie los, Schwerbewaffnete sichern den Weg gegen eine tödliche Bedrohung. Die Feinde sind Ukrainer, die diesem Politiker nach dem Leben trachten. Behauptet jedenfalls Wladimir Putin. Der russische Präsident erzählt in der Dokumentation «Rückkehr auf die Krim», wie er «den blutrünstigen ukrainischen Nationalisten» zuvorkam, um «den gewählten Präsidenten der Ukraine» zu schützen. Putin meinte Wiktor Janukowytsch, den korrupten Herrscher der Ukraine und Putin-Freund, der 2014 in den Maidan-Aufständen in Bedrängnis geriet und dann still und heimlich aus dem Land flüchtete. Der wenig ruhmreiche Abgang war sein politisches Ende. Mit diesem Actionfilm adelte das russische Fernsehen den russischen Herrscher. Ein drahtiger, blitzschnell handelnder Putin, der erst Janukowytsch vor den Nationalisten rettete, dann die Krim und dann den Weltfrieden.

So sieht russische Propaganda heute aus. Nicht wie ein sowjetisches Schwarz-Weiß-Plakat, auf dem kleine Mädchen dem

Diktator Stalin Blumen überreichen. Nicht wie ein gusseiserner Lenin mit Bronzekäppi vor dem örtlichen Stadtrat. Nicht wie die böse alte Prawda mit schnell löslicher Druckerschwärze und unscharfen Fotos von der Leonid-Breschnew-Kolchose. Russische Propaganda von heute ist cool, jung und ultramodern. Die Nachrichtensendungen von RT und anderen russischen Kanälen haben nichts mehr mit sowjetischen Propagandasendungen zu tun. Sie sind oft schneller, hipper, lauter, moderner als westliche Nachrichtensendungen. «Nie wieder uncool», bemerkte Putins einstiger Chefstratege und Polittechnologe Wladislaw Surkow. Die russische Propaganda arbeitet mit Tablet, Smartphone, Telegram und TikTok.

Das sind die neuen Waffen im hybriden Krieg. Im 20. Jahrhundert waren die Sowjets hochgerüstet. Es war wichtig, welche Armee mehr Soldaten und Raketen hatte. Heute, im 21. Jahrhundert, ist mindestens ebenso wichtig, wessen Erzählung gewinnt, welche Story sich durchsetzt. Im Jahr 2013 hielt der russische Generalstabschef Walerij Gerassimow eine Rede, die er später im «Militär- und Industriekurier» veröffentlichte. Wegen der steilen Thesen zum Krieg wurde der Text auch neue «Militär-Doktrin» genannt, obwohl er das im genauen Sinne nicht war. Dennoch hatte der Aufsatz es in sich. Kriege und Konflikte der Gegenwart hätten demnach «überfallartigen Charakter». Genau das durfte die Ukraine in den vergangenen acht Jahren zwei Mal erleben. Russland müsse künftig neben militärischen auch «nicht-militärische Mittel» einsetzen: diplomatische, wirtschaftliche und eben: mediale.

In Russland redete niemand von «Propaganda». Man wähnte sich im «hybriden Krieg» mit dem Westen – die staatstreuen Journalisten führten also einen «Informationskrieg». Putin selbst gab dafür die Linie vor. Natürlich nur im verzerrten Spiegelbild vermuteter westlicher Strategien, um nicht auf frischer Tat ertappt zu werden. In einem Grußwort 2017 sagte er zum Beispiel, dass sich in «Europa in den jüngsten Jahren autoritative Medien in eine Waffe zur Manipulation der öffentlichen Meinung verwandelt» hätten. «Informationskriege seien zur täglichen Realität geworden», schrieb er. Diese Wortwahl war sehr russisch und hatte mit der Wirklichkeit im Westen wenig zu tun. Gleichzeitig legte sie aber russischen Journalisten nahe, was nun zu tun wäre: den Angriff mit ebendiesen Mitteln zu beantworten. Und die Abteilung Öffentlichkeitsarbeit in der Präsidialadministration half gern dabei. Die russische staatliche Propaganda beruht heute im Wesentlichen auf drei Grundsätzen. Erstens, Zynismus: Die Welt ist schlecht, und der Westen ist mindestens so korrupt und unmoralisch wie wir selbst. Zweitens, Schadenfreude: Tatsächlich ist im Westen alles noch viel schlechter als bei uns – denn wir haben Putin! Drittens, Apokalyptik: Der Westen will uns zerstören und angreifen, aber wir werden uns verteidigen bis zum Atomschlag!

In Moskau fuhr ich oft an der Propagandafabrik vorbei. Sie lag nicht weit von meiner Moskauer Wohnung, am Subowski-Boulevard vor der Krim-Brücke. Dort zieht sich ein grauer Betonklotz über einen halben Kilometer hin, sowjetischer Brutalismus: das Hauptquartier der Informationskrieger, die Zentrale von Rossija sewodnja – «Russland heute» und vormals RT. Leicht kommt man nicht hinein. Der Generaldirektor, Dmitrij Kisseljow, wurde von der EU seiner Hetzsendungen wegen mit einem Einreiseverbot belegt, er gibt keine Interviews. Auch Simonjan ist mit westlichen Sanktionen belegt und empfängt nicht. Einfache Redakteure kann man nicht im Redaktionsgebäude treffen, nur draußen in Moskauer Cafés. Als ich mich für den Tag des Sieges am 9. Mai 2022 akkreditierte, sollte ich mich am Subowski-Boulevard einfinden, da hoffte ich auf Einlass. Es war ein eiskalter Tag mit scharfem Nordwind. Aber die Journalisten wurden angehalten, auf der Straße und im Hof in Reihen zu warten, um die Busse zum Roten Platz zu besteigen. An den Eingängen zum Gebäude verwehrten scharfe Kontrollen Besuchern den Zutritt. Nur für den Zugang zum Hof wurden Pässe, PCR-Tests und Akkreditierungen sorgfältig kontrolliert. Es war, als betrete man eine Armeekaserne. Das war wohl auch die beabsichtigte Assoziation in Zeiten des Informationskriegs.

Mir gelang es bei anderer Gelegenheit, Zugang zur Redaktion zu bekommen, noch bevor sie in ein moderneres Gebäude zog. Ich lernte einen Mitarbeiter kennen, der sein Büro in einem der oberen Stockwerke am Subowski-Boulevard hatte. Zu seinem Schutz nenne ich nicht seinen Namen, und ich vergesse ihm nicht, dass er mir eine Zugangskarte ausstellen ließ. Denn damit kam ich in kürzester Zeit durch alle Kontrollen. So abweisend-trutzig das Gebäude von außen wirkte, so transparent war es von innen gestaltet. Die Türen waren aus Glas. Ein riesiger Newsroom öffnete sich vor mir, zwischen weißen Schreibtischen gediehen Pflanzen, unter der Decke liefen Nachrichten auf einem Digitalband wie in der CNN-Zentrale in Atlanta. Die Wände waren weiß lackiert. Die Glastüren musste niemand berühren, sie öffneten sich, wenn man seine persönliche Akkreditierung an einen Kartenleser hielt.

Im siebten Stock war ein Fitnessstudio. «Man muss auch mal Pause machen von der Ukraine», scherzte jemand, der gerade an die Geräte ging. Wer Hunger hatte, nahm Platz in schicken Cafés und Restaurants. Mittags in der Trattoria wählte man zwischen Risotto ai funghi und dem Thunfisch-Carpaccio. Nichts deutete mehr hin auf die Soljanka-Suppe, das trockene Brot und die überfetten Pelmeni-Teigtaschen, die ich hier in den 1990er Jahren aß, als das Außenministerium im selben Gebäude noch eine Außenstelle für Presse und Information betrieb.

Der Generaldirektor Dmitrij Kisseljow und die Chefredakteurin Simonjan prägen diese Fabrik nun seit mehr als einem Jahrzehnt. Ehemalige Mitarbeiter beschreiben Simonjans Führungsstil als «launisch und chaotisch». Wichtige Emails, Bitten, Urlaubsanträge von Untergebenen blieben gern unbeantwortet, Textnachrichten von weiter oben unterbrachen jedes Gespräch, das sie führte. Sprach man sie auf einen vergessenen Antrag an, öffnete sie weit die großen Augen und schaute ihrem Mitarbeiter ins Gesicht: «Nie gehört!» Es gehörte zu ihrem Stil, auch offensichtliche Unwahrheiten ganz locker vertreten zu können. Sie habe ein Talent gehabt, in Sekundenschnelle tief an etwas zu glauben, das in ihrem Interesse liege. Sowohl im Sender wie auf Sendung verteidigte sie Absurditäten und Wahnsinn mit der natürlichen Ausstrahlung eines Menschen, der fest davon überzeugt war.

Dass sie mit dieser Masche so gut durchkam, lag auch daran, dass sie ihre Anstalten mit Vertrauten und Verwandten durchsetzt hatte. Bei der Auswahl waren drei Kriterien von Bedeutung, sagen ehemalige Mitarbeiter. Erstens, man stammte aus dem Geheimdienst, oder zweitens, gehörte ihrer Altersgruppe an, oder drittens, kam wie sie aus Krasnodar in Südrussland. Mehrere ihrer Schulkameraden wurden in der Redaktion eingestellt, als Korrespondenten und Producer mit beneidenswerten Einstiegsgehältern. Diese Freunde gingen dann bevorzugt auf die begehrten Reporterreisen in Russland, mit Unterbringung in Luxushotels, oder gar auf Auslandsreisen mit dem Präsidenten. «Simonjans Großzügigkeit», berichtet ein ehemaliger Wegbegleiter, «machte auch vor ihren Familienmitgliedern nicht halt». Ihre eher unauffällige Schwester Alissa durfte in ihrem Vorzimmer Platz nehmen und später als Producerin arbeiten. Simonjans Ehemann soll 2018 einen Spielfilm aus der Staatskasse bezahlt bekommen haben, zu dem Margarita Simonjan das Drehbuch geschrieben habe und an dem wiederum Alissa mitwirkte. Das haben Rechercheure aus dem Team des inhaftierten Oppositionellen Alexej Nawalny herausgefunden. Schon in der Anfangsperiode von RT seien Dokumentationen ein Mittel von Simonjan gewesen, Wohltätigkeiten auch weit über den Sender hinaus zu streuen, sagen ehemalige Mitarbeiter. Sie selbst habe sich die Entscheidung über den Auftrag solcher Videoprodukte vorbehalten. Dabei habe sie noch vor dem Thema und dem Inhalt genau interessiert, wer denn der Autor und wer die Produktionsfirma seien. Die Beziehungen des Produzenten zu Simonjan hätten oft über den Ankauf entschieden. Derlei Verhältnisse haben in der Regierung niemals jemanden gestört, jedenfalls wurde nichts dergleichen bekannt.

Wladimir Putin ließ Rossija Sewodnja, das Hauptquartier des

Informationskriegs, im Dezember 2013 neu gründen. Heute sind Rossija Sewodnja und RT gewaltig aufgebläht. Rossija Sewodnja hatte 2022 nach eigenen Angaben 3350 Mitarbeiter, RT bei Ausbruch der Pandemie immerhin mehr als 2500 Angestellte. Die staatlichen Medien werden in Russland aus dem Budget finanziert, ohne Begrenzung nach oben. Für 2022 waren umgerechnet knapp 1,5 Milliarden Euro an Direktzahlungen geplant, davon ein knappes Drittel allein für RT. Doch auch Rossija Sewodnja und andere staatliche Medien wie WGTRK, TASS und Perwyj Kanal wurden reichlich mit Geld ausgestattet. Umso mehr galt das in Zeiten des Krieges. Die unabhängige Online-Plattform fontanka.ru und The Moscow Times errechneten aus Zahlen des Finanzministeriums, dass allein in der Zeit von Januar bis März 2022 die Zahlungen an die Staatsmedien verdreifacht wurden. Das meiste davon ging ans Fernsehen. Die Medien erhielten damit prozentual eine deutlich umfangreichere Budgeterhöhung als das Militär. Das belegt, dass die Propagandamaschine für Putin im Krieg nach außen und innen zumindest nicht weniger wichtig war als die Militärmaschine.

Mit so viel Geld kann Rossija Sewodnja als ultramoderne Nachrichtenfabrik daherkommen. «Russland heute» bespielt Fernsehen, Radio, Nachrichtenagenturen, Internet, Soziale Medien, macht Umfragen und Satellitenprogramme. Dazu gehören RIA Nowosti und Sputnik News, ein Sender mit Radio, Internetauftritt und Videos in 30 Sprachen. Sputnik arbeitet in 34 Ländern. So wie RT mit seinen Auslandskanälen rund um den Globus sendet.

Ihre Sender sollen laut des Programmauftrags der Leitung den «russischen Standpunkt» in die Welt tragen. Aber was ist die russische Sicht? Das fragte der englische TV-Reporter Peter Pomerantsev, der bei Moskauer Fernsehkanälen arbeitete, den geschäftsführenden Redakteur von RT. «Es gibt immer einen russischen Standpunkt», antwortete ihm der geschäftsführende Redakteur. Und erklärte das anhand einer Banane. «Für den einen ist sie etwas zu essen. Für einen anderen ist sie eine

Waffe. Für den Rassisten ist sie ein Instrument, um Schwarze zu ärgern.» Alles sei möglich. Es gebe einfach keine objektiv eindeutige Sicht darauf, was eine Banane sei, sagte der Chef. Und so wie die Banane krumm ist, biegen sich diese Sender die Wahrheit zurecht. Das ist die Essenz des «russischen Standpunkts».

Das erste Mal, als das westliche Publikum diesen Standpunkt richtig kennenlernte, war bei einem traumatischen Ereignis aus dem Jahr 2014. Als die Maschine des Flugs MH17 im Sommer 2014 auf einem ukrainischen Feld zerschellte, gab es nur eine Ursache, aber viele Vermutungen. Die wirkliche Ursache, eine russische Buk-Rakete, abgeschossen vom russisch kontrollierten Gebiet, wurde mittlerweile in mehreren aufwändigen internationalen Untersuchungen bestätigt. Die russischen Staatskanäle aber konzentrierten sich ausschließlich auf die Vermutungen. Als der Schreck des ersten Moments vergangen war, besprach Generaldirektor Dmitrij Kisseljow mit dem Kreml das Vorgehen. Sodann schossen Sputnik und RT wie Katjuscha-Raketenwerfer im Sekundentakt immer neue Varianten dessen heraus, wie es vielleicht gewesen sein könnte: Die Ukrainer steckten dahinter; ein Flugzeug hatte den Weg der MH17 gekreuzt; eine Rakete der Ukrainer traf die Maschine; vielleicht war die Nato im Spiel, vielleicht Außerirdische? Alles ist möglich! Nur die eine sehr naheliegende Tatsache, dass es eine russische Buk-Rakete war, die das Flugzeug vom Himmel holte, ging im Geschichtencocktail unter. Das war der «russische Standpunkt» frisch aus der Fabrik.

Diesen zynischen Standpunkt erläuterte Margarita Simonjan einmal gegenüber dem SPIEGEL so: «Objektivität gibt es nicht, nur viele Annäherungen an die Wahrheit.» Aktuelle Beispiele gibt es auch aus dem Krieg gegen die Ukraine 2022: Die russischen Angriffe auf Zivilisten auf dem Bahnhof von Kramatorsk seien von den Ukrainern selbst verübt worden. Der Raketeneinschlag auf das Einkaufszentrum von Krementschuk habe nur einem Munitionslager gegolten. Die Attacke am Flughafen von Winniza sei ein Angriff auf militärische Objekte gewesen. Und:

Die Großstadt Mariupol sei natürlich ausschließlich von ukrainischen Faschisten zerstört worden. Der russische Standpunkt besteht in der Verbreitung von Lügen.

«Telling the untold» – das Unerzählte erzählen: So lautet das Motto von Sputnik. Man bereitete wilde Vermutungen, Falschmeldungen, Verschwörungstheorien zu einer Nachricht auf. Der Sender arbeitete an multiplen Wahrheiten: Er meldete erfundene Neuigkeiten, etwa dass US-Soldaten in der Ukraine kämpften, wartete darauf, dass westliche Medien die Falschmeldung übernahmen und korrigierte sie dann nicht. Irgendetwas wird schon hängen bleiben. Diese Berichterstattung soll den zynischen Eindruck erzeugen, dass irgendwie alle Schurken und Verbrecher seien. Widersprüche? Macht nichts. Die Ukraine sei voller Nationalisten – aber nach russischer Lesart trotzdem keine Nation. Russland befreie die Ukraine, doch war überrascht vom erbitterten Widerstand der Ukrainer, die sich von Russland nicht befreien lassen wollten. Russland stehe gegen die Faschisten – aber fest an der Seite von Marine Le Pen, der AfD und Matteo Salvini. Alles ist möglich.

Nach diesem Prinzip arbeiteten in den Jahren seit der Krim-Annexion 2014 Cyber-Soldaten des russischen Informationskriegs in mehreren westlichen Sprachen. Einige russische Medien, darunter die Nowaja Gaseta, hatten 2015 ein Bürohaus in der Sawuschkina-Straße im Primorski-Bezirk von St. Petersburg als Troll-Fabrik ausgemacht. Darin arbeiteten junge Leute im Netz für den Kreml. Der dreistöckige weiße Kasten lag in einer Vorstadtstraße mit Wohnhäusern aus der Stalinzeit, den ich mir auch damals bei einem Besuch in St. Petersburg ansah. Gegenüber war ein Restaurant, Bäume säumten die Straße. Doch nach der Entdeckung der russischen unabhängigen Medien war das Haus verschlossen, wirkte unbewohnt. Ein Nachbar sagte, die Firma sei umgezogen.

Die Nowaja Gaseta sprach mit einer Mitarbeiterin, die lange in diesem Haus gearbeitet hatte. Ljudmila Sawtschuk erzählte, wie sie täglich von neun bis 21 Uhr auf Onlineforen schrieb, soziale Medien und Kommentarspalten von Internetzeitungen bespielte. Was sie auf Englisch zu schreiben hatte, wurde von den Chefs vorgegeben.

Im Westen hoffte man noch vor Jahren, das Internet werde autoritäre Systeme schwächen und unterdrückten Bürgern ein Fenster zur Welt öffnen. Welch ein Irrtum! Moskauer Sender stellten in den 2000er Jahren Kohorten westlicher Journalisten ein, um in der westlichen Öffentlichkeit Sendeplätze und Zuschauerzeit zu erobern. Peter Pomerantsev war nur einer von vielen. Die autoritären Systeme lernten vom Westen und kehrten die westliche Technologie gegen ihre Erfinder, um deren Öffentlichkeiten zu verwirren, aufzuhetzen und zu zerrütten.

RT baute mit Millionen Euro in zweistelliger Höhe auch einen deutschen Sender auf, der in Berlin-Adlershof residiert. Diese Investition hat sich bisher nur bedingt gelohnt. Das erklärte Ziel, im deutschen Kabelnetz wie ARD und ZDF senden zu können, verwehrten die deutschen Landesmedienanstalten mit Hinweis auf die eindeutige Staatsfinanzierung, die in Deutschland verboten ist. Der russische Rauswurf der Deutschen Welle und ihr Verbot in Russland Anfang 2022 halfen RT auch nicht weiter. Die EU untersagte russischen Propagandisten wie RT und Sputnik, ihre Inhalte in der Union auszustrahlen und zu posten. Doch auch danach verbreitete sich RT weiter unverdrossen im Netz, um sein deutsches Publikum zu erreichen.

Schützenhilfe kam von deutscher Seite. Russische Propagandisten erreichten in Deutschland seit 2014 ein zweistelliges Millionenpublikum mit kollegialer Hilfe der ARD und des ZDF. Vor allem in den Talkshows der öffentlich-rechtlichen Sender konnten russische Propagandisten wie Iwan Rodionow, Politikerinnen der Linken wie Sahra Wagenknecht, ein deutscher Ex-General und ehemalige Journalistinnen den «russischen Standpunkt» jahrelang ungestört unters Volk bringen. Ihre Einlassungen zielten auf schlecht informierte deutsche Zuschauer, die hofften, der Krieg, die Erdgaskrise und Putins Aggressionen würden vergehen, wenn der Westen nur bloß aufhöre, die Ukraine zu unterstützen. Dabei spielten sie wichtige Motive der russischen

Erzählung in die deutsche Diskussion ein. Beispiele: «Mit schweren Waffen ist niemandem gedient.» – «Die Krim war eigentlich schon immer russisch.» – «Die Ukraine ist korrupt und kein richtiger Staat.» – «Russland musste so handeln, weil die Nato sich ausgedehnt hat.» – «Der Maidan 2014 war von den Amerikanern finanziert.»

Besonders überzeugend scheint es für einige Deutsche, wenn ehemalige deutsche Politiker Argumente vertreten, die der russischen Erzählung verblüffend ähneln. Ex-Kanzler Gerhard Schröder oder der ehemalige Hamburger Bürgermeister Klaus von Dohnanyi sind prominente Beispiele bei der SPD, bei der FDP tat sich Wolfgang Kubicki noch nach dem Überfall auf die Ukraine mit dem Einsatz für Nord-Stream 2 hervor, bei der CDU hörte man russische Standpunkte von ausgemusterten Hinterbänklern wie Willy Wimmer oder der kürzlich verstorbenen Karin Strenz. Doch auch die Grünen haben Sympathisanten der russischen Sicht unter ihren Ehemaligen. Im Sommer 2015 nannte Ludger Volmer, Ex-Staatsminister im Auswärtigen Amt, den Maidan-Aufstand im Deutschlandfunk einen «Putsch» und warf dem Westen «Doppelmoral und Heuchelei» in der Ukraine vor. Solche Behauptungen rechtfertigten Putins Krieg und delegitimierten die westliche Kritik am russischen Vorgehen. Beabsichtigt war allgemeine Verunsicherung, in der alle möglichen Wahrheiten und Versionen gelten.

Ein Meister in dieser Disziplin ist der Generaldirektor von Rossija Sewodnja, Dmitrij Kisseljow. Er gehört mit Simonjan und Solowjow zu dem medialen Dreigestirn, das seine Propaganda gern in nuklearen Kategorien verbreitet. Der 66-jährige Kisseljow ist bekannt dafür, dass er in Moderationen oder in animierten Videos Atombomben über westlichen Ländern zündet. Nach der Annexion der Krim und den westlichen Sanktionen sagte er 2014, Russland sei das einzige Land, das «die USA in radioaktive Asche verwandeln» könne, während im Bildhintergrund ein Atompilz über Washington aufstieg. Nach dem Überfall auf die Ukraine erklärte er im Mai 2022, dass nur eine russische «Sarmat»-Interkontinentalrakete reichen würde, um die britischen

Inseln zu versenken. Auf einer Animation startete eine Rakete bei St. Petersburg und schlug in Mittelengland ein. «Dann gibt es kein England mehr. Alles ist schon berechnet», schloss er. Kisseljow nährte wie Simonjan und Solowjow den russischen Schicksalsglauben, dass sich die Welt ohnehin ihrem Ende nähere.

Kisseljow hatte Deutschland besonders im Visier. Er liebte historische Darstellungen aus dem Zweiten Weltkrieg in seiner Sendung «Nachrichten der Woche», die sich stundenlang über den Sonntagabend ausdehnt. In vielen Berichten über die Ukraine tauchten deutsche SS-Truppen auf Schwarz-Weiß-Bildern auf, um zu beweisen, dass die ukrainischen Soldaten Faschisten seien. Selbst der Papst musste sich einen Nazi-Vergleich gefallen lassen. Im März 2022 lobte Kisseljow Papst Franziskus dafür, dass dieser das «Gebell der Nato an Russlands Grenzen» kritisiert hatte. Doch als Franziskus in der Woche darauf Ehefrauen der Soldaten aus dem Asow-Regiment des ukrainischen Innenministeriums empfing, zeigte Kisseljow den Papst in einer inkriminierenden Bilder-Reihe mit Nazi-Verbrechern wie Martin Bormann und Josef Mengele. Im Mai 2022 moderierte Kisseljow einen Beitrag über die Ukraine-Politik der Bundesregierung an mit Zitaten von Hitlers Ostbeauftragtem Alfred Rosenberg über die Kolonisierung der Ukraine durch Großdeutschland.

Doch auch das heutige Deutschland wurde 2022 ausführlich im russischen Fernsehen vorgestellt. Die Korrespondenten der russischen Sender waren fleißig in deutschen Städten unterwegs, um leere Regale in Supermärkten, überfüllte Flughäfen und stehengebliebene Züge zu filmen. Sie zeigten oft Zugewanderte aus Afrika und Asien in Innenstädten und behaupteten, dass sie heute die Straßen in Deutschland beherrschten. Im Sommer 2022 zeigten die Korrespondenten im Vorgriff auf die von ihnen erhoffte Erdgaskrise im Winter deutsche Häuser, die erkalten, und deutsche Industriebetriebe, die verrotten würden, weil Russland kein Gas mehr schicke. «Das haben sie von ihren Sanktionen», lautete der meistgehörte Kommentar. Im Westen, so war die Botschaft, herrschen Angst, Chaos und Verfall.

Auch gegenüber Deutschland stieß die Propaganda-Maschinerie regelmäßig apokalyptische Drohungen aus. Als die Deutschen im Juni 2022 auch schwere Waffen an die Ukraine lieferten, ließ Wladimir Solowjow in seiner Talkshow Experten erzählen, dass die Bundeswehr vollkommen ausgelaugt sei und nicht mehr als eine Schützenkompanie darstelle. Berlin stehe praktisch wehrlos da. Dann baute sich Solowjow vor der Kamera auf und sagte: «Hör zu, Scholz!» Michail Gorbatschow habe 1991 einen «fatalen Fehler gemacht, als er die Wiedervereinigung zuließ», und ebenso Josef Stalin 1945, als er «zuließ, dass Deutschland weiter existierte». Russland könne diese Fehler korrigieren, weil es Raketen habe, die Deutschland erreichten.

Das sind nicht einfach nur leere Reden. Im russischen Fernsehen wird die russische Politik vorbereitet, es werden Narrative durchgespielt, Reaktionen getestet, mit neuen Realitäten experimentiert. Der Ukraine-Krieg wurde genau so über Jahre vorbereitet.

Russlands Propagandafabriken gelang es im Fall Deutschland, die russische Öffentlichkeit umzudrehen. Deutschland gehörte über Jahrzehnte zu den beliebtesten Ländern in Russland. Doch zahllose Filme über den Zweiten Weltkrieg, die Denunzierung Merkels als «Puppe der USA» und Scholz' als «lästiger Motte», die Berichte über das «faschistische», verkommene und von Flüchtlingen zerstörte Deutschland genügten, um das umzukehren. Nach Umfragen des Lewada-Instituts sahen 2013 kaum drei Prozent der Russen Deutschland als Feindesland. Im Juli 2022 waren es Lewada zufolge schon 37 Prozent. Als Freund sähen Deutschland nur noch drei Prozent der Russen an. So schürte man Völkerhass.

Niemand sollte sich darüber Illusionen machen, wie diese Berichterstattung zustande kam. Margarita Simonjan, Wladimir Solowjow und Dmitrij Kisseljow waren zwar mächtig, aber dennoch Befehlsempfänger. Was sie sagten und wie sie es sagten, wurde von höchster Stelle angeordnet. Eine zentrale Rolle spielte dabei der Erste Stellvertretende Leiter von Putins Präsidialverwaltung, Alexej Gromow. Er half Putin bereits in dessen erster Amtszeit, russische Fernsehsender auf Linie zu bringen. Damals leitete er unter anderem den Kreml-Pool von Journalisten. Nach einer Recherche des Investigativportals «Projekt» rief er jede Woche die Direktoren und Chefredakteure der großen Sender zusammen und gab die Linie vor. So erklärten die Journalisten von Projekt, warum auf verschiedenen Staatssendern in kürzester Zeit bei aktuellen Themen ganz ähnliche oder teilweise identische Kommentare und Wortlaute zu hören waren. Oft seien es auch Putin-Zitate, die dann von Gromow dringend zur Weiterverwendung empfohlen würden. Ein ehemaliger Mitarbeiter von Rossija Sewodnja berichtet, Alexej Gromow würde die Leiter direkt anweisen. Auch Margarita Simonjan breche jede Konferenz ab, wenn er anrufe. «Ja, Alexej Alexejewitsch», würde sie dann ins Telefon flöten, dazu breit lächeln und die Mitarbeiter mit einem Wink aus dem Raum schicken. Diese Gespräche sind der Geburtsmoment russischer Propaganda.

Der Meinungsforscher Lew Gudkow vom unabhängigen Moskauer Lewada-Institut sagte einmal sehr treffend: «Propaganda schafft keine und führt keine neuen Ideen oder Begründungen ein.» Sie reproduziere nur und lege die «Schichten des Massenbewusstseins einer totalitären politischen Kultur frei». Das sei nirgendwo im Ausland abgeschaut, sondern belebe die Traditionen der Sowjetzeit wieder.

Nach Lewadas Umfragen schauten in der ersten Jahreshälfte 2022 zwischen 63 und 67 Prozent der russischen Bevölkerung das staatliche Fernsehen, satte 50 Prozent hielten das Staatsfernsehen für die glaubwürdigste Informationsquelle. Dahinter folgten weit abgeschlagen die Sozialen Netzwerke, wo die Staatsfunker auch aktiv sind. Die Propagandisten sind die Säule und der wichtigste Helfer von Putin im Krieg gegen die Ukraine und den Westen. Ohne sie wäre seine Herrschaft womöglich längst beendet, weil er die wiederkehrenden Krisen seiner Popularität 2011, 2012, 2018 und 2021 ohne mediale Begleitmusik politisch vielleicht nicht überlebt hätte. Der Überfall auf die Ukraine und die zahlreichen Fehleinschätzungen Putins gerade in der Anfangszeit des Krieges sind auch eine Folge der staatlichen Falschberichterstattung. Putin, der sich mit Smartphones und dem Internet schwertun soll, sieht selbst am liebsten fern. Der Herrscher fiel offensichtlich auf die von ihm selbst bestellte Propaganda rein.

Stacheldraht an einem Lager

8 Der Archipel Putin
Russlands System der Straflager

«Fangen wir bei den Nächten an. Warum wurde gerade die Nacht zum Brechen der Seelen erkoren? Warum war die Wahl von Anbeginn auf die Nacht gefallen? Weil der Häftling, der aus dem Schlaf gerissen wird, ... um ein Stück nachgiebiger ist als zur nüchternen Tagesstunde.»

Diese Zeilen schrieb der russische Schriftsteller Alexander Solschenizyn in seinem Buch «Archipel Gulag», das 1973 das Grauen des sowjetischen Lagersystems enthüllte. Sie könnten aber auch Alexej Nawalnys Lage beschreiben, der im russischen Straflager nächtens jede Stunde auf seiner Pritsche geweckt wurde – «wegen erhöhter Fluchtgefahr». Der Oppositionspolitiker geriet im Januar 2021 in die Mühlen dieses ebenso gewaltigen wie gewalttätigen Systems. Der Wege in den Archipel Putin sind viele. Am Beispiel Nawalnys möchte ich das perfide Justizregime ausleuchten, das wohl noch viele russische Politiker, Journalisten und Wissenschaftler als Gefangene in den Archipel schicken dürfte.

Alexej Nawalny war Ende 2022 der mit Abstand prominenteste politische Häftling in den russischen Straflagern. Ein Mann, der vom russischen Geheimdienst mit Nowitschok vergiftet wurde und dem Tod knapp entkam. Einer, der millionenfach geklickte Enthüllungsfilme über die Korruption der Staatsspitze ins Netz stellen ließ. Einer, der Wladimir Putin persönlich herausgefordert hatte.

Dieser Mann erschien dem russischen Herrscher 2021 so gefährlich zu sein, dass er noch nicht mal seinen Namen nannte. Nawalny überlebte den Giftgasanschlag russischer Geheimdienste. Seine Rückkehr von Deutschland nach Russland und die prompte Verhaftung direkt am Flughafen im Januar 2021 stießen das Land in Demonstrationen und Straßenkämpfe. Von Jakutsk bis Kaliningrad, bei minus 51 Grad und bei null Grad, über elf Zeitzonen hinweg versammelte sich das Russland der Empörten und der Nawalny-Unterstützer. Viele Männer, weniger Frauen, junge Menschen, Studenten, Berufsanfänger, viele von ihnen zum ersten Mal auf einer Demonstration. Weit über 100 000 Menschen forderten die Freilassung von Alexej Nawalny. Demonstrierten gegen Polizeigewalt, Willkür und Repression, obwohl die Behörden es verboten hatten. Zehntausende Menschen wurden nach Angaben der unabhängigen Organisation OVD-Info festgenommen, darunter auch Mitarbeiter Alexej Nawalnys. Viele gerieten in das Labyrinth von Anklagen, Schauprozessen und Haftstrafen, vor allem aber ihr Idol selbst. Nawalny war zunächst für bloßes Nichterscheinen vor Gericht verurteilt worden, dann konstruierte die Strafjustiz immer neue Vorwürfe, um ihm die Freiheit zu rauben. Es ist angesichts der hochpolitisierten Anklagen schwer vorstellbar, dass Putin und seine Dienste damit nichts zu tun hatten.

Vorausgegangen war ein bitteres Duell zwischen Nawalny und Putin: der Präsident gegen den Politaktivisten, der Geheimdienstmann gegen den Rechtsanwalt, der Oberbefehlshaber gegen den politischen Underdog. Ihre Waffen konnten unterschiedlicher nicht sein. Putin hatte Sicherheitsdienste und Propagandafabriken, Staatsapparat und Strafvollzugssystem. Nawalny hatte seine Anhänger, die sozialen Medien, seine Energie und seinen Mut. Nawalny verlor, das wissen wir alle. Doch was diesen Zweikampf 2021 so dramatisch machte, war die Tatsache, dass Putin und Nawalny zwei Taktiken teilten: Erstens, sie wollten beide keine Angst zeigen. Zweitens, sie versuchten sich gegenseitig als öffentliche Person zu zerstören. Als Putin dabei unter Druck geriet, schickte er Nawalny ins Straflager. Ein kurzer Blick zurück.

Alexei Nawalny hatte Putin Anfang 2021 an dessen empfindlichster Stelle getroffen. Nawalnys Mitarbeiter luden kurz nach dessen Landung in Moskau am 17. Januar einen Film auf

YouTube hoch. «Der Palast» hatte über 100 Millionen Aufrufe, eine satte Mehrheit der Russen klickte die Dokumentation. Sie sahen eine detailreiche Recherche und virtuelle Reise in das Reich von neuer Korruption, alten Netzwerken, Hybris und Wellness-Paradiesen. Putin als mutmaßlicher Bauherr stand im Mittelpunkt des Films, der den gigantischen Palast am Schwarzen Meer ausleuchtet. Er zeigte zugleich, wie gründlich und hartnäckig das Team von Nawalny arbeitete. Gefährlich hartnäckig für Putin.

Mitarbeiter aus Nawalnys Rechercheteam sagten mir damals, sie seien an die Pläne und Bilder des Palastes durch einen Mann gekommen, der direkt am Bau beteiligt war. Diese Unterlagen hätten sie «mindestens 35 Mal überprüft». Sie seien nach Dresden und ans Schwarze Meer gefahren. Um Flugaufnahmen zu machen und den Geheimdienst in die Irre zu führen, sei ein Mitarbeiter mit den Mobiltelefonen von zwei Kollegen und drei Zugtickets nach Südrussland gereist. Die beiden Kollegen aber stiegen früher aus, kauften ein Schlauchboot und näherten sich dem schwer bewachten Palast vom Meer her. Drei ihrer Drohnen stürzten wegen der Störsender ab, bevor die vierte die Aufnahmen von dem 7000 Hektar großen Areal machte. «Diese Recherche», sagte mir der Mitarbeiter Nawalnys, «ist die Antwort auf die Vergiftung von Alexej gewesen.»

Das Ziel der Operation: öffentliche Bloßstellung. Was Nawalny so süffig-ironisch präsentierte, waren Attacken auf jene Putinschen Tugenden und Stärken, die das Staatsfernsehen seit Jahren pflegte. Beispiel eins: Putin, der Verteidiger traditioneller konservativer Familienwerte. Nawalny führte den Zuschauer in den in Rot getauchten Striptease-Club des Palastes mit Pole-Dance-Stange. Beispiel zwei: Putin, der Enthaltsame. Nawalny zeigte ausführlich das Weingut des Palastes, die Bars und die «Cocktail-Halle» für die Drinks. Beispiel drei: Putin, der russische Naturbursche, der bei Frost ins Eisloch steigt. Nawalny enthüllte den dekadenten Wellnessbereich des Palastes und die goldenen Toilettenbürsten für 700 Dollar, knapp die Hälfte der durchschnittlichen russischen Jahresrente. Nawalny nannte Putin einen «Opa im Bunker», der vor Viren und der Wahrheit Angst habe.

Dieser Film war mehr als eine Enthüllung, er zielte auf die Zerstörung des öffentlichen Ansehens. Nawalny hatte sich die Stärken des Putins früherer Jahre abgeschaut und drehte sie zu seinem Vorteil. Damals in den Nullerjahren war Putin der knallharte Saubermann im Kampf gegen die Oligarchen, gegen Korruption und Klau der 1990er Jahre. Damals in den Nullerjahren war Nawalny noch ein Nationalist, ging auf russische Märsche und schimpfte über Kaukasier. Zum Zeitpunkt des Films hatte sich Putin in einen Nationalisten verwandelt, der viel Geld für Kriege, Atomraketen und für sich und seine Mitstreiter ausgab. Dagegen hatte Nawalny die Rolle des angstfreien Saubermanns übernommen, der die Korruption unter einem immer ängstlicher herrschenden Putin aufdeckte. Nawalny gab den Gegenputin, stark und mutig. Immer wieder sagte er, er habe keine Angst. Er zeigte sich gern mit seinen Kindern, er küsste seine Julia kurz vor der Festnahme vor allen Kameras, während um Putins Frauen und Kinder ein großes Geheimnis gemacht wurde.

Das war die größte direkte politische Bedrohung seit Putins Machtantritt. Sie traf Putin in einer Zeit, in der seine durch Krim-Annexion und Donbass-Abenteuer gebotoxte Popularität in sich zusammenfiel. Eine Rentenreform mit spürbaren Leistungskürzungen ab 2018 und das Missmanagement in der Corona-Pandemie hatten seine Beliebtheit und das Vertrauen der Russen in ihn schrumpfen lassen. Früher griff Putin zu medialen Manipulationen, zu endlosen Gerichtsprozessen, zum Ausschluss aus der Politik, um mit Konkurrenten fertig zu werden. Jetzt war es Zeit, Rache zu nehmen. Er zielte auf Vernichtung Nawalnys als öffentlicher Akteur und private Person.

Erster Versuch: Nawalny als Agent des Westens. Das Staatsfernsehen warf ihm vor, er habe – behütet vom deutschen Geheimdienst – im Schwarzwald Urlaub gemacht, anstatt sich in Russland den Gerichten zu stellen. Er sei in deutschen Luxuskarossen kutschiert worden, um «gleichsam im plombierten Waggon» nach Russland zurückzukehren. Eine Anspielung auf Wladimir Lenin, der 1917 von den Deutschen in einem plombierten Zug nach Russland eingeschleust wurde. Zweiter Versuch: Nawalny als Nazi. Putins krawalligster Talkmaster Wladimir Solowjow behauptete, Nawalny sei ein «Kollaborateur mit nazistischen Ansichten». Dritter Versuch: Nawalny als Verbrecher. Hier nutzte Putin eiskalt die Macht-Asymmetrie der beiden Kontrahenten. Hier der isolierte Nawalny im Gefängnis, dort Putin im Kreml – gestählt durch die ganze Wucht der Repressionsbürokratie. Dem russischen Herrscher steht für Fälle wie Nawalny ein machtvolles Instrument zur Verfügung.

Die Russen nennen es «die Zone». Es ist ein Land im Land, mit einer langen Tradition, mit eigenen Regeln, eigener Verwaltung, eigener Versorgung, ja sogar einer eigenen Sprache. Es ist das System der russischen Straflager, das sich über elf Zeitzonen Russlands erstreckt, aber jede Zeiteinteilung und jeden Kalender überflüssig macht. Der Kontakt zur Außenwelt ist unerwünscht, es ist ein geschlossenes Reich. Wie sieht es von innen aus? Eine Reise durch den Archipel Putin.

Alexej Nawalny wurde nach Rückkehr aus Deutschland in mehreren Prozessen zu vielen Jahren Lagerhaft verurteilt. Das erste Urteil erging 2021, weil er während seiner Vergiftung einer Aufforderung, sich den Behörden in Russland zu stellen, nicht nachgekommen war. Schließlich wurde er im Mai 2022 zu einer neunjährigen Haftstrafe verurteilt. Diese Prozesse sind Tribunale mit vorgefertigtem Ausgang. Der Angeklagte darf sich pro forma verteidigen, die Verurteilung steht von vornherein fest. Nawalny saß mehr als ein Jahr im Straflager IK-3 in Wladimir, «unter strengem Regime» mit einem erhöhten Grad von Überwachung und Disziplinierung. Das Lager liegt rund 100 Kilometer östlich von Moskau und existierte bereits seit den 1950er Jahren. Seit 1964 hatte es eine Krankenstation. Seinen anfänglichen Hungerstreik brach Nawalny auf dringendes Anraten seiner Ärzte und seiner Freunde ab. Nawalny sollte nicht selbst vollenden, was die Geheimdienste mit seiner Vergiftung versucht hatten.

Ohnmächtig musste er aus dem Lager zusehen, wie seine regionalen Vertretungen und seine Stiftung zum Kampf gegen die Korruption von den Behörden zerstört wurden. Sie wurden alle als «extremistische Organisationen» verboten. Im Juni 2022 wurde Nawalny in die Strafkolonie IK-6 in Melechowo verlegt. Sie liegt nahe der Stadt Kowrow, gut 250 Kilometer nordöstlich von Moskau. Melechowo gilt als Lager mit verschärften Bedingungen. Dort wurde fortgesetzt, was Putin mit dem Marschbefehl an die Richter und Strafvollzugsbeamten 2021 im Sinn hatte: Rache.

Nawalny lebte tief in der «Zone», in einem der insgesamt 666 Straflager des «FSIN», des Föderalen Dienstes für den Strafvollzug. In Russland waren 2022 rund eine halbe Million Menschen eingesperrt, die meisten in solchen Straf- und Arbeitslagern. Olga Romanowa leitet die Moskauer Organisation «Russland hinter Gittern», die Gefangenen juristisch und humanitär hilft. Ihr Ehemann saß selbst mehrere Jahre im Gefängnis, weil ein ehemaliger Geschäftspartner ihn verfolgen ließ. In hingebogenen Prozessen geriet er in die Mühlen des Systems. Die Lager stammten oft noch aus sowjetischer Zeit, erzählte mir Romanowa 2021 in einem ausführlichen Interview. In niedrigen Baracken liegen Werkstätten und kleine Fabriken, in denen die Häftlinge für sehr wenig Geld arbeiteten. Andere Baracken dienen als Unterkunft. Die Gefangenen leben nicht in Zellen, sondern in großen Schlafräumen mit über 100 Personen. Pro Baracke gibt es oft nur eine Toilette und ein Waschbecken. In der Kantine werden nur Löffel verteilt, zur Sicherheit. Zustände wie in dunkler sowjetischer Vergangenheit, die in der Zone die real existierende Gegenwart ist.

Der ehemalige Vizedirektor des FSIN wies in einem Interview 2019 alle Vergleiche mit der Sowjetzeit von sich. «Diese Epoche ist lange vorbei», behauptete Walerij Maximenko gegenüber der Nachrichtenagentur Interfax. Im Internet gab sich das FSIN ultramodern. Dort fand man die neuesten Informationen über Corona-Impfungen in den Lagern und einen Youtube-Kanal, auf dem man Ski-Wettbewerbe und Lager-Kochstunden verfolgen und Kinderchören mit patriotischen Liedern zuhören konnte. Maximenko widersprach allen Berichten, wonach Gefangene hinter der Fassade misshandelt würden. Wenn einer seiner Mitarbeiter einen Inhaftierten schlage, dann sei das nicht das Erbe des Gulags, sondern ein persönliches Problem dieses Kollegen, der sich nicht beherrschen könne. «Wir kämpfen entschieden dagegen an.»

Der Gulag, das war das stalinistische System der Straflager, das erst dem Geheimdienst, dann dem Innenministerium untergeordnet war. Die Häftlinge büßten für falsches Denken oder falsche Herkunft, sie bauten Kanäle und Städte für den Sozialismus, sie wurden als «Schädlinge und Systemfeinde» vernichtet. In diesem Archipel, den Alexander Solschenizyn so aufwühlend beschrieben hat, waren unter Stalin von 1930 bis 1953 mindestens 18 Millionen Menschen inhaftiert. Im Jahr 1940, ein Jahr vor dem deutschen Überfall auf die Sowjetunion, waren nicht weniger als zehn Prozent der sowjetischen Bevölkerung weggesperrt. Die Lager standen im Permafrost Sibiriens, auf Inseln nahe der Arktis, im Fernen Osten am Bering-Meer, Hauptsache, fern der Welt. Fast drei Millionen Menschen starben in der Lagerhaft, mehr noch kamen als verkrüppelte und gebrochene Menschen wieder heraus. Dieses System wurde nur einmal leicht reformiert und dem Justizministerium unterstellt, und zwar nach Stalins Tod. Nach dem Ende von Sozialismus und Sowjetunion 1991 wurde es nicht aufgelöst, sondern nur umbenannt. Seit 2004 hieß es FSIN.

«Der Gulag war ein Drache, der die Menschen bei lebendigem Leib fraß», sagte mir Olga Romanowa 2021, «heute ist der Drache alt geworden, runzlig, speit kein Feuer mehr, hat weniger Hunger. Aber es ist derselbe Drache.» Dmitrij Medwedew gab 2011, als er noch russischer Präsident war, in einer Rede zu, das russische Strafsystem sei «zu 95 Prozent sowjetisch».

Was bedeutet das in der Wirklichkeit? Wie werden heute Menschen gebrochen?

Iwan Beloussow kam mit 21 Jahren wegen einer ihm angehängten Bombenexplosion 2008 für sechs Jahre ins Straflager und wurde kreuz und quer durch ganz Russland geschickt. «Etapirowanie» heißt auf Deutsch so viel wie Verlegung. Das ist seit der Zarenzeit eine bevorzugte Methode des Strafvollzugs. Auch Alexej Nawalny wurde in zwei Jahren schon mehrmals verschickt, aber bisher nur auf Kurzstrecken in Zentralrussland. Ein prominenter Vorgänger, der bei Putin Anfang der 2000er Jahre in Ungnade gefallene Unternehmer Michail Chodorkowski, wurde unter anderem in sibirische Straflager verbracht. Beloussow wurde erst südlich von Moskau eingesperrt, dann in Sibirien, im Norden, später in Südrussland. «Das Reisen ist reine Folter», sagte er mir 2021 in einem Gespräch. «Sie quetschten uns mit fünfzehn Mann in ein Achter-Abteil eines alten Waggons.» Andere Verlegte berichten, beim Ein- und Aussteigen werde man pedantisch durchsucht, müsse sich komplett ausziehen. Manchmal schlagen sie einen dabei. In der Enge der Waggons werde man beraubt, gehe sich auf die Nerven. Einer raucht, einer pfeift, einer lüftet die Socken. Überhaupt, Gerüche, die vergesse man nie, erinnerte sich Beloussow. Die Reise nach Sibirien dauerte wochenlang, die Lokomotive zuckelte nur so dahin. Oft stand der Zug einfach nur, für Stunden oder Tage und Nächte. Für alles gab es Vorschriften und erniedrigende Regeln. Während der Zug stand, durfte niemand auf die Toilette, darauf achteten die Bewacher peinlich genau. Die Gefangenen hätten vor Qualen geschrien, wer es schaffte, pinkelte heimlich in Flaschen. «Mit ihren Regeln machen sie ein Tier aus dir. Bloß nicht denken, einfach ausführen», sagte Beloussow.

Schlimm sei es, wenn man krank werde, erinnerte sich Beloussow. Die medizinische Behandlung sei die Fortsetzung der Bestrafung mit anderen Mitteln. Es gäbe so gut wie keine Medikamente, und wenn sie auftauchten, würden sie sofort verschwinden. Allerhöchstens gäben die Ärzte Schmerzmittel. Er hatte einmal eine Lungenentzündung, dazu hohes Fieber. Trotzdem musste er sich bei minus 20 Grad auf der Straße waschen. «Ohne die Medikamente, die mir meine Verwandten schickten, hätte ich nicht überlebt», sagte er.

Beloussow reiste nach Absitzen seiner Strafe aus. Er lebt heute in Deutschland in Freiheit. Doch in Russland nahm die fließbandartige Verurteilung von Oppositionellen und Andersdenkenden 2021 beängstigend schnell zu. Vor dem Überfall auf die Ukraine wurden Menschen noch für konkrete oder unterstellte Taten verurteilt. Nach dem Überfall reichte eine einfache Meinungsäußerung, die nach Auffassung der Richter gegen die scharfen Zensurgesetze verstieß. Ein Schild «Nein zum Krieg», mehrmals gezeigt, oder eine geäußerte Meinung über das russische Militär in der Ukraine konnten schon eine lange Haftstrafe nach sich ziehen.

Im Juli 2022 verurteilte ein Gericht den Rechtsanwalt und Stadtrat des Moskauer Krasnoselskij-Bezirks Alexej Gorinow zu sieben Jahren Haft. Der Vorwurf: Er habe gegen den Paragrafen 207, Absatz 3 des Strafgesetzbuches verstoßen. Das ist der Maulkorbparagraf, der seit März 2022 jede Kritik am Krieg gegen die Ukraine unter Strafe stellte. Gorinow hatte in einer Stadtratssitzung öffentlich gesagt, dass in der Ukraine Kinder sterben würden. Er sprach sich dafür aus, dass Russland den Krieg beenden und alle Truppen aus der Ukraine zurückziehen solle. Verurteilt wurde er für das «wissentliche Verbreiten von Falschmeldungen». Falsch war nach dem Verständnis der Richter, was nach allem, was die Welt über Putins Krieg in der Ukraine weiß, vollkommen zutreffend war.

Alexej Gorinow war der erste politische Häftling, der aufgrund des Maulkorbparagrafen zu Lagerhaft verurteilt wurde. Aber schon während seines Prozesses im Juli 2022 deutete sich an, dass ihm viele folgen würden. Ein ehemaliger Mitarbeiter von Michail Chodorkowski wurde im Juli 2022 zu vier Jahren Strafkolonie verurteilt, weil er eine «unerwünschte Organisation» geleitet hatte. Es handelte sich um Chodorkowskis Nichtregierungsorganisation «Offenes Russland». Der Journalist Iwan Safronow wurde im September 2022 wegen «Verrats» zu 22 Jahren Haft verurteilt. Gegen den Oppositionspolitiker Ilja Jaschin erhoben die Justizbehörden Anklage wegen Verstoßes gegen den Paragrafen 207, Absatz 3. Er wurde sofort in Untersuchungshaft gesteckt, ihm drohten zehn Jahre Haft. Und der Politiker Wladimir Kara-Mursa wurde unter den gleichen Vorwänden festgenommen. Die Justizbehörden ahndeten jede Äußerung über den Krieg, die von der offiziellen Linie abwich. Wenn ein Oppositionspolitiker sagte, was jeder im Internet sehen konnte, nämlich dass russisches Militär Wohngebiete, Krankenhäuser und Schulen bombardierte, wurde das als «Falschinformation» mit dem «Motiv politischen Hasses» ausgelegt. Das würde, so die Staatsanwälte, «den Interessen der Russischen Föderation schaden». Auf so dünner Grundlage wurde gegen die Politiker ermittelt.

Hätte nicht ein Anwalt diese Vorwürfe sofort vor Gericht entkräften können? Die Rechtsanwältin Maria Eismont, die unter anderen Ilja Jaschin vertrat, sagte, dass «politischer Hass» ein relativ neuer «schwer nachvollziehbarer» Straftatbestand sei. Es gäbe nationalistischen, antireligiösen und rassistischen Hass. Aber «politischen Hass»? Das käme als Vorwurf gegen viele politische Häftlinge in Mode. Als Anwältin könne sie den Prozess und die Verurteilung kaum aufhalten, sagte sie im Juli 2022. Aber nicht selten seien die Anwälte die «einzige Verbindung der Gefangenen» mit der Außenwelt, weil die Behörden den Besuch von Verwandten oft ablehnten. «Als Anwältin kann ich öffentlich argumentieren, gegen die Ungesetzlichkeit des Arrests und der Verfolgung, über die Verletzung der Verfassung und Verfahren», sagte sie. Juristen wie sie würden die Öffentlichkeit über den Prozess informieren. «Das ist wichtig für die Gesellschaft und die Geschichte.» Genau deshalb aber würden manche Prozesse geschlossen abgehalten. Dann würden die Anwälte der Möglichkeit beraubt, öffentlich über das Verfahren zu sprechen.

Wer vor Gericht landet, hat wenig Chancen, ohne Strafe davonzukommen. Die Richter würden fast immer ein Urteil verhängen, sagte Olga Romanowa. Das läge nicht nur an politischen Vorgaben und auch nicht zwingend an Korruption. «Die Richter werden recht gut bezahlt und genießen viele Vorteile wie zum Beispiel freie Wohnungen». Die Strafprozessbehörden seien aber sehr interessiert, ihre Budgets aufzubessern, indem «sie gute Leistung zeigen». Gerechtigkeit sei weniger wichtig, als eine möglichst große Anzahl von Fällen zu bearbeiten. Ein ehemaliger Ermittler der Moskauer Polizei, Alexander Salamow, bekannte, viele Ermittler seien «besessen von Zahlen». Massenanklagen seien «die einzige Art aufzusteigen oder seinen Job zu behalten». So verkommen Prozesse in Russland zu einer reinen Formalie. Es geht nicht mehr um Wahrheitsfindung, sondern um die Vollendung der staatsanwaltlichen Arbeit. Und die ist darauf gerichtet, Menschen in Untersuchungsgefängnisse und Straflager zu bringen. Dort werden sie dann so behandelt, dass sie dem Herrscher und dem System nicht mehr gefährlich werden können.

Den Widerstand schleifen, den Blick der Gefangenen auf den Boden senken: Wie geht das? Der Geschäftsmann Wladimir Perewersin sollte nach dem Willen der Ermittler seinen ehemaligen Chef Michail Chodorkowski belasten. Er weigerte sich und landete dafür im Straflager. Dort arbeitete er unter anderem in der Zementherstellung. Er litt sehr stark unter dem Verlust aller Privatsphäre, erzählt er. «Ich schlief mit bis zu 100 anderen in einer Baracke, die Pritschen waren voll, die Toiletten waren voll, ich teilte mir mit fünf Männern eine Dusche – überall Leute, Leute, Leute.» Die Toiletten hätten keine Türen, da sitze man dann auf einem Betonbalken mit acht Löchern nebeneinander, und die Wärter schauten zu. Heute kommen Kameras an jeder Ecke dazu. Überwachungswillkür, Distanzlosigkeit und Erniedrigung: «Das Straflager ist eine überscharfe Kopie unserer Gesellschaft», sagt Perewersin. Neid, Hass, Gesetzlosigkeit, Willkür, menschenquälerische Pedanterie – alles komme im Lager vor.

Die Wärter quälten die Häftlinge mit kleinlichen Regeln. Den Teekessel nicht richtig abgestellt? Rauchen auf der Toilette? Der oberste Hemdknopf nicht zu? Der Schnürsenkel offen? «Ab in den Karzer!» Da sitzt man dann in einem kalten, feuchten Raum, oft in Gesellschaft von Ungeziefer. Einmal hielt Perewersin es für eine gute Idee, sich zu beschweren, und das auch noch schriftlich. Ein Fehler. Die Wärter hetzten seine Mitinsassen auf ihn. Er sei schuld, dass sie nicht tagsüber schlafen, dass sie nichts zwischendurch essen dürften.

So eine Situation kann bedrohlich werden. Schläge und Quälereien gehören zum Alltag. Manchmal werden Gefangene von Mithäftlingen zur Strafe vergewaltigt, und die Wärter filmen das auch noch. Danach erfahren es alle, und der Vergewaltigte wird zum Aussätzigen – oder zum Freiwild.

Perewersin war bedroht. Alle waren wegen der Hetze der Wärter sauer auf ihn. Wenn es so weiter ginge, fürchtete er, dass seine Mithäftlinge ihn umbringen könnten. Perewersin musste raus aus der Baracke, bevor die Situation eskalierte. Also stahl er aus einer Werkzeugmaschine eine Klinge und schlitzte sich den Bauch auf. Kam ins Gefängniskrankenhaus. Er war verletzt, aber nicht gebrochen.

Die Enge im Straflager kann lebensgefährlich sein, sagt Olga Romanowa von «Russland hinter Gittern». In den Lagern würden sich überdurchschnittlich viele Insassen mit HIV, Hepatitis oder Tuberkulose anstecken. «Schlechtes Essen, mangelnde Hygiene und wenig Licht machen die Gefangenen anfällig für Krankheiten.» Tee mit viel Zucker, Haferbrei mit Wasser, wässrige Suppe, Kartoffeln, Brot, noch mal Tee mit Zucker – wer davon lange Zeit leben müsse, werde krank. Russland wendete nach Angaben des Europarats 2021 europaweit am wenigsten für Häftlinge auf, nicht mehr als 2,40 Euro pro Kopf und Tag, der europäische Durchschnitt lag bei 68 Euro. Für die Verpflegung gab der FSIN einen Euro täglich pro Gefangenen aus. Die ärztliche Betreuung sei unterirdisch, berichtet Romanowa. «In den Lagern arbeiten Militärärzte, die nicht dem hippokratischen Eid, sondern Befehlen ihrer Vorgesetzten folgen.» Das Ziel sei nicht Behandlung, sondern Bestrafung. Beloussow und Perewersin erlebten das am eigenen Leib.

Das menschliche Leben hat in Russland ohnehin einen geringeren Wert als in Europa. In den Straflagern hat sich diese Einstellung radikalisiert. Der Zynismus ist groß. Das Sterben gilt als Teil des Lebens, vor allem, wenn es andere betrifft. In der Zone ist das Leben des Einzelnen nichts mehr wert. Es sei denn zum Quälen, weil er lebend die Schmerzen noch spürt.

Im Oktober 2021 veröffentlichte die Menschenrechtsorganisation «Gulagu.net» eine ganze Reihe von Aufnahmen mit konkreten Folterfällen in russischen Strafkolonien und Gefängnissen. Ein ehemaliger Häftling hatte mehrere Videos aus Saratow zur Verfügung gestellt. Er war von der Gefängnisleitung beauftragt worden, die Aufnahmen der Überwachungskameras zu archivieren und zu ordnen. Die Videos dokumentierten umfassend die systematische Folter im russischen Strafvollzug.

Besonders berüchtigt wurde 2021 ein Gefängnis in Angarsk in Sibirien. Von dort berichteten ehemalige Insassen über Foltervorfälle nach einem Gefangenenprotest: «Wir wurden um Mitternacht aus den Zellen geholt. Bis 9 Uhr morgens mussten wir nackt auf dem Beton liegen. Niemand durfte sich erheben.» Wer auf Toilette musste, habe sich nur im Liegen erleichtern können und in seinen Ausscheidungen gelegen. «Wir wurden geschlagen und lächerlich gemacht», berichtete der Gefangene, der aus dieser Nacht mehrere gebrochene Rippen davontrug.

Die Folterbelege waren so überwältigend, dass sogar Putin handeln musste. Im November und Dezember 2021 entließ er den Leiter und mehrere Beamte des FSIN. Im Januar 2022 rief er zum 300. Jahrestag der Gründung der Generalstaatsanwaltschaft zu einer «stärkeren Überwachung des Vollzugs in den Strafverfolgungsbehörden» auf. Dabei sollten die Behörden mit «staatlichen Strukturen und Menschenrechtsorganisationen zusammenarbeiten». Doch Menschenrechtler befürchteten, dass da Belege nur vertuscht werden sollten. Tatsächlich mussten Organisationen und Vereine, die sich um Gefangene, Gefolterte und Misshandelte kümmerten, Russland verlassen oder schließen. Olga Romanowa wohnt seit 2017 ständig in Berlin. Wladimir Osetschkin, der Leiter von Gulagu.net, lebt seit 2015 in Frankreich. Seit 2021 wurde er von der Staatsanwaltschaft gesucht. Das Russische Komitee für die Verhinderung von Folter löste sich nach 20 Jahren Einsatz für Misshandelte im Juni 2022 auf, nachdem die Behörden die Organisation als «Ausländischen Agenten» brandmarkten.

Diese Zustände erklären, warum Alexej Nawalny 2021 innerhalb weniger Wochen vom Helden vor Gericht zum körperlich Ausgelaugten auf dem Krankenbett wurde. Im Netz beschreibt das FSIN Nawalnys Lager, in dem er bis Juni 2022 einsaß, als Straflager für 1211 Gefangene, darunter ein Tuberkulose-Krankenhaus für 379 Patienten, das sich auf multiresistente Tuberkulose spezialisiert habe. Zum Beten würden eine Kirche und ein Gebetsraum für Muslime einladen. Die Menschen könnten als Maurer, Tischler und Schlosser arbeiten. Bei den Unterstützern von Nawalny hört sich das alles ganz anders an. In dem neuen Lager seien die Bedingungen wesentlich härter als in der ersten Strafkolonie, in der er einsaß. «Ein Folter-KZ, kein Krankenhaus», sagte Nawalnys Stabschef Leonid Wolkow, der Russland 2021 nach der Verhaftung des Politikers verlassen hatte. Solche Urteile lassen sich schwer überprüfen. Allerdings berichten ehemalige Gefangene der Plattform «Offene Medien», dass Patienten im Krankenhaus geschlagen worden seien. Man habe an ihren Körpern «Spuren von Gewalt» gesehen. Tuberkulose-Kranke seien im Winter vor die Tür gesperrt worden. Auch das Lager in Melechowo hat einen Ruf als «Folter-Camp». Die unabhängige russische Plattform Mediazona veröffentlichte 2021 einen erschütternden Brief des Häftlings Iwan Fomin. Darin beschrieb der usbekisch-stämmige Gefangene Folterrituale, systematische Vergewaltigungen und Morde an Mitgefangenen, bei denen er Zeuge gewesen sei oder gar mitgemacht habe. Alexej Nawalny konnte sich ab Sommer 2022 ein Bild von den Zuständen in diesem Straflager machen.

Der Oppositionspolitiker war damals noch am Anfang seiner langen Reise durch die Zone, mindestens neun Jahre standen ihm bevor. Wladimir Perewersin, der während unseres Interviews in Berlin lebte, durfte nach sieben Jahren und zwei Monaten raus. Doch die Zone ließ ihn auch in Deutschland nicht los. Er war gezeichnet von dieser Zeit. «Ich habe mehrmals im

Monat Alpträume, dass ich wieder einsitze», sagte Perewersin. Aufstehen um 5 Uhr 30, Gymnastik, Frühstück, Appell, Arbeit. «Ich sage den Aufsehern im Traum, dass ich meine Strafe schon abgesessen habe.» Aber niemand höre auf ihn. Und dann wache er schweißgebadet auf.

Am 9. Mai 2022 auf dem Roten Platz in Moskau

9 Wahlen ohne Wahl
Absturz in die Diktatur

Wenige Tage nach dem russischen Überfall auf die Ukraine stellte ich mich in eine lange Schlange am Fuß der Basilius-Kathedrale. Tausende Moskauer waren gekommen, Frauen und Männer, alle hatten eine Rose dabei. Geduldig warteten die Leute, um durch die Absperrungen der Polizei zu kommen. «Bitte mal die Tasche auf, keine Plakate, keine Flugblätter, keine Waffen?», bellten die Beamten. «Nein? Na, dann gehen Sie!» Langsam schob ich mich in der Menge auf die Brücke. Von dort konnte man fast über die Mauer des nahen Kremls sehen. Aber dafür waren die Leute nicht gekommen. Sie standen Schlange, um Boris Nemzows zu gedenken, der sieben Jahre zuvor an dieser Stelle ermordet worden war. Rosen lagen neben Fotos des Politikers, Rosen auch neben einem Titelblatt der Nowaja Gaseta, auf dem in großen Buchstaben stand: «Russland. Bombardiert. Die Ukraine.» Keiner redete vom Krieg, aber alle dachten daran. Sie wussten, Boris Nemzow wäre lautstark dagegen gewesen. Deshalb waren sie hier.

Die Erschießung von Boris Nemzow auf dieser Brücke über die Moskwa im Februar 2015 direkt neben dem Kreml war einer der schweren Schocks der Putin-Ära. Es gab viele politische Morde unter diesem Präsidenten. Aber dieses Attentat galt einem seiner Vorgänger im Amt des Ministerpräsidenten. Nemzow war 1997 zum Vizepremier ernannt worden und ein leidenschaftlicher Reformer der 1990er Jahre. Ich kannte ihn gut und hatte ihn damals mehrmals interviewt. Er war nicht beleidigt wie andere Moskauer Politiker, als ich ihm knallharte Fragen stellte. Im Gegenteil, er hatte Spaß daran und antwortete schlagfertig und geistreich. Er nannte den damaligen Präsidenten Boris Jelzin scherzhaft «den Zaren» und sagte ihm ins Gesicht, «viele

Fehler gemacht zu haben». So war Nemzow: unerschrocken, spontan, deutlich, entschieden. In den Putin-Jahren bis 2015 war er einer seiner schärfsten Kritiker – frei von Furcht. Dafür wurde er erschossen, direkt am Kreml, vor den Linsen Dutzender Kameras und den Augen vieler Polizisten. Der Tatort gehört zu den bestbewachten Stellen Moskaus. Der Täter soll ein Tschetschene gewesen sein. Wer den Mann vor dem Kreml ungehindert schießen ließ, wurde nie aufgeklärt, wie bei vielen anderen politischen Morden. Die Hintermänner wurden in den Staatsstrukturen vermutet. Deshalb kamen gleich nach dem Überfall auf die Ukraine so viele Menschen auf diese Brücke. Um gegen die Gewalt zu protestieren, Gewalt von Staats wegen, die sich erst nach innen und dann nach außen richtet. Mord und Krieg sind die wechselnden Gesichter dieser Macht.

Das war schon zu Beginn von Putins Amtszeit sichtbar: im Tschetschenien-Krieg und mit der gezielten Tötung von Journalisten. Aber jedem Mord folgte ein Missverständnis. Dass es sich hier um eine Einzeltat handelte. Dass der Mord an einem Menschen keine Auswirkungen auf andere haben würde. Dass die gewaltsame Auslöschung einer unbeugsamen Stimme alle anderen trotzdem in Frieden weiterleben und reden lassen würde. Morde begleiteten die Herrschaft von Wladimir Putin und wurden oft nicht aufgeklärt, nur Bauernopfer verurteilt. Die Spuren in die Welt der russischen Sicherheitsdienste und die tschetschenische Staatsmafia wagte kein Richter zu verfolgen. Putins «Diktatur des Gesetzes» strafte nicht die Gewaltverbrecher, sondern die Andersdenkenden.

Trotzdem legte Putin einen langen Weg zurück, von seinen ersten Schritten, die Oligarchen zu zähmen, bis zur Unterdrückung jeder abweichenden Meinung und der Herrschaft der grenzenlosen Gewalt. Im Westen waren diese 22 Jahre von vielen Illusionen begleitet. Erst glaubten westliche Politiker Putins Behauptung, dass er das Land «nur stabilisieren» wolle. In Deutschland trug dazu die Rede Putins vor dem Bundestag im September 2001 bei, wo er als «Hauptziel» seiner Innenpolitik die «Gewährleistung der demokratischen Rechte» nannte. Ein Täuschungsmanöver. Später wuchs der vorgeblich weichgespülte Interimspräsident Dmitrij Medwedew zu einer Hoffnungsfigur. Dann beruhigten sich viele damit, dass die russische Zivilgesellschaft sich das nicht bieten lassen würde. Umsonst gehofft. Was Putin der Welt eindrücklich zeigt: Wer damit anfängt, Gesetze zurechtzubiegen, die Sicherheitsapparate zu ermächtigen und Repression auszuprobieren, ist auf abschüssiger Bahn. Die Beschneidung von Freiheiten, die Einschüchterung der Bürger, die Angst, offen zu sprechen, eine korrupte Justiz und ein gebeugtes Recht sind Verwundungen eines Landes, die nicht mehr heilbar sind. Man kann nicht ein bisschen das Recht beugen, nicht ein bisschen einschüchtern, nicht ein bisschen unterdrücken. Was zu Beginn der Amtszeit Putin nur wenige berührte, betrifft heute alle Russen – und die Nachbarländer. Der Absturz begann langsam, mit einem Verrutschen der rechtsstaatlichen Maßstäbe in den frühen 2000er Jahren, aber er mündete in einer Diktatur. Wie konnte es dazu kommen?

Der Putinismus durchlief mehrere Phasen, die hybride Phase in den frühen 2000er Jahren, die autoritäre Phase ab 2012, die Phase der Zerstörung der Zivilgesellschaft ab 2021. Und gerade die erste Phase war von erschreckend viel Zustimmung in Russland, aber auch im Westen getragen. Dabei wandte sich Putin ab von dem knapp ein Jahrzehnt währenden Versuch, die westlichen Demokratien zu kopieren. Die einstigen Vorbilder dienten nur mehr als Deko-Elemente für die Schauseite gen Westen. Das System Putin entstand zu Beginn der 2000er Jahre als hybride Stabilokratie in der Grauzone zwischen Demokratie und Diktatur.

Die erste Phase bestand vor allem darin, die Gegengewichte zur Zentralmacht im Präsidialsystem zu beseitigen. Putins erster Streich galt dem Parlament. Er reformierte die widerspenstige Duma, indem er einen Klon der KPdSU heranzüchtete, nur ohne deren Ideologie. Die Partei der Einheit, die später in «Einiges Russland» umbenannt wurde, zog nach einem medialen Feldzug und der gefälligen Auszählung der Stimmen breitformatig in die Duma ein. Zusammen mit der trittbrettfahrenden Systemopposition bildete sie den Block der Macht im Parlament, die Duma übte fortan Treu und Redlichkeit. Die gelegentlichen Zwischenrufe der wirklichen Opposition konnten Putin nicht mehr beim Regieren stören.

Der zweite Streich galt den Gouverneuren und Präsidenten der Republiken, die im föderalen System der 1990er Jahre wie kleine Könige regierten. Sie bildeten ein wirkliches Gegengewicht zum Zentrum, was für den Ex-Geheimdienstchef Putin eine unerträgliche Vorstellung war. Putin nahm ihnen die Immunität und ihren Einfluss auf föderaler Ebene. Russlands einst mächtiges Oberhaus, der Föderationsrat, degenerierte zu einer Veranstaltung von schnell abrufbaren Bürokraten. Die Regionalfürsten durften fortan im einflusslosen «Staatsrat» Einfluss simulieren. Die vielen Räte hatten nur noch einen Zweck: der Macht des Präsidenten zu assistieren.

Am wichtigsten war der dritte Streich gegen die Medien. Putin brachte die privaten Besitzer der landesweiten Fernsehkanäle um ihren Besitz. Was er «Kampf gegen die Oligarchen» nannte, war in Wirklichkeit die staatliche Übernahme der einflussreichen Fernsehanstalten. Den Oligarchen wurde von einem Kollektiv von Richtern, Geheimdienstagenten und Regierungsbeamten ein Angebot gemacht, das sie nicht ausschlagen konnten: Aufgabe ihrer Sender und Flucht ins Ausland mit einem Teil ihres Geldes.

Anders als westliche Ordnungen stand Putins «Diktatur des Gesetzes» unter dem Primat der Politik. Die Staatsanwaltschaft und Richterschaft verkamen zur Rechtsabteilung des Kremls. Putins Polittechnologen bauten im noch unbesetzten Raum zwischen europäischen Werten und eurasischen Traditionen eine hohe Fassadendemokratie. Wladimir Putin kam damals noch ohne Lager und Polizeiterror aus. Er arbeitete im Halbschatten eines hybriden Systems, in dem vieles unter Kontrolle war, während ein Restpluralismus blühte. In Moskau gab es politisch kritische Zeitungen, die mit Kleinstauflage die Bedürfnisse der Liberalen und Intellektuellen bedienten. Journalisten durften Putin kritisieren, solange die Masse zuverlässig Putin wählte. Moskau zelebrierte sich als Stadt für Freiheitshungrige, die Macht förderte die Party, solange sie nicht politisch wurde. Putin sprach sich gegen die Todesstrafe aus, aber die Morde russischer Soldaten an tschetschenischen Zivilisten blieben ungeahndet. Die Macht bekannte sich zur «Freiheit», während der Geheimdienst sein Überwachungsnetz strickte. Da das eine galt, aber auch sein Gegenteil, konnten alle in Putin sehen, was ihnen gefiel. Er schuf ein hybrides System, das Westler wie Russen in die Irre führte. Aus den allmählich wachsenden Öl- und Gaseinnahmen konnten er und der von 2008 bis 2012 als Präsident amtierende Dmitrij Medwedew den Russen einen bescheidenen Wohlstand spendieren. Das war der Gesellschaftsvertrag: Wohlergehen im Austausch für die Absage an Mitsprache. Und meckern ging noch, vorerst.

Dieser Deal dauerte rund zehn Jahre – bis zu Putins geplanter Rückkehr ins Präsidentenamt 2012. Damals begehrten die Menschen auf, gegen eine manipulierte Duma-Wahl Ende 2011 und Putins Wunsch, unter Beugung der Verfassung zum dritten Mal als Präsident anzutreten. Die Demonstranten zogen ins Zentrum Moskaus fast bis an die Mauern des Kreml. Am Bolotnaja-Platz auf der anderen Seite des Moskau-Flusses endeten die Protestzüge. Nach dem Platz benannte man die Bewegung von November 2011 bis Mai 2012 und die Gerichtsprozesse gegen die Protestierenden. Mit der Rückkehr Putins in den Kreml 2012 begann die zweite, die autoritäre Phase, in der das Regime systematisch gegen den russischen Pluralismus vorging und die Unterdrückung einzelner Oligarchen zur unterschiedslosen Massenrepression ausweitete.

Ein wichtiges Instrument dafür waren die sogenannten «Agentengesetze», eine entscheidende Erweiterung der Gesetze über Nichtregierungsorganisationen. Danach mussten sich Vereinigungen, die auch nur entfernt gesellschaftlich oder politisch tätig waren und Geld aus nichtrussischen Quellen erhielten, als «ausländische Agenten» bezeichnen. Eine Brandmarkung. Damit einher gingen eine genaue Überwachung dieser Vereine und harte Strafen bei Verstößen gegen vielfältige bürokratische Auflagen.

«Die Richtung war absolut klar», beschreibt Maria Eismont diesen Prozess. «Putin wollte im Amt bleiben, komme, was wolle.» Maria Eismont war damals noch Journalistin, eine hervorragende Reporterin und unermüdliche Recherchierin. Klein von Statur, machtvoll in allem, was sie sagte – und dabei sehr ausdauernd. Ich hatte sie bei einer Preisverleihung kennengelernt, als sie für ihre Arbeit ausgezeichnet wurde. Doch genau die wurde unter Putin schwierig. Je mehr sie über die schrumpfenden politischen Freiheiten schrieb, desto mehr bekam sie es damals mit den Gerichten zu tun. «Und deshalb entschied ich mich, Anwältin zu werden», verkündete sie mir bei einem späteren Treffen stolz. Nach einer juristischen Zusatzausbildung stand sie vor Gericht, nicht um sich, sondern um andere zu verteidigen. Ständig galt es, neue Gesetzesänderungen zu studieren. Die Agentengesetze wurden ausgeweitet, ein Gesetz über «unerwünschte Organisationen» verabschiedet. «Es gab immer mehr zu tun.»

Eismont erinnert sich an ein hybrides Lebensgefühl. Oben herrschte Putin, unten begann das große Nischensuchen. Der Staat beschränkte systematisch die persönlichen und politischen Freiheiten aller – und erlaubte zugleich die Ausweitung persönlicher Annehmlichkeiten. In Moskau und den großen Städten des Landes wuchsen Restaurants, Bistros, Privatkliniken, Sommercafés, Vergnügungsparks, Tierschutzvereine und Tanzklubs. Die Menschen hatten Arbeit, einige bekamen gute bis sehr gute Gehälter und fuhren in den Urlaub, ob nach Europa, Dubai oder Bali. «Wir wurden zu Geiseln in einer höchst komfortablen Welt», erinnert sich Eismont. «Man konnte jenseits des Politischen ein gutes Leben haben.»

Aber nur, wenn man Abstand von der Politik hielt. In diesen Jahren veränderte sich Russland tiefgreifend. Putin befahl 2014 den Überfall auf die Ukraine, er annektierte die Krim und ließ einen Teil des ukrainischen Donbass besetzen. Die Nationalisten jubelten, die Kritiker bekamen es mit der Angst zu tun. Wie aufgeheizt die Atmosphäre war, zeigte der Mord an Boris Nemzow auf der Brücke am Kreml. Nemzow hatte den Überfall auf die Ukraine 2014 scharf kritisiert. Kurz nach dem Mord traf ich unweit des Tatorts einen engen Vertrauten von Nemzow, den liberalen Politiker Wladimir Ryschkow. Er ärgerte sich über die Darstellung des Attentats im Staatsfernsehen. Putins Chef-Propagandist Dmitrij Kisseljow behauptete, Nemzow sei eigentlich unbedeutend, unpopulär und auf keinen Fall eine Schlüsselfigur gewesen. «Er war für niemanden gefährlich», ätzte Kisseljow über den Toten. Damit wollte der Moderator jedes Interesse des Kremls an seinem Tod in Abrede stellen. Wladimir Ryschkow war dagegen überzeugt, dass die Regierung eine Mitschuld traf. Putin selbst habe die Hatz auf die Opposition begonnen, sagte mir Ryschkow, indem der Präsident von den «inneren Feinden» Russlands gesprochen habe. Im Dezember 2014, wenige Wochen vor dem Attentat, warnte Putin: «Es ist schwer zu verstehen, wo die Opposition endet und die fünfte Kolonne beginnt.» Das sei zur steten Wendung im Fernsehen und in der Duma geworden. Man raune dort, dass sich antirussische Kräfte aus Amerika bezahlen ließen und mit dem Geld gegen Putin konspirierten. Ausländische Agenten. Ryschkow hielt die Gefahr für Oppositionelle unter Putin für größer als in der späten Sowjetunion. Damals, unter den Generalsekretären Leonid Breschnew und Jurij Andropow, hätten allein der Staat und seine Organe die Gewalt ausgeübt, es sei kontrollierte Repression von oben gewesen. Dissidenten gingen für ihre Überzeugung ins Gefängnis, oder sie wurden ausgebürgert. «Heute ist die Opposition mit Gewalt von oben *und unten* konfrontiert», sagte Ryschkow. Und das könne schnell tödlich enden, wenn ein gedungener Mörder auf die Spur gesetzt werde. Der Aufschrei über den Tod von Nemzow blieb auf die liberalen Anhänger der Freiheit in Russland beschränkt. Die anderen Russen waren im Krim-Delirium.

Hier kommen wir zu einer der zentralen Ursachen, warum Putin keine 20 Jahre nach dem Zerfall der Sowjetunion ein neues autoritäres Regime errichten konnte. Weil die große Mehrheit der Russen ihn dabei bereitwillig unterstützte. Gerade in Zeiten besonders großer Freiheitsbeschränkungen wuchs Putins Popularität in schwindelerregende Höhen. Zur Zeit des Nemzow-Mordes lag sie bei 86 Prozent, ermittelte das unabhängige Lewada-Institut. Die Mehrheit gab beflissen ihre Bürgerrechte und freie Wahlen für Pseudo-Stabilität, minimalen Wohlstand und die Krim-Festspiele auf. Natürlich waren die Abstimmungen im Voraus manipuliert und zusätzlich direkt an der Urne gefälscht. Trotzdem bestätigten die Umfragen, dass eine Mehrheit den Herrscher unterstützte. Diese Menschen sahen Wahlen offenbar nicht als Mittel an, das Land mit ihrer Stimme zu verändern. Sie blickten im Zorn zurück auf die unübersichtlichen, aber freien 1990er Jahre. Sie stimmten jeder Verfassungsänderung zur Perfektionierung ihrer eigenen Beherrschung zu. Und sie jubelten ihrem Unterdrücker zu.

Russland ist, was eine relative Mehrheit der Bevölkerung angeht, eine Zustimmungsdiktatur. Auf jeden Fall war es so bis zur Mobilmachung im September 2022. Putins archetypischer Unterstützer ist auch in Moskau zu finden, gehört dort aber nicht zur Mehrheit. Es ist der ressentimentbeladene «Sowok», der Homo sovieticus, der die Sowjetunion überlebt hat. Er lebt in der Regel in einer Stadt mittlerer Größe in der russischen Provinz. Arbeitet in der Verwaltung oder in einem ähnlich bürokratisch geführten Betrieb. Sieht viel und ausschließlich Staatsfernsehen. Vom Sofa aus verfolgt der Sowok am Bildschirm in einem Rausch von Revanche und Genugtuung, wie die Minderheit unter die Polizeistiefel gerät.

Putins Showdown mit Alexej Nawalny läutete 2021 die dritte Phase des Abrutschens in die Diktatur ein: die Zerstörung der russischen Zivilgesellschaft. Erst vergiftete der Geheimdienst den Oppositionspolitiker auf einer Reise nach Tomsk. Nachdem er dank deutscher Ärzte in der Berliner Charité knapp überlebte, kehrte Nawalny im Januar 2021 zurück. Er wurde unter fadenscheinigen Vorwänden sofort verhaftet. Die Proteste gegen seine Haft sollten die letzten freien Demonstrationen in Russland gewesen sein. Eine gigantische Verhaftungswelle ging über das Land. Schüler, Studenten, Aktivisten wurden massenhaft festgenommen, verhört, bevor man ihnen den Prozess machte. Innerhalb von vier Monaten weit über 13 000 Menschen. Alexej Nawalny wurde zu mehreren Jahren Haft in einer Strafkolonie verurteilt. Und da die Beschuldigungen gegen ihn frei erfunden sind, bleiben weitere Verurteilungen möglich. Das Ziel: Der populäre Nawalny soll keine Rolle mehr im politischen Leben Russlands spielen. Putin nahm an ihm persönlich Rache für die Herausforderung.

Wozu das führte, zeigte die Duma-Wahl im September 2021. In den Umfragen vor der Wahl lag die Putin-Partei «Einiges Russland» deutlich unter 30 Prozent. Es durften nur noch wenige Kandidaten der Opposition kandidieren. Als ein Bewerber der liberalen Partei Jabloko in der Stadt Kasan in demokratischer Manier ankündigte, seine Partei würde gern auch mal regieren wollen, schritt die Staatsanwaltschaft ein. Der Mann wurde des «politischen Extremismus» bezichtigt, gegen ihn wurde wegen des Verdachts der Finanzierung durch das Ausland ermittelt. Natürlich wurde er von den Wahlen ausgeschlossen. Und mit ihm mehr als ein Dutzend Kandidaten der kleinen liberalen Partei. Bei der Wahl stimmten viele liberale Wähler aus Protest für die Kommunistische Partei ab, eine nationalpatriotische Systempartei. Tatsächlich gewannen kommunistische Kandidaten viele Wahlkreise. Doch in der Nacht wurde die Auszählung gestoppt, Wahlbeobachtern der Zutritt verwehrt, neu ausgezählt. Am nächsten Tag hatte «Einiges Russland» mehr als zwei Drittel aller Sitze geholt. «Sie wählen, wir zählen», war das Prinzip, das früher dem Führer Josef Stalin zugeschrieben wurde.

Kurz nach der Wahl erhob die Staatsanwaltschaft auf einen Wink Putins Anklage gegen die renommierte Historische Gesellschaft Memorial und Memorial International, denen 2022 der Friedensnobelpreis verliehen wurde. Vor dem Moskauer Hohen Gericht saß Maria Eismont auf der Bank der Verteidiger von Memorial. Auf der anderen Seite des Saals trug die Staatsanwaltschaft die Anklageschrift vor, eine Ansammlung von Falschbehauptungen und rechtswidrigen Vorwürfen. Die ehemalige Journalistin Eismont legte ein flammendes Plädoyer hin und widerlegte jeden einzelnen Punkt der Anklage. Sie schaute in reglose Gesichter mit kleinen Augen und Strichmündern. Nach mehreren Prozesstagen wurden beide Gesellschaften von Memorial in Russland verboten. Die von dem Friedensnobelpreisträger Andrej Sacharow mitbegründete Memorial wurde «liquidiert», wie es im Behörden-Russisch heißt. Putin ließ Russlands Gedächtnis zerstören, um seine eigenen Geschichtslegenden an dessen Stelle zu setzen. Das war die innere Mobilmachung für den Krieg nach außen.

Wenige Tage nach dem Überfall auf die Ukraine am 24. Februar stand ein privates Kamerateam auf dem Roten Platz und befragte die Moskauer nach ihrer Meinung. Eine Frau sagte, dass sie gegen den Krieg sei. Bevor sie die Begründung hinterherschicken konnte, schleppten Polizisten sie fort in einen Mannschaftswagen. Nach ihr stand vor der Kamera eine zweite Frau, die sehr entschlossen ihre bedingungslose Unterstützung für den Herrscher Wladimir Putin bekundete. Egal. Auch sie wurde von der Polizei weggeschleppt.

Auf die Meinung kam es gar nicht an. Seit Kriegsausbruch wurde es gefährlich, sich überhaupt zu äußern, ohne Aufforderung, unautorisiert, nicht vorgegeben von der Macht. Der öffentliche Raum in Russland ist toxisch geworden. Mittlerweile wird festgenommen, wer ein leeres Schild hochhält. Auch das wird als verbotene Meinungsäußerung ausgelegt. «Schon dafür kann man zu einer hohen Geldstrafe verurteilt werden», sagt Maria Eismont. «Und im Wiederholungsfall droht Gefängnis.»

Mit dem Überfall auf die Ukraine setzten die Behörden ihre Pläne zur Vernichtung der Zivilgesellschaft ins Werk. Die letzten freien Medien, Radio Echo Moskau, der Fernsehsender Doschd und die Nowaja Gaseta mit dem Friedensnobelpreisträger Dmitrij Muratow an der Spitze mussten ihre Arbeit einstellen. Eine neue Verhaftungswelle ging über das Land hinweg. Menschen, die mit Zettel, ohne Zettel, mit Stimme oder ohne gegen den Krieg protestierten, wurden verhaftet. In Russland gibt es seit 2022 keine öffentliche Stimme mehr außer der von Putin.

Wie soll man das System Putin heute nennen? Ist es Faschismus? Es gibt erschreckende Parallelen, doch auch Unterschiede. Es fehlen Antisemitismus, Vernichtungslager für «Rassenfremde», rotbraun-sozialistische Rhetorik, die Bekämpfung kirchlicher Institutionen und der Terror durch Sturmtrupps in den Straßen. Der Nationalsozialismus war in seiner Radikalität auch eine revolutionäre Bewegung, Putin scheut Revolutionen aller Art. Man versteht sein System nicht zur Gänze, wenn man versucht, es in eine bekannte Schablone von westeuropäischen Vorbildern zu pressen. Es baut auf nie bewältigten russischen und sowjetischen Traditionen von Gewalt und Rechtlosigkeit auf. Der Putinismus ist eine Art UdSSR ohne Sozialismus, eine pseudoklerikal-konservative Moralherrschaft, ein giftsprühender Polizeistaat, nach innen repressiv, nach außen aggressiv. Aber auch das ist für sich noch kein neues System. Putin, geschieden und in wilder Ehe mit einer Sportlerin liiert, lässt das Bild der konservativen Familie zum Ideal der Gesellschaft malen. Die staatlichen Propagandisten streben nach Kontrolle über die Hirne. Sie schaffen einen hermetischen «russischen Informationsraum». Sie kreieren das Ideal des konservativen starken Mannes, der Frau und Kinder verteidigt, der seinen Acker vor der Stadt bestellt und für das Vaterland kämpft. Sie mobilisieren die Massen für die Abschottung des Landes und den Angriff auf die Nachbarn. Die Menschen dürfen Krieg, Annexion und Putin bejubeln. Im ganzen Land denunzieren Menschen sich gegenseitig. Die Gesellschaft ist atomisiert und hat kaum noch Organisationsformen jenseits der staatlichen Vertikale. Der Politologe Andrej Kolesnikow spricht von «hybridem Totalitarismus».

Solche Einschätzungen sind unter Putin heute gefährlich geworden. Viele ziehen die Konsequenzen. Die Intellektuellen gehen. Die Ausländer sowieso. Die jungen Leute. Die Künstler. Die Journalisten. Die IT-Techniker. Die freidenkenden Wissenschaftler. Sie alle verlassen das Land. Die Mehrheit der Russen bekommt derweil das, wofür sie sich in Wahlen und Referenden immer wieder entschieden haben: eine russische Diktatur mit zunehmend totalitären Zügen. Das ist Putins neues System.

Der Anti-Kriegs-Marsch auf der Brücke am Kreml für den ermordeten Boris Nemzow endete übrigens in einer Falle. Kaum dass die Menschen ihre Rosen abgelegt und sich vor dem Bild des Politikers verneigt hatten, drängten Polizisten die Frauen und Männer in eine Engstelle zwischen den Absperrungen. Geheimdienstmitarbeiter mit einem «Presse»-Schild an der Jacke filmten jedes Gesicht. Polizisten kontrollierten Ausweise. Jenseits der Absperrungen standen blaue Polizei-Transporter. Dann wurde sortiert: Die einen wurden herausgegriffen und in die Transporter gesperrt. Die anderen liefen bedrückt weiter, die Brücke hinunter und atmeten tief durch. Ich auch.

Eine russisch-orthodoxe Kirche im
Moskauer Neubauviertel Mitino

10 Geschichtsvollzieher
Putins Missbrauch der Vergangenheit

Es war die eigenartigste Kriegserklärung der Weltgeschichte. In einer Fernsehansprache, die halb Zornesausbruch, halb Geschichtsvorlesung war, begründete Wladimir Putin am Abend des 21. Februar 2022 die Anerkennung der russisch beherrschten Separatistenrepubliken im ukrainischen Donbass. Damit begann sein Angriff auf die Ukraine. Zwischen Holzvertäfelung, Topfpflanze und Schnurtelefon schrie der russische Präsident knapp eine Stunde lang die Geschichte des 20. Jahrhunderts an, die Russland von Anfang bis Ende benachteiligt habe. Nach Luft ringend kritisierte er seine beiden Vorgänger, die alles falsch gemacht hätten. Er verdammte den Westen, der alles an sich gerissen hätte. Er wollte die verhasste Welt korrigieren, die seit dem Zusammenbruch des Sowjetreiches in eine falsche Richtung gegangen sei. Es war sein historischer Moment der Revanche. Putin war von der Geschichte getrieben, benebelt, geradezu hypnotisiert. Mit dem Überfall auf die Ukraine trieb er sie voran, in eine ganz andere Richtung. Er sah sich im Februar 2022 längst in einer Liga mit Zar Peter I., dem Begründer des russischen Imperiums, und Josef Stalin, dem Sieger über Hitler und Eroberer Europas bis an die Elbe. Ihrem kolossalen Erbe wollte er nun sein Werk hinzufügen: die gewaltsame Rückkehr der Ukraine unter russische Herrschaft. Und danach – mal sehen.

Wladimir Putin rechtfertigte den Überfall mit einer langen Leidenssaga von Russland, das vom Westen betrogen, von Völkermord bedroht und durch die Ukraine verraten worden sei. Diese Erzählung begleitete die russische Invasion der Ukraine und den mit nuklearem Gefuchtel unterlegten Druck auf den Westen. Sie zeigt, dass missbrauchte und falsch gedeutete Geschichte auch im 21. Jahrhundert Kriege heraufbeschwören oder begründen kann. Putin beanspruchte ein tiefmoralisches Recht. Mit seiner bizarren Geschichtsauslegung versuchte er die Revision der europäischen Ordnung und Russlands ununterbrochene Westausdehnung zu legitimieren. Er stellte den Westen als vertragsbrüchig dar, zerrüttete die Ukraine, spaltete die europäische und die deutsche Öffentlichkeit. Und vergiftete mit seiner Erzählung von Kränkung und Verrat das eigene Land.

Wladimir Putin war bei seinem Amtsantritt 1999 kein geborener Ideologe, sondern er wurde, wie weiter oben bereits ausgeführt, zum neuen Nationalisten. Für ihn stand die Macht stets im Vordergrund, ihre Übernahme, ihr Erhalt, ihr Ausbau. Die Erzählung von Betrug und Missachtung, die Russland in seiner Geschichte erleiden musste, ist Teil seiner Strategie, die Macht nach innen und nach außen auszubauen. Nach innen begründete der Bezug auf die Leidensgeschichte und Kränkungen seines Landes, warum er Kriege führen musste. Nach außen, vor allem gegenüber Ländern in Asien und Afrika, sollte er begründen, warum Russland gegen den Westen nur um sein gutes Recht kämpfte. Beides mit ziemlichem Erfolg: siehe seine Zustimmungsraten in Russland 2022 und die Ablehnung von Sanktionen gegen Moskau in Ländern wie Indien, Südafrika, Nigeria oder Indonesien. Er hoffte aber auch, Eindruck im Westen zu machen, vor allem in anfälligen Gesellschaften wie Deutschland oder Italien. Geschichte war für ihn ein intellektueller Rausch und ein Machtmittel zugleich.

Mit einer Überdosis Historie radikalisierte Putin sich selbst und die russische Öffentlichkeit. Wo er auch immer auftrat im Jahr 2022, schwadronierte er gern über die Geschichte. Am 9. Juni 2022 traf er junge Unternehmer und Forscher auf einem Ausstellungsgelände in Moskau und hatte wenig zu deren Zukunftssorgen seit Kriegsbeginn zu sagen. Dafür aber umso mehr über die große Vergangenheit Russlands. Er sprach über Peter I. und den Nordischen Krieg, den dieser mit ganz viel Atem «21 Jahre lang geführt» habe. Er sprach von Territorien, die russisch waren, aber von Europa arglistig als schwedisch angesehen wurden.

«Dabei hatten dort Slawen gewohnt!», entrüstete er sich. Russophobie und historisches Unrecht soll es schon damals gegeben haben. Solche Einsichten flüsterte ihm niemand ein. Fast alle Berater und Spin-Doktoren früherer Jahre hatte Putin ausgewechselt oder entlassen. Wer sollte ihm nach 22 Jahren an der Macht auch noch etwas sagen können? Putin beriet Putin. Für seine Geschichtsaufsätze las er nationalpatriotische Literatur, die er politisch auflud. Die Erinnerung war für ihn eine Fortsetzung des Krieges mit anderen Mitteln. Mit einer Geschichtsvorlesung brach er den Krieg vom Zaun. Er begründete den Überfall auf die Ukraine mit drei wesentlichen Behauptungen:

Erstens, die Ukraine sei kein Staat, sondern eine Variation von Russland und, wenn überhaupt, eine Erfindung der Sowjetunion.

Zweitens, Russen und Russischsprachige hätten in der Ostukraine einen Genozid erlitten, Neo-Nazis seien am Werk.

Drittens, der Westen habe Russland 1990 bei der Wiedervereinigung Deutschlands betrogen und die Nato entgegen allen Versprechen erweitert.

Diese Behauptungen fielen auch im Westen auf fruchtbaren Boden. Gerade in Deutschland wiederholten Politiker, Generäle und Journalisten sie eifrig in Talkshows, Artikeln und Interviews. Was stimmt daran womöglich, was ist gelogen?

Erste Behauptung: Die Ukraine sei kein Staat.

Putins Krieg gegen die Ukraine richtet sich gegen die Existenz des unabhängigen Landes selbst. Gegen die Existenz einer ukrainischen Sprache, eines ukrainischen Nationalbewusstseins, einer nicht-russischen ukrainischen Kultur. Seine Überzeugung tut er immer wieder kund, so auch in der Angriffsrede vom 21. Februar 2022. Die Ukraine «ist für uns nicht einfach ein Nachbarland», sagte Putin, «sie ist ein untrennbarer Teil *unserer* Geschichte, Kultur und unseres geistlichen Raumes.» In einem Aufsatz, den der Kreml am 12. Juli 2021 auf seiner Internet-Seite veröffentlichte, nannte Putin die «Mauer zwischen Russland und der Ukraine eine Tragödie». Was er eine «Mauer» nannte, war die ukrainische Eigenständigkeit. Die Grenzen der Ukraine betrachtete er nur als administrative Trennlinien aus sowjetischer Zeit. Putin behauptete 30 Jahre nach dem Ende der Sowjetunion, Russen und Ukrainer seien «ein Volk». Die brüderliche Umarmung war schon 2021 als Erstickungsversuch jeglicher ukrainischer Eigenständigkeit zu verstehen. Die Ukraine sei «ganz und gar und durch und durch ein Geschöpf der Sowjetära» und zum großen Teil auf Kosten des historischen Russland geschaffen, schrieb Putin: «Russland wurde faktisch ausgeraubt.» Er spielte damit auf die Nationalitätenpolitik des sowjetischen Führers Wladimir Iljitsch Lenin an, der in den 1920er Jahren den großrussischen Zentralismus durchkreuzte und den Sowjetrepubliken eine Selbstverwaltung in Grenzen, die Pflege ihrer Sprache und Kultur zugestand. Das war neben brutaler Eroberung Lenins Mittel, die Unabhängigkeitsbestrebungen nichtrussischer Völker einzudämmen. Denn nicht nur die Ukraine hatte am Ende des Ersten Weltkriegs und nach dem Zerbrechen des Russischen Reiches ihren eigenen Staat gehabt.

Aus Putins verdrehter Sicht jedoch waren alle Perioden ukrainischer Eigenstaatlichkeit eine westliche Verschwörung gewesen, Teil eines «Projekts Anti-Russland». Putin wendete diese groteske Behauptung auf die Frühe Neuzeit und den Ersten Weltkrieg genauso an wie auf die jüngste Zeit seit der ukrainischen Unabhängigkeitserklärung 1991. Stets hätten nicht Ukrainer, sondern Polen, Litauer, Schweden, Deutsche und natürlich die Amerikaner hinter der Unabhängigkeit und Abspaltung der Ukraine von Russland gestanden. Von den Ukrainern sprach er im Rückblick auf die Zeit vor dem 20. Jahrhundert nur als «Kleinrussen», «Grenzbewohnern» oder gleich als «Russen». Das Ukrainische sei für ihn ein «Dialekt», die ukrainische Kultur lokale Folklore. Putin warf der modernen Ukraine ihren prowestlichen Kurs vor. Sie habe nie eine «Tradition der Staatlichkeit» gehabt und würde heute «mechanisch fremde Modelle kopieren», die sie von «ihrer Geschichte entfremden» würden.

Es ist vielleicht überflüssig zu sagen, dass Putin hier ein geradezu pathologisches Geschichtsbild offenbarte. Es troff vor Nationalismus, Wehleidigkeit, Blut-und-Boden-Pathos und Verfolgungswahn. Putin rührte ethnisch-russischen, russländischimperialen und slawophilen Nationalismus wild durcheinander. Er sprach wiederholt vom «dreieinigen Volk der Großrussen, Kleinrussen und Belarussen», eine ideologische Formel für die Völker Russlands, der Ukraine und Belarus', die der Erzbischof Feofan Prokopowitsch unter Peter I. in die Welt gesetzt hatte. Auch der Schriftsteller und Sowjetdissident Alexander Solschenizyn griff sie später auf. Putin vermengte Solschenizyns ostslawischen Wehmutsruf mit neuem Nationalismus und persönlicher Rachsucht und schuf so ein Zerstörungsprojekt, das in der Geschichte des 21. Jahrhunderts seinesgleichen sucht.

Doch war ich im Sommer 2022 überrascht, wie stark Putins revanchistische Gedanken auch in Westeuropa herumgereicht werden. In Leserbriefen las ich davon, dass die Ukraine ein korrupter und gescheiterter Staat sei, dass die Krim schon immer russisch gewesen sei, dass der Westen die Ukraine abgespalten und dass die Amerikaner den Maidan veranstaltet hätten, um Russland zu schwächen. Der ideologische Putinismus ist unter Westeuropäern also durchaus verbreitet. Deshalb kann man gar nicht oft genug daran erinnern, dass die Ukraine ein normaler europäischer Nationalstaat ist. Der das gleiche Recht auf eine Existenz hat wie Frankreich, Deutschland oder Polen. Und dessen Untergang eine ebenso große Katastrophe wäre.

Putins verschwurbelte Behauptung, Ukrainer und Russen seien «eins», bezieht sich auch auf den Vorläuferstaat der heutigen Staaten Ukraine, Belarus und Russland: die historische Rus vom 10. bis 13. Jahrhundert. Dieser mittelalterliche Staat ging in den Angriffen der Mongolen unter. Seither entwickelten sich die südlichen und westlichen Gebiete der einstigen Rus eigenständig und ganz anders als die nördlichen Gebiete, wo Jahrhunderte später das Moskauer Großfürstentum entstand. Es würde heute auch auf Franzosen und Deutsche befremdlich wirken, wenn jemand behauptete, sie wären jetzt nicht nur in der EU und durch den Euro verbunden, sondern müssten Kultur, innere Verwaltung und Sprache dringend angleichen, weil beide Völker dereinst aus dem Reich Karls des Großen hervorgingen.

Die Gebiete der heutigen Ukraine gerieten in der Frühen Neuzeit unter litauische Herrschaft und waren vom 16. bis 17. Jahrhundert Teil der polnisch-litauischen Union. Erst der berühmte Treueeid der Saporoger Kosaken auf den Moskauer Zaren Alexei Michailowitsch 1654 brachte eine Annäherung an Moskau. Die folgende Aneignung ukrainischer Gebiete durch die Moskauer Herrscher im 17. Jahrhundert war keine «Wiedervereinigung», wie nationalpatriotische russische Historiker behaupten. Denn Ukrainer und Russen lebten damals nicht in «Nationalstaaten», sondern in einer personalisierten Beziehung zu einem Herrscher, ihm allein galt die Loyalität. Die Krim wurde erst 1783 russisch und gehörte nur 171 Jahre zu Russland. Davor war die von Putin zum «russischen Jerusalem» verklärte Halbinsel wesentlich länger Teil des Osmanischen Reichs. Der russischen Herrschaft zum Trotz entstand im 19. Jahrhundert eine ukrainische Nationalbewegung, die nicht weniger lebendig war als die anderer osteuropäischer Völker. Sie wurde in Russland genauso unterdrückt wie die polnische Nationalbewegung. Das Verbot ukrainischer Literatur, Kultur, Bildung und Sprache im 19. Jahrhundert war der Versuch nationalistischer russischer Bürokraten, eine nationalstaatliche Entwicklung in den westlichen Gebieten des Reiches zu verhindern. In einem Zirkular von 1863, das der zaristische Innenminister Pjotr Walujew in Umlauf brachte, stand zu lesen: «Eine eigene kleinrussische Sprache hat es nie gegeben, gibt es jetzt nicht und wird es nie geben. Der Dialekt, den das einfache Volk verwendet, ist die russische Sprache, nur verdorben durch polnische Einflüsse.» Ähnlichkeiten mit heutigen Einschätzungen der Ukraine durch russische Politiker sind nicht zufällig.

Trotz der massiven Unterdrückung begründeten Ukrainer am Ende des Ersten Weltkriegs ihren ersten Nationalstaat. Im Januar 1918 erklärte die Zentralrada in Kiew die Ukrainische Volksrepublik als «freien und souveränen Staat des ukrainischen Volkes.» Dieser junge Nationalstaat hatte bis 1920 vier Regierungen. Doch überlebte er die Wirren des Russischen Bürgerkrieges zwischen Weißen Monarchisten und kommunistischen Bolschewisten nicht. Weder die Weißen noch die Roten, aber auch der neu entstandene polnische Nationalstaat hatte an einer unabhängigen Ukraine in den angestrebten Grenzen kein Interesse. Anders als Polen, Esten, Letten und Litauer, die nach dem Ersten Weltkrieg ihre modernen Nationalstaaten begründeten, blieben die Ukrainer unter Moskauer Herrschaft und wurden Teil der Sowjetunion. Erst als dieses Reich 1991 zusammenbrach, erfüllte sich der Traum der ukrainischen Nationalbewegung. Die Ukraine entstand als Nationalstaat – nicht aus einem antirussischen Reflex heraus, das hat Putin vollkommen falsch verstanden, sondern aus einem antisowjetischen Reflex gegen das kommunistische Imperium. Damit war die Ukraine nicht später dran als andere osteuropäische Völker, die sich in den Jahren 1989 bis 1991 von der totalitären Sowjetherrschaft befreiten. Antirussische Gefühle in der Ukraine wuchsen erst mit Putins unaufhörlichen Angriffen auf das Land.

Zweite Behauptung: ein Genozid gegen die Russen im Donbass.

Einer der in Russland gebetsmühlenhaft wiederholten Sätze ist, gegen die Russen und russischsprachigen Menschen im Donbass laufe ein «Genozid». Putin setzte das Gerücht in die Welt, und er tat es im Februar 2022 nicht zum ersten Mal. Im Februar 2015, kurz nach dem Minsker Abkommen, warf Putin der Kiewer Regierung vor, die unter russischer Kontrolle stehenden Gebiete im Donbass nicht ausreichend oder gar nicht mit Erdgas zu versorgen. «Wie nennt man das?», fragte Putin vor acht Jahren. «Das riecht schon nach Genozid.» Mit dem Wissen um die russischen Gas-Lieferstopps gegen Deutschland und andere europäische Staaten 2022 wirkt es bizarr, dass Putin den Ausfall von Gaslieferungen als Genozid bezeichnete, aber gerade das demonstriert seinen willkürlichen und sinnbefreiten Umgang mit diesem Wort. Im Februar 2022 behauptete er, ukrainische Streitkräfte hätten in den vergangenen acht Jahren so viele Zivilisten getötet, dass «Millionen Menschen» von einem Genozid betroffen seien.

Bei meinen Besuchen im Donbass und in der Ukraine seit 2014 traf ich regelmäßig UN-Beobachter und auch Vertreter der OSZE in der Region, die das Konfliktgebiet ständig beobachteten und alle Verstöße gegen den Waffenstillstand aufzeichneten. Von einem «Genozid» haben sie mir niemals etwas erzählt. Die Vereinten Nationen stellten in einem Bericht 2021 fest, dass von 2014 bis zum 31. Januar 2021 insgesamt 3391 Zivilisten im Donbass ums Leben kamen, darunter ukrainische und russische Staatsbürger. Davon starben laut UN-Angaben 58 Prozent durch Minen oder nicht explodierte Munition. Viele Menschen kamen bei unvorsichtiger Entminung oder bei dem Versuch um, die Minen und die Munition zu verschrotten oder weiter zu verwerten. Fast 90 Prozent der getöteten Zivilisten starben in den Jahren 2014 und 2015. Seither ist die Zahl stark gefallen. Die Gesamtzahl getöteter Zivilisten in der Region betrug im Jahr 2020 nicht mehr als 26 Personen und im Jahr 2021 noch 25 Personen. Die abnehmenden Zahlen belegen unzweifelhaft, dass es sich bei Putins Genozid-Klage um eine Lüge handelt. Die Monate und das Jahr unmittelbar vor dem russischen Überfall boten keinen Anlass zum Eingreifen. Der angebliche «Genozid» war eine Lüge zum internen russischen Propagandagebrauch, um einen illegitimen Angriffskrieg vor der eigenen Bevölkerung zu rechtfertigen.

Genauso verhielt es sich mit Putins Behauptung, die russische Armee kämpfe gegen Faschisten und wolle das Land «denazifizieren». In seiner ersten Kriegsrede am 26. Februar 2022 rief er die Ukrainer auf, die «Drogenabhängigen und Neo-Nazis» in der Kiewer Regierung zu stürzen. Die jüdische Herkunft des Präsidenten der Ukraine, Wolodymyr Selenskyj, dem die «Denazifizierung» vor allem galt, ließ Putins Worte von Anfang an als absurd erscheinen. In der ukrainischen Regierung gab es keine Rechtsextremisten. Die rechtsextreme Swoboda-Partei fiel bei den Parlamentswahlen 2019 mit weniger als drei Prozent der Stimmen durch. Die russische Propaganda versteifte sich deshalb auf die sogenannten Asow-Kämpfer, die im Osten gegen die russischen Truppen kämpften. Das Asow-Bataillon begann 2014 tatsächlich als eine Kampfgruppe, in der viele Rechtsextremisten waren. Nach der Eingliederung von Asow in die Nationalgarde unter dem Dach des ukrainischen Innenministeriums Ende 2014 jedoch verließen viele Rechtsextremisten das Regiment, wie es sich fortan nannte. Ihr politischer Gründungsvater, der Rechtsextremist Andrei Bilezki, schied 2016 ebenfalls aus. Noch heute schmücken sich Asow-Kämpfer mit Symbolen, die in Deutschland auf Stadtwappen und bei Rechtsextremisten verbreitet sind, zum Beispiel mit der Wolfsangel. Daraus leiten russische Propagandisten ab, dass es sich um eine seit 2014 unverändert ideologisch-faschistische Truppe handele. Zahlreiche Interviews und Untersuchungen haben diese Behauptungen aber widerlegt. Die Ukraine muss nicht denazifiziert werden, schon gar nicht von Russland, dessen Regime einer zerstörerischen radikalnationalistischen Ideologie verfallen ist.

Dritte Behauptung: Die Nato-Staaten hätten 1990 versprochen, die Nato nicht zu erweitern.

Der russische Präsident rechtfertigte seinen militärischen Großaufmarsch in Osteuropa 2022 mit einem «gebrochenen Versprechen» des Westens. Amerikaner und Europäer hätten der Sowjetunion vor der Wiedervereinigung Deutschlands 1990 zugesagt, die Nato nicht nach Osten zu erweitern. Dafür habe Moskau der Wiedervereinigung zugestimmt. Dann aber sei die Nato doch erweitert worden. Diesen hochaktuellen Streit über einen mehr als drei Jahrzehnte zurückliegenden Verhandlungsprozess heizte der russische Präsident in fast jeder Rede an, so auch in seiner Geschichtsvorlesung und Kriegserklärung am 21. Februar 2022. Gab es so ein Versprechen?

Putins Anklage zielte auf die Aussagen deutscher und amerikanischer Politiker 1990. Im Februar 1990 erklärte zum Beispiel der amerikanische Außenminister James Baker, dass «sich die Nato-Jurisdiktion» mit der Wiedervereinigung um «keinen Zoll ostwärts» bewegen solle, eine Formel, die Putin in seiner Angriffsrede erneut zitierte. Putin berief sich auch auf den damaligen Nato-Generalsekretär Manfred Wörner, der im Mai 1990 sagte, es sollten keine Nato-Truppen «jenseits des Gebiets der Bundesrepublik» stationiert werden. Diese Aussagen interpretierte Putin als verbindliches Versprechen, die Nato nie zu erweitern. Doch das ist falsch.

Die Großmächte verhandelten 1990 über den sogenannten 2+4-Vertrag, der die deutsche Wiedervereinigung ermöglichte.

Unterschrieben wurde er im September 1990 von den USA, der Sowjetunion, Frankreich, Großbritannien und den beiden deutschen Staaten. Eine entscheidende Frage bei den Verhandlungen war: Was wird aus der Nato-Mitgliedschaft eines wiedervereinigten Deutschlands? Genau darauf bezogen sich Baker und Wörner, darum gingen die Verhandlungen. Baker erklärte im Februar 1990, dass sich «die Jurisdiktion» der Nato nach der Wiedervereinigung nicht auf das Gebiet der ehemaligen DDR ausdehnen würde. Dem US-Präsidenten George H. W. Bush war das alles zu schwammig. Er wies seinen Außenminister an, die Zukunft der Nato gar nicht mehr anzusprechen. Und Gorbatschow tat es auch nicht. Der Westen kam Moskau schließlich mit einer Begrenzung der Nato-Präsenz entgegen. Bei Abschluss des 2+4-Vertrags im September 1990 bekam Gorbatschow das, worauf er gepocht hatte: Auf dem Gebiet der Ex-DDR würden keine nuklearen Waffen und keine ausländischen Truppen stationiert. Ein «Versprechen», wie Putin sagt, oder einen schriftlichen Vermerk darüber hinaus gab es nicht.

In Deutschland weisen Vertreter der Versprechens-These gern darauf hin, dass der deutsche Außenminister Hans-Dietrich Genscher in einer Rede in Tutzing am 31. Januar 1990 anregte, die Nato nicht «näher an die Grenzen der Sowjetunion heran» auszudehnen, «was immer im Warschauer Pakt geschieht». Genscher folgte in dieser Grundsatzrede einer Vision, die eine mögliche Überwindung der Blockkonfrontation des Kalten Kriegs durch den Rückbau der Militärbündnisse voraussah. Eine kühne Idee, aber beileibe kein konkreter Vorschlag, der zur abgestimmten westlichen Politik geworden wäre. Genscher war zudem nur Außenminister einer der beiden deutschen Staaten, die mit den damals noch tonangebenden Vier Mächten verhandelten. Schon Bundeskanzler Helmut Kohl waren solche Gedanken fremd. Die Frage einer generellen Nato-Osterweiterung war nicht Gegenstand der 2+4-Verhandlungen über Deutschland.

Die Zeitzeugen widersprachen Putins These deutlich. Horst Teltschik, damals der außenpolitische Berater von Helmut Kohl, nahm an allen Gesprächen teil und versicherte, dass «zu keinem

Zeitpunkt die Rede war über eine Erweiterung der Nato über Deutschland hinaus.» Gorbatschow selbst hat sich mehrfach dazu geäußert, zuletzt 2014 und 2019 in unmissverständlicher Klarheit. Der Rossijskaja Gaseta sagte er, Baker, Kohl und Genscher hätten nur über die Frage «der Ausdehnung der militärischen Strukturen der Nato und die Stationierung von Truppen der Allianz auf dem Gebiet der ehemaligen DDR» mit ihm gesprochen. Die Frage einer möglichen Nato-Erweiterung sei «gar nicht aufgetaucht». Sein damaliger Übersetzer, der ihn bei allen Gesprächen begleitete, bestätigte das 2018 auf «Echo Moskau». Es wäre auch «eine Absurdität» gewesen, darüber zu sprechen, bekräftigte Gorbatschow noch einmal 2019. Das östliche Pendant zur Nato, der Warschauer Pakt, existierte ja noch – und sein späteres Ende war nicht absehbar. Die Reaktion des damaligen polnischen Regierungschefs macht die Stimmungslage 1990 deutlich. Tadeusz Mazowiecki hatte so große Bedenken gegen die Wiedervereinigung, dass er unbedingt sowjetische Truppen in Polen halten wollte. Das änderte sich schlagartig im Jahr darauf.

Für Putin ist der Zerfall der Sowjetunion 1991 die «Urkatastrophe», die eine historische Fehlentwicklung einleitete, die «US-Dominanz» per Nato-Osterweiterung. Auch das ist verzerrt dargestellt. Im Februar 1991 votierten die Litauer in einem Referendum für ihre Unabhängigkeit von der UdSSR. Der Zerfall der Sowjetunion hatte begonnen. Die Ereignisse überschlugen sich: Ende Februar 1991 beschlossen die Staaten des Warschauer Paktes die Auflösung der Allianz. Damit entstand erstmals die konkrete Frage einer möglichen Nato-Erweiterung. Doch westliche Politiker reagierten extrem zurückhaltend. Der britische Premier John Major wies im März 1991 jede Form der Nato-Erweiterung zurück. Die Franzosen äußerten sich ähnlich, auch deutsche Diplomaten. So sprach der Politische Direktor des Auswärtigen Amts Jürgen Chrobog laut einem britischen Aktenvermerk im März 1991 gegenüber westlichen Vertretern davon, dass die Nato nun «Polen und den anderen keine Mitgliedschaft anbieten» könne, zumal man schon 1990 die Nato «nicht über die Elbe hinaus ausdehnen» wollte. Alle diese Erklärungen fielen im März 1991 nicht in Verhandlungen mit Moskau, sondern in einer westlichen Diskussion. Die Pariser Charta war bereits unterschrieben, genauso wie der 2+4-Vertrag. Es waren keine «Versprechen» im Austausch für russische Zugeständnisse, sondern eine Ansage: Der Westen wollte beim Zerfall des Warschauer Paktes keine Nato-Osterweiterung.

Aber warum geschah sie trotzdem? Der Anstoß dazu kam von außen, durch den Druck der Mitteleuropäer und die unruhige Entwicklung Osteuropas. In mehreren Ländern wie in Moldau, Georgien, Armenien und Aserbaidschan brachen Konflikte aus, Soldaten schossen, Separatisten spalteten sich ab. Die russische Armee spielte dabei eine teilweise sehr unheilvolle Rolle. Zugleich löste Russlands interne Entwicklung, der Beschuss des Parlaments im Oktober 1993 und der Ausbruch des Tschetschenienkriegs 1994, in Mitteleuropa Beklemmungen aus. In Tschechien, Ungarn und Polen gewannen in den Wahlen Mitte der 1990er Jahre Parteien, die für eine klare Westorientierung eintraten. Sie drängten in die Nato, während die Diskussion im Westen weiterging. Eine Reihe von US-Politikern im Ruhestand warnte davor, während Präsident Bill Clinton umschwenkte und die Nato öffnen wollte. Auch die Deutschen warben dafür. Aber nur, wenn Russland eng eingebunden bliebe. Deshalb vereinbarte die Nato mit Russland 1997 eine Grundakte, die das Sicherheitsverhältnis regelte und die Stationierung von Nuklearwaffen in künftigen Nato-Beitrittsstaaten ausschloss. Unter den Bedingungen dieser Grundakte stimmte Moskau den folgenden Erweiterungen zu.

Diese entscheidende Voraussetzung erwähnte Putin in seiner langen Anklage des Westens gar nicht. Er zählte in seiner Rede sehr empört die Beitrittsländer auf: 1999 traten Tschechien, Ungarn und Polen der Nato bei, dann 2004 Estland, Lettland, Litauen, Slowenien, die Slowakei, Rumänien und Bulgarien. Doch Putin unterschlug seine eigene Rolle in diesem Prozess. Gerade die Erweiterung von 2004 hätte wirklich ein Problem für ihn sein können, denn es waren mit den baltischen Staaten drei ehemalige Sowjetrepubliken dabei. Putin war damals Präsident – und Gerhard Schröder Bundeskanzler. Beide hatten gegen den Irak-Krieg der USA 2003 laut protestiert. Aber, und das hat Putin vielleicht vergessen, *nicht* gegen die Nato-Osterweiterung. Der deutsche Kanzler trieb sie voran, und Putin ließ es geschehen. Auf einer gemeinsamen Pressekonferenz am 2. April 2004, drei Tage nach dem Beitritt der Balten, stand Putin lächelnd neben Schröder und lobte, dass sich die Beziehungen Russlands zur Nato «positiv entwickeln». Und fuhr fort: «Hinsichtlich der Nato-Erweiterung haben wir keine Sorgen mit Blick auf die Sicherheit der Russischen Föderation». Als der Nato-Generalsekretär sechs Tage später nach Moskau kam, sagte Putin, «jedes Land habe das Recht, seine eigene Form der Sicherheit zu wählen». Kein Wort von gebrochenen Versprechen oder einer Gefährdung Russlands.

Putin redete 2022 also ganz anders als damals bei der tatsächlichen Erweiterung und widerlegte mit seiner Versprechens-Behauptung vor allem sich selbst. Aber warum? Es hatte seit 2004 keine Nato-Osterweiterung um ehemalige Staaten des Warschauer Paktes mehr gegeben. Es waren stattdessen zwei andere Anlässe, und beide betrafen die unabhängige Ukraine, die Putin 2022 so wütend machten.

Auf dem Nato-Gipfel in Bukarest 2008 stritten Amerikaner und Deutsche über ein Beitrittsangebot an die Ukraine und Georgien. Die Ukraine hatte schon eine Sicherheitsgarantie, das Budapester Memorandum von 1994, gemäß dem Russland die Atomwaffen der Ukraine übernahm und dafür die «territoriale Unversehrtheit» der Ukraine garantierte. Diese wurde noch einmal bekräftigt im russisch-ukrainischen Freundschaftsvertrag von 1997. Die USA unter Präsident George W. Bush wollten der Ukraine 2008 trotzdem ein Nato-Angebot machen, aber Bundeskanzlerin Angela Merkel und der französische Präsident Nicolas Sarkozy waren dagegen. Heraus kam ein Kompromiss: Die Ukraine und Georgien sollten irgendwann Nato-Mitglieder werden, aber die Voraussetzung dafür, einen *Membership Action Plan*, bekamen sie nicht. Es war eine Einladung ohne Wert.

Darauf bezog sich in den Tagen vor Kriegsbeginn im Februar

2022 Bundeskanzler Olaf Scholz, wenn er sagte, der Beitritt der Ukraine habe überhaupt nicht zur Diskussion gestanden. Doch für Putin reichte schon die schiere Möglichkeit. Er malte in seinen Reden im ersten Halbjahr 2022 vollkommen hypothetische Szenarien aus. Die Ukraine plane, nukleare Waffen herzustellen. Die USA würden von ukrainischen Flughäfen das russische Territorium angreifen. Sie könnten in der Ukraine Raketen aufstellen, die in vier bis maximal acht Minuten Moskau erreichen würden. Die USA setzten Russland «das Messer an den Hals». Das hätten sie heute genauso vor, wie sie auch die Nato erweitert hätten, sagte Putin.

Erstaunlich, dass solche offensichtlich eingebildeten Bedrohungen auch in Deutschland vielen Politikern und Publizisten einleuchteten, zumindest in Teilen. Bereitwillig versuchten sie, Putin zu verstehen, um ihn besänftigen zu können. Der SPD-Fraktionsvorsitzende Rolf Mützenich führte Putins Sicherheitsbedenken zehn Tage vor dem Überfall auf die Ukraine auch auf «große Fehler» der US-Regierung unter George W. Bush zurück, die «Invasion im Irak», den «Abschied von der Rüstungskontrolle» und «Verwerfungen hier in Europa». Mützenich sagte über Russlands Klagen, «ich teile gewisse Bedenken nicht, aber ich kann sie durchaus nachvollziehen.» Was denn nun? Der Politiker Klaus Ernst von der Linken und der SPD-Veteran Klaus von Dohnanyi sahen es ähnlich und gaben Putin Recht mit seiner Behauptung, die Nato habe nach 1990 ihr «Versprechen einer Nicht-Erweiterung» gegenüber Russland gebrochen. Deutsche Journalistinnen und Publizisten schlossen sich dieser Sichtweise an und stellten die Aufrichtigkeit der Nato bei der Erweiterung infrage – ausgerechnet in jenen entscheidenden Wochen im Frühjahr 2022, als Putin versuchte, seine zusammengebastelte Legitimierung des Angriffskriegs in Deutschland zu verbreiten. So konnte Putin weit über die Telegram-Kanäle von deutschen Querdenkerinnen und Rechtsextremisten hinaus Zweifel an der Nato säen, die Entschlossenheit der Bundesregierung unterminieren und seine Erzählung in Deutschland streuen.

Tatsächlich aber ging es ihm um etwas ganz Anderes, als er in seinen Reden behauptete. Um dieses Andere zu begreifen, lohnt ein Blick zurück in eine wichtige Ausstellung, die Putin persönlich anpries und jedem Russen und jeder Russin ans Herz legte. Ich besuchte sie 2015 auf dem Messegelände am Fernsehturm im Norden Moskaus. Sie hieß «Meine Geschichte» und war eine monumentale Historien-Schau, die erst in Moskau gezeigt wurde und dann durch das ganze Land zog. «Meine Geschichte» erzählte die russische Staatswerdung von den mittelalterlichen Vorgängerstaaten im 10. Jahrhundert über das erste Zarenreich bis in die Gegenwart. Ich sah ein gewaltiges Sinnstiftungsprojekt des staatlich kontrollierten Nationalismus, organisiert von Putins Beichtvater Pater Tichon Schewkunow. Millionen Russen haben die Schau bis heute gesehen. Um hineinzugelangen, standen die Menschen stundenlang Schlange. Schulen, Kasernen und Universitäten organisierten Ausflüge. Die Kirche propagierte in dieser Ausstellung eine neue «russische Idee», die den Besucher auf vier Prinzipien einschwor: Das russische Volk vereint sich hinter einem starken Anführer, Russland wird vom Westen bekämpft, das Volk trägt heldenhaft seine Opferrolle bis in den unvermeidlichen Krieg, und als Quintessenz: warum Stalin auch heute noch gebraucht wird. Neben Schautafeln, Filmleinwänden, Pappmaché-Statuen, Malereien und Gewändern wartete die Ausstellung mit einer Vielzahl von Landkarten auf. Jede war mit einer Skala versehen, welche die Quadratkilometerzahl der ostslawischen Fürstentümer und später des Zarenreiches zeigte, einem «Territoriometer». Dieses einzigartige, nur in Russland gebräuchliche Messinstrument zeigte Glück und Unglück des Patrioten an. Die Skala verzeichnete vom 10. Jahrhundert an – mit Ausschlägen nach oben und unten – eine kontinuierliche Ausdehnung bis zur Sowjetunion 1945. Dazwischen kam es zu schmerzhaften Schrumpfungsschocks, beim Zerfall ostslawischer Fürstentümer im 12. Jahrhundert, in der Zeit der Wirren Anfang des 17. Jahrhunderts, nach dem Zerfall des Russischen Reiches 1917/18 und bei der Implosion der Sowjetunion 1991. Die Ausstellungsmacher rührten an aktuelle Traumata der russischen Eliten und der einfachen Menschen. Jeder, der das Territoriometer der verschiedenen Karten eingehend betrachtete, tat dies in dem Wissen, dass Russland mit der Eroberung der Krim 2014 erstmals seit 1945 wieder gewachsen war, Putin und der Einheit des Volkes sei Dank. In der Expansion, so die Lehre der Ausstellung, lägen Russlands Glück und Mission.

Geschichte, das ist für Putin eine Abfolge von gloriosen Siegen unter militärischen Führern, die das Volk einen, oder schmählichen Niederlagen in Zeiten der Zersplitterung. Geschichte, das ist die ruhmreiche Vergrößerung oder schandhafte Verkleinerung des russischen Territoriums. Geschichte feiert Triumphe – und geht über die Verluste hinweg. Der wichtigste Grund, warum Stalin unter Putin nicht als größter Massenmörder der russischen Geschichte verdammt wird, ist der Sieg über das nationalsozialistische Deutschland im Zweiten Weltkrieg. In der Folge dehnte sich die Sowjetunion seit 1945 enorm aus. Der verbrecherische Hitler-Stalin-Pakt, in dem die Diktatoren 1939 Osteuropa zwischen sich aufteilten, wurde von Wladimir Putin gerechtfertigt. Er nannte den Pakt, der Grundlage des sowjetischen Einmarsches in Polen und den baltischen Staaten war, eine «defensive Maßnahme». Auch die verbrecherische Aufteilung Polens sei also nach Putin «defensiv» gewesen. Sowjetische Truppen seien damals erst vorgerückt, sagte er, als die polnische Regierung die «Kontrolle über das Territorium verloren» habe.

Wer die Kontrolle verliert, wird von anderen gefressen, das ist im Kern Putins Verständnis internationaler Beziehungen. Schauen wir noch einmal auf seinen Auftritt vor jungen Unternehmern im Juni 2022 zurück. Das Treffen fand auf demselben Messegelände statt wie ein paar Jahre zuvor die Geschichtsausstellung der Orthodoxen Kirche. Putin sagte, jedes Land müsse aus eigener Kraft «seine Souveränität garantieren». Ein Seitenhieb auf die Europäer unter dem Nuklearschirm der USA. «Entweder ist ein Land souverän», meinte Putin, «oder es ist eine Kolonie.» Für die Kontrolle über das eigene Territorium brauche es «technologische Souveränität», die habe Russland mit seinen Hyperschallwaffen. Dazu komme die «Konsolidierung der Gesellschaft», ohne die alles auseinanderfalle. Damit umriss Putin die Voraussetzungen für Russlands moderne Expansion: Nuklearwaffen und eine autoritär-diktatorisch geführte Gesellschaft, die ihrem Anführer überall hin folgt.

So war aus Putins Sicht auch Peter I. zu verstehen, der in seinen Büros an der Wand hängt und auf den er sich so gern beruft. Peter hatte natürlich keine Nuklearwaffen, aber eine Armee und eine Flotte, mit der er das russische Territorium erweiterte. Doch habe Peter «nichts weggenommen. Er hat nur zurückgeholt!», meinte Putin. «Zurückgeholt und gestärkt, so hat er das gemacht.» Und da er und Peter I. aus seiner Sicht im selben Pantheon der russischen Geschichte stehen, zog Putin noch den schiefen Vergleich mit seinem Feldzug gegen die Ukraine: «Allem Anschein nach fällt es auch uns heute zu, zurückzuholen und zu stärken. Und wenn wir davon ausgehen, dass diese Werte die Grundlage unseres Daseins sind, dann werden wir es weit bringen bei der Lösung der bevorstehenden Aufgaben.»

Putin hat es wahrlich weit darin gebracht, sich einen Ruf als großer Zerstörer zu machen. Er beruft sich auf die Geschichte, aber tatsächlich bricht er mit allen Traditionen der Welt, die wir kennen. Sein darwinistischer Angriffskrieg und seine nationalistische Radikalisierung haben nichts mit der Entwicklung der Ukraine, eingebildeten Genoziden oder vermeintlichen Nato-Versprechen von 1990 zu tun, sondern zeigen nur, in welch beängstigendem pathologischen Gemütszustand er selbst und Russland als Ganzes unter seiner mehr als 22-jährigen Führung angekommen sind. Putin beweist, wie Geschichte zur tödlichen Waffe werden kann, die jetzt schon Tausende und möglicherweise noch Hunderttausende Menschen das Leben kostet. Einen nachvollziehbaren Grund oder auch nur einen Anlass für diesen Krieg hatte er nicht. Das vor allem belegen seine Reden und Aufsätze. Geschichte liefert niemals eine moralische Rechtfertigung für einen Krieg.

Zerstörtes Wohnhaus in Mariupol, Ukraine

11 Spezialoperation
Wie die Ukraine ausgelöscht werden soll

Die Ukraine und der Krieg schienen ganz weit weg zu sein, als der Nachtzug aus Moskau pünktlich auf die Minute auf dem Bahnhof in Pskow einrollte. Acht Uhr sechs, Bremsen quietschten, Türen klappten auf. Die ersten Reisenden betraten den Bahnsteig in leichten Jacken oder hellen Trenchcoats, ein Rollköfferchen am Arm. Russinnen und Russen an einem sonnigen Frühlingstag im Mai 2022. Dann kletterten Menschen in Wintermänteln und dicken Pullis aus dem Zug, mit vielen Taschen, Tüten und Koffern. Sehr vielen Koffern. Eine Frau aus Pskow begrüßte diese Menschen sehr freundlich, zählte sie durch und führte sie vom Bahnsteig zu wartenden Transportern. Verschlafen, aber dankbar folgten ihr die Menschen. Es waren Flüchtlinge, Ausgebombte, Vertriebene aus der Ukraine. So kam der Krieg nach Pskow, in eine alte russische Stadt mit einer mächtigen Festung an der nordwestlichen Grenze zu Estland.

Durch Russland reisten im Jahr 2022 Hunderttausende Ukrainer. Frauen und Männer, Kinder und Alte, die durch das Land ihrer Angreifer fuhren. Es war trotz ihrer Menge nicht einfach, sie zu treffen. Ich wollte mit diesen Menschen sprechen, weil es mir als Korrespondent in Moskau seit Kriegsausbruch nicht mehr möglich war, wie bis Februar 2022 regelmäßig die Ukraine zu besuchen. Das russische Staatsfernsehen zeigte, wie wunderbar die ukrainischen Flüchtlinge untergebracht waren. Doch meine Bitten um eine Besichtigung dieser Auffanglager ließen die Behörden unbeantwortet. Eine Anfrage an die Orthodoxe Kirche, die Flüchtende beherbergte, wurde aus «Termingründen» abgelehnt. Dann lernte ich eine Russin kennen, die den

Flüchtlingen half. Sie und ihre Mitstreiter wollten aus Sicherheitsgründen unerkannt bleiben. Es gab ganze Netzwerke, die 2022 ukrainische Hilfesuchende entlang der Fluchtrouten bis an die russischen Westgrenzen zu Estland und Lettland betreuten. Es gab Telegram-Gruppen, in denen sich Menschen austauschten. Es gab Flüchtlings-Unterkünfte, die Russen für Ukrainer zur Verfügung stellten. Es gab Hilfe in dem Land, das die Ukraine überfallen hat. Weniger vom Staat, vor allem aber von den Bürgern.

Putins Feldzug gegen die Ukraine hatte Ende August 2022 fast ein Drittel der ukrainischen Bevölkerung aus Wohnungen und Häusern vertrieben. Der ukrainische Außenminister Dmytro Kuleba sagte im Juli 2022, dass 1,9 Millionen Ukrainer nach Russland umgesiedelt worden seien – gegen internationales Recht, gegen ihren Willen, mit Gewalt. Manche wurden misshandelt, manche verschwanden einfach. In Russland dagegen zitierte die Nachrichtenagentur TASS im Mai 2022 eine Quelle aus den Sicherheitsministerien, die damals bereits von über 1,5 Millionen ukrainischen «Flüchtlingen» in Russland sprach. Die Ukrainer redeten von «Deportierten», die Russen von «Flüchtlingen». Die Unterschiede waren fließend. Die meisten Ukrainer, die seit Kriegsausbruch nach Russland eingereist waren, kamen als Flüchtende, aber sie wurden gezwungen zu gehen. Ob gewaltsam vertrieben, verletzt oder verschreckt: Sie mussten ihre zerstörten Häuser verlassen, sie gaben ihr altes Leben auf und gingen nach Russland, weil es der letzte Ausweg war. Es war eine Flucht in die Fänge des Feindes, aus zerstörten Städten in ein kaputtes Land.

Die Ukrainer fuhren durch ein Russland, das angeblich keinen «Krieg» führte. Das Zensurgesetz vom März 2022 verbot den Medien und den Menschen, von «Krieg» in der Ukraine zu sprechen. Oder «gegen den Krieg» zu demonstrieren. Russland führte einen inneren Krieg gegen alle, die gegen den Krieg waren. Das Zensurgesetz setzte die russische Regierung mit derselben Radikalität durch wie den Krieg nach außen und die Stabilisierung des Landes nach innen. Während die russische Armee die Ukraine bombardierte und beschoss, komplettierten die Sicherheitsbehörden in Russland die repressiven Verhältnisse. Innen und Außen waren nicht mehr voneinander zu trennen. Aus Aggression in Russland folgte Aggression gegen die Außenwelt und umgekehrt. Putins neuer Nationalismus vergiftete die Gesellschaft und radikalisierte das ganze Land. Mit dem Kriegsausbruch kulminierten die aufgestaute Wut, die eingebildeten Erniedrigungen und Rachegefühle der russischen Elite gegen die westliche Welt. Sie wollten Rache für den verlorenen Kalten Krieg und die vergangenen 30 Jahre auf der Rückbank der europäischen Geschichte.

Doch wäre dieser zweite Angriff seit 2014 so nicht möglich gewesen ohne den persönlichen Faktor: Wladimir Putin. Die Entscheidung für den Überfall fällte er. Im vorigen Kapitel haben wir gesehen, wie der Krieg im Kopf aus den Geschichtsfantasien des Herrschers und seinem vollkommen entgrenzten Machtanspruch entstand, ohne Anlass und ohne Provokation von außen. Putin unterstrich seine persönliche Verantwortung sogar noch, indem er vor dem Angriff seine engsten Untergebenen und Helfer im Kreml antreten und stammelnd Loyalität bekunden ließ. Mit diesem erniedrigenden Ritual machte er klar, dass er, Putin, und niemand anderer diesen Krieg begann. Es war ein «war of choice», ein Krieg, den er sich ausgesucht hatte. Und es wurde zum Krieg der Komplizenschaft, weil sehr viele Russinnen und Russen ihn widerstandslos unterstützten.

Der Feldzug begann mit einer doppelten Überraschung. Erst überraschte Putin das ukrainische und das russische Volk mit seinem Befehl zum Einmarsch, denn nur die wenigsten hatten in den Wochen davor damit gerechnet. Dann überraschten die Ukrainer Putin mit einer von ihm nicht erwarteten starken Gegenwehr. Die geplante schnelle Einnahme der Hauptstadt Kiew scheiterte. Die russische Armee verließ Ende März Kiewer Vororte wie Irpin und Butscha, das gleich zu Anfang zum grausamen Symbol dieses russischen Krieges wurde. Die Verhältnisse in anderen von Russland eroberten Gebieten ließen sich so lange nicht beurteilen, wie die Ukrainer nicht wieder die Kontrolle zurückgewannen. Aber in Butscha lagen die Dinge klar: Die einziehenden ukrainischen Soldaten sowie die kurz darauf eintreffenden Journalistinnen und Journalisten sahen auf den Straßen ermordete Zivilisten, sie sahen verunstaltete Leichen, verwüstete Häuser, eine geplünderte Stadt. Ein russischer Eroberer hatte an eine Wand gekritzelt: «Wer hat Euch ein schönes Leben erlaubt?» Butscha ist neben anderen ukrainischen Städten in die Geschichte eingegangen als ein Ort wüster Kriegsverbrechen und extremer Brutalität.

Im Juli 2022 sagte der ukrainische Außenminister Dmytro Kuleba, der russische Krieg sei ein «Genozid gegen das ukrainische Volk». Es gäbe reichlich Indizien, die darauf hindeuteten, «dass Russland nicht nur einen Angriffskrieg gegen die Ukraine» führe, sondern «in seinem Verlauf einen weiteren Völkermord an den Ukrainern und Ukrainerinnen» begehe. Da war er wieder: der Vorwurf des Genozids. Diesmal in umgekehrter Richtung. Was Putin völlig grundlos der Ukraine vorgeworfen hatte, kehrten die Verantwortlichen in Kiew nun gegen den russischen Herrscher. Der amerikanische Historiker Timothy Snyder fügte dem Vorwurf seine Analyse des Faschismus hinzu, den er in Russland für gegeben ansah. Was war das für ein Krieg, den Russland gegen die Ukraine führte?

In Pskow hörte ich den Flüchtlingen zu. Die Stadt war dafür ein so guter Ort, weil die estnische Grenze nur eine knappe Stunde Fahrt mit dem Auto entfernt lag. In dieser russischen Provinzstadt sammelten sich viele Ukrainer, die von hier nach Westen weiterfliehen wollten. Auf dem Bahnsteig in Pskow standen Oksana Mereschko und ihr Freund Oleg Fedortschuk. Die schlanke 23-jährige blonde Frau hatte nur eine dünne schwarze Sportjacke an und fror sichtlich in der Morgenfrische. Ein Russe am Bahnsteig schenkte ihr einen Hoodie. Sie wehrte kurz ab, dann weinte sie vor Rührung und Erschöpfung und zog den Hoodie über. Ganz langsam erzählte sie ihre Erlebnisse, eine der dramatischen Geschichten aus dem zerstörten Mariupol. Der Krieg kam gleich in den ersten Tagen zu ihr, sagte sie. «Anfang März stand ich auf meinem Balkon, als eine Granate einschlug.» Ein Splitter drang in ihren Rücken ein, sie blutete. Zunächst war sie einfach nur erleichtert, dass es eine kleine Wunde war. «Dann aber war mein linkes Bein wie gelähmt, ich musste ins Krankenhaus.» Dort stellte man fest, dass der Splitter die Nerven nahe der Wirbelsäule getroffen hatte. Ihre Behandlung endete abrupt, als die Bomben einschlugen. Sie wollte es kaum glauben, sagte sie, aber die russischen Einheiten griffen direkt das Krankenhaus an. «Mein Freund holte mich ab, und wir versteckten uns.» Sie zogen von Keller zu Keller im umkämpften Mariupol, während die ukrainischen Truppen noch Widerstand leisten konnten. Sie verharrten in den Kellern, als das Stadttheater von Mariupol bombardiert wurde. Dort hatten über 1000 Menschen Zuflucht gesucht, mehr als 300 kamen bei dem Angriff ums Leben. Oksana und Oleg wurde klar, dass die Russen die ganze Stadt besetzen, aber vorher zerstören würden. «Wir wollten nur noch raus!» Aber wohin? «Nach Westen war unmöglich, also ging es nach Russland.» Am 17. Mai fuhren Oksanas Eltern sie und ihren Freund Oleg über die Landstraße nach Osten an die russische Grenze. Die Eltern wollten in Mariupol bleiben, sie wohnten am Stadtrand, wo sich die Zerstörungen im Rahmen hielten. Aber Oksana und Oleg gingen das Wagnis Russland ein.

Zur selben Zeit versteckte sich Pawel Kriwonos in den Kellern seines Nachbarhauses. Ich traf Kriwonos Wochen später unweit der Festung von Pskow. Er war sehr deprimiert. Als erstes entschuldigte er sich für seine Schuhe, weil er einen davon auf der Reise durch Russland verloren hatte und nun zwei ungleiche Schuhe trug. Der 56-Jährige hatte keinen Pass mehr und konnte deshalb nicht über die Grenze nach Westen. Wir setzten uns in ein Café in eine Ecke. Während er sprach, blickte er ständig um sich, ob nicht jemand uns beobachten würde. Der russische Geheimdienst schätzte es nicht, wenn sich Flüchtlinge mit westlichen Journalisten trafen. Er zeigte mir Fotos seines ehemaligen Hauses in Mariupol. Hohle Fenster, rußige Wände, eine Ruine, vierzehn Stockwerke hoch.

Es war sein Geburtstag am 13. März, als der Beschuss begann.

Das erste Geschoss schlug im 13. Stock ein, ein weiteres im ersten Stock, wo es den Wohnungsbesitzer tötete. Der Rauch zog durchs ganze Haus, Panik brach aus. Kriwonos lebte auf der 5. Etage und verließ mit seiner Frau Julija fluchtartig die Wohnung. Dort sahen sie einen toten Nachbarn in seinem Alter. Ihm brach der kalte Schweiß aus. Sie verbrachten die erste Nacht bei Minusgraden im Garten und standen vor 6 Uhr auf, als das Schießen wieder losging.

Im russischen Fernsehen sah ich in dieser Zeit Berichte über die Kämpfe in Mariupol. Die mit der russischen Armee reisenden Propagandisten filmten und zeigten ganz ungeniert die ausgebrannten Wohnhäuser. Nur behaupteten sie, dass die «Faschisten», also die Ukrainer, die ukrainische Zivilbevölkerung beschießen würden. Ich fragte Pawel Kriwonos danach. Er sagte mir, dass sie damals genau sehen konnten, von wo aus ihr Haus angegriffen wurde. Die Geschosse kamen aus der Vorstadt Staryj Krim, wo die russische Artillerie stand. Es war also ein geplanter Beschuss der Zivilbevölkerung, eine Vertreibung mit Abstandswaffen.

Pawel und Julija sahen ihre Wohnung in den nächsten Wochen nicht wieder. Sie lebten in verschiedenen Kellern der Gegend. «Wir mussten uns in einem kleinen Raum mit 12 Menschen zwei Liter Wasser am Tag teilen», erinnerte sich Pawel Kriwonos. Alle wurden krank, am Magen, am Kopf, am Darm. Wenn der Beschuss nachließ, gingen er und seine Frau zu ihrem Haus zurück. Ihre Wohnung, die sie im Jahr davor renoviert hatten, war in der Zwischenzeit ausgeraubt und zerstört worden. Sie bastelten an ihrem Auto, einem alten Nissan. Der Plan war: nichts wie weg. Als der Nissan fahrbereit war, packten Pawel und seine Frau Kofferraum und Rückbank voll. Sie fuhren los, Richtung Westen, in die freie Ukraine. Schnell blieben sie vor Checkpoints stecken, kein Weg führte über die Frontlinie. Also drehten sie um, nach Osten. Auch sie wollten nach Russland, die letzte Ausfahrt vor dem endgültigen Untergang Mariupols.

Pawel Kriwonos und seine Frau, Oksana Mereschko und ihr

Freund fuhren in das Land, dessen führende Repräsentanten erklärt hatten, ihre Heimat zerstören zu wollen. Es gab viele Erklärungen dazu, vom Präsidenten bis hin zu den Propagandisten. Wenn Wladimir Putin darauf beharrte, dass die Ukraine nur «in enger Partnerschaft mit Russland wirklich souverän sein» könne, wussten natürlich alle, dass die Ukraine ohne diese «Partnerschaft» aus Putins Sicht keine Überlebenschance hatte. Putins verklausulierte Todesdrohungen übersetzte oft Dmitrij Medwedew in sehr direktes Russisch. Er war Vizevorsitzender des russischen Sicherheitsrats und Ex-Präsident, der sich im Laufe des Krieges von Angela Merkels ehemaligem «Partner in der Modernisierungspartnerschaft» zu einem diabolischen Verkündiger der Apokalypse entwickelte. «Wer sagt eigentlich», fragte er im Juni 2022, dass «die Ukraine in zwei Jahren noch existiert?»

Die staatlichen Medien bereiteten das russische Volk auf eine neue Politik der Regierung vor: die Auslöschung der Ukraine. Gut fünf Wochen nach Kriegsbeginn erschien Anfang April 2022 ein Artikel des bekannten Wissenschaftlers und Politikberaters Timofej Sergejzew mit dem Titel «Was Russland mit der Ukraine tun sollte». Sergejzew stammt aus der Schule des «Methodologen» Georgij Schtschedrowizkij, der die Ausbildungsprogramme des Moskauer Skolkowo-Instituts stark beeinflusst hatte. Viele russische Topmanager und Spitzenbeamte wurden dort ausgebildet. Diese Schule sieht Werte, Menschlichkeit und Emotionen als störende Elemente für die Effizienz der Verwaltung an. Wichtig sei vor allem die Kraft der Ideen. Die Gesellschaft sei von oben steuerbar. Sergejzew machte sich Gedanken darüber, wie Russland die von Putin geforderte «Denazifizierung der Ukraine» durchführen könne. Nur ein «Sieger» könne das übernehmen, der «volle Kontrolle» über die Institutionen des Landes habe. Eine «zu denazifizierende Ukraine kann deshalb nicht souverän sein». Dieser Prozess könne nicht weniger als eine Generation dauern, weil sich die Ukraine seit 1991 «nazifiziert» habe. Der Name Ukraine könne nicht erhalten bleiben, die «Denazifizierung» bedeute unausweichlich eine «De-Ukrainisierung» und im Weiteren eine «De-Europäisierung» der Gebiete von «Kleinrussland» und «Neurussland». Die Ukraine könne nicht als Nationalstaat bestehen bleiben, weil der «Ukrainismus eine künstliche antirussische Konstruktion» sei, die keinen «zivilisatorischen Wert» habe. So schrieb Sergejzew allen Ernstes.

Dieses Auslöschungsprogramm erschien bei RIA-Nowosti und wurde in Russland und jenseits des Landes stark verbreitet. Sergejzew sprach durchaus mit Kenntnis des Landes. Er beriet früher einen ukrainischen Oligarchen und dann den pro-russischen Präsidenten der Ukraine Wiktor Janukowytsch. Seine Ideen fanden Eingang in den täglichen Sound der russischen Nachrichtensendungen. Auf dem staatlichen Kanal RT, der von der Chefredakteurin Margarita Simonjan geleitet wird, holte einer ihrer Starmoderatoren, Anton Krassowski, zu einer mit russischen Schimpfwörtern gewürzten Strafrede über die Ukraine aus: «Dieses Land darf nicht mehr existieren, wir werden alles tun, damit es die Ukraine nicht mehr gibt. Ich komme persönlich und verbrenne eure Verfassung auf dem Maidan.» Krassowski wurde immerhin im Oktober 2022 beurlaubt, als er angeregt hatte, ukrainische Kinder in Hütten zu sperren und sie anzuzünden. Simonjan selbst fühlte sich durch die brennenden Weizenfelder und die Beschlagnahme ukrainischen Getreides durch russische Truppen inspiriert und erinnerte auf dem St. Petersburg Economic Forum im Juni 2022 an mögliche Hungersnöte. Jedem Russen und Ukrainer fällt bei «Hungersnot» natürlich sofort der Holodomor ein, jene von Josef Stalin mutwillig ausgelöste Hungerkatastrophe in der Ukraine und benachbarten Gebieten, der Millionen von Menschen zum Opfer fielen. «Die Menschen wollen ja essen», sagte Simonjan vor einem Anzugpublikum, das sich auf das Galadinner am Abend freute. Sie hätte da einen Witz gehört: «Alle unsere Hoffnungen liegen nun in der Hungersnot.» Wo die Pointe sei? «Das bedeutet, dass die Hungersnot nun beginnt, dann werden sie (der Westen) die Sanktionen aufheben und freundlich zu uns sein.»

Die öffentlichen Appelle, die Ukraine auszulöschen, nahmen in Russland 2022 mit jedem Kriegsmonat zu. Anfang August 2022 forderte der Moderator Sergej Mardan live im Boulevard-Radio Komsomolskaja Prawda eine möglicherweise tödliche Bestrafung von ukrainischen Lehrern, die in den besetzten Gebieten nicht lehren würden, was die Besatzer wollten. An seinen Fingern kauend schlug Mardan vor, sie aus ihren Wohnungen zu vertreiben, ihre Familien zu verhaften und ihnen den «guten alten Gulag» zu geben. «Sie wollen den Gulag, also gebt ihnen den Gulag, um es richtig zu genießen», bellte Mardan in ein oranges Mikrofon. «Ein kleiner lokaler Gulag unter der sengenden Sonne der Steppe für alle Schüler, die noch nicht gelernt haben, unser wunderbares Vaterland zu lieben.»

Der Vernichtungsfantasien waren viele in Russland. Der Massenmord breitete sich in den Köpfen aus. Keiner der Moderatoren oder Autoren dieser Fantasien wurde für seine Worte zurechtgewiesen oder wirksam gemaßregelt. Nichts wurde zurückgenommen. Die Zerstörung der ukrainischen Nation, der Kultur, des Staates gehörte zur täglichen Propagandanahrung in Russland. Es waren diese Fantasien und ihre Umsetzung, vor denen die Ukrainer fliehen mussten. Auch Pawel und Julija Kriwonos, Oksana Mereschko und ihr Freund Oleg Fedortschuk. Ihre Stadt Mariupol ist im Vernichtungswahn verbrannt. Sie überquerten die Grenze nach Russland in Taganrog, einer russischen Hafenstadt am Asowschen Meer. Die russischen Beamten und die Polizei führten sie direkt ins «Filtrationslager». Diese Zentren kennen viele Ukrainer und Russen aus der Zeit des Tschetschenienkriegs. In diesen Lagern befragen und inspizieren russische Beamte ukrainische Flüchtlinge. Besonders wichtig ist ihnen, aus den Massen der Geflüchteten ehemalige Soldaten und Angehörige paramilitärischer Einheiten «herauszufiltern».

«Das Lager war irre voll, ich stand zwischen Tausenden von Menschen», erzählte mir Oksana Mereschko, «wir mussten viele Stunden warten.» Als ihr Freund und sie an der Reihe waren, «fragten sie uns aus nach Freunden und Bekannten, ob einer davon in der ukrainischen Armee sei, ob wir Leute aus der Territorialverteidigung oder aus dem Geheimdienst kennen würden.» Ihren Freund Oleg hatten die Beamten besonders im Visier. Er musste sich komplett ausziehen, wurde unter der Gürtellinie durchleuchtet und auf Tattoos überprüft. Bei ukrainischen Gefangenen und Flüchtlingen suchen russische Uniformierte eingehend nach Tätowierungen mit Nazi-Symbolik. Es geht darum, die Behauptung ihres Herrschers zu stützen, dass sie in der Ukraine gegen Nazis kämpfen würden. Oleg hatte keine Tätowierungen und kam durch. Ganz ähnlich erging es Pawel Kriwonos. Er hing mehr als einen Tag im Lager fest – und wurde am Ende durchgewinkt, weil er keine Tätowierungen hatte und glaubhaft versichern konnte, nicht in den ukrainischen Streitkräften gekämpft zu haben. Am Ausgang des Lagers wurden Oksana Mereschko und Oleg Fedortschuk sowie Pawel Kriwonos und seine Frau Julija nach Russland entlassen. Weiterfahrt auf eigene Gefahr.

Nicht immer laufe das so glimpflich ab, erzählte mir eine russische Helferin in Pskow. Die Verhöre der Flüchtlinge seien sehr hart: «Pack alles aus, was du hast!» «Öffne dein Handy!» «Warum hast du auf dem Foto eine Tarnuniform an?» «Wer ist der Kontakt ‹Stepan Sicherheitsdienst›?» «Mit wem hast du dich am 14. Januar getroffen?» Alleinreisende Frauen würden stundenlang ausgequetscht, wo sich ihr Mann gerade befinde. Männer würden in erniedrigenden Prozeduren am Körper untersucht. Immer auf der Suche nach Soldaten.

Die russische Helferin und ukrainische Flüchtlinge erzählten mir übereinstimmend, dass die russischen Behörden den Ukrainern Angebote machen würden: «Wir haben da eine Wohnung und eine Arbeitsstelle für Sie – in Wladiwostok! Und 10 000 Rubel (170 Euro) Startgeld! Bitte hier unterschreiben!» Oft würden die Geflüchteten im Stress nicht begreifen, dass Wladiwostok ja weit weg am Pazifik liege – und dass 10 000 Rubel verdammt wenig Geld sei. Wer dort hinfahre, komme von dort kaum wieder weg. Die paar Rubel reichten nicht für eine Rückfahrt. Es gebe auch Angebote im europäischen Russland, in weniger attraktiven Provinzstädten jenseits von Moskau und St. Petersburg. Aber man könne diese Angebote auch ablehnen und würde einfach auf die Straße entlassen. Dann wären die Flüchtlinge sich selbst überlassen.

Nicht allen Geflüchteten ist diese milde Gleichgültigkeit vergönnt. Die Ukraine reklamiert Hunderttausende Deportierte. Zum Beispiel Michail Bojko, der seine Geschichte der Reporterin Andrea Jeska erzählt, die für die ZEIT in Kiew recherchierte. Bojko wurde aus dem Dorf Dorhinka nahe Tschernihiw verschleppt. Er hatte sich überreden lassen, mit seinem Wagen umherzufahren, um nach russischen Soldaten Ausschau zu halten. Bojko erkundete ein paar Tage die Gegend, das machten in der Ukraine viele Zivilisten. Er versteckte sich in einem Wald in der Nähe von Dorhinka, um nach verdächtigen Fahrzeugen oder Uniformierten zu schauen.

Vierzehn Tage lang ging das gut, dann sah er am 7. März russische Armeefahrzeuge. Er rief seinen Verbindungsmann an, und der benachrichtigte das Verteidigungsministerium. Doch womit er nicht gerechnet hatte: Sein Telefon wurde von den russischen Soldaten geortet. Auf der Rückfahrt versperrte ihm ein russischer Panzer den Weg. Sie brachten ihn in ihre provisorische Unterkunft. Eine Woche lang wurde er jeden Tag verhört. Er sollte die Position der ukrainischen Einheiten aufzeichnen, die Truppenstärke nennen. Weil er tätowiert war, hielten ihn die Soldaten für einen Nazi. Sie schlugen ihn, warfen ihn für zwei Tage in ein Erdloch. «Als sie mich wieder rausholten, sagten sie, sie würden mich umbringen und meine Leiche im Dorf auf die Straße werfen als Warnung, was mit Partisanen passiere.»

Nach vielen Befragungen wurde er nach Russland gebracht in die Gegend von Kursk, das liegt nicht weit von der ukrainischen Grenze. Er kam in eine Strafanstalt. Dort nahm man ihm Blut ab, machte Haar- und Nagelproben, rasierte ihm komplett den Kopf. «Die Befragungen fanden in Zimmer 5.4 statt, diese Nummer werde ich nie vergessen. Es waren Leute vom Geheimdienst und der Militärpolizei.» Man habe ihm immer die gleichen Fragen gestellt, und wenn er sagte, er wisse nichts, hätten sie ihn mit Fäusten und Elektroschockern traktiert. «In der Zelle waren wir 24 Leute, jeden Tag holten sie welche fort und brachten neue.» Auch die anderen Männer in dem Raum seien Deportierte aus der Ukraine gewesen. Er verlor die Hoffnung, dort je wieder lebend rauszukommen. Telefonieren durfte er nicht, für seine Angehörigen galt er als verschollen. So dachte er.

In die Ukraine zurück gelangte er durch einen puren Zufall. Der russische Soldat, der Bojkos Wagen in den Wald fuhr und dort verbrannte, postete ein Video darüber auf Telegram. Auf diese Aufnahmen stieß Michails Frau, die sich auf der Suche nach ihrem Mann durch Hunderte Videos klickte. Schließlich fand sie heraus, wo ihr Mann gefangen war. Die Bewohner des Dorfes hatten ihrerseits einen russischen Soldaten gefangen genommen und boten diesen den Russen im Austausch für Bojko an. Mann gegen Mann, solche direkt organisierten Gefangenenaustausche passierten häufiger. Bojko hatte großes Glück, nur deshalb konnte er von seinem Fall berichten.

Viele Deportierte können nichts mehr erzählen oder wollen nicht, weil sie irgendwo in Russland festsitzen. Besonders großes Aufsehen erregten in der Ukraine 2022 die zahlreichen Fälle von deportierten Kindern. Putin hatte Ende Mai 2022 ein Dekret über die Einbürgerung von Ukrainern unterschrieben, um Waisenkinder aus der Ukraine zu Russen zu machen. Kinder, deren Eltern durch russische Angriffe umkamen, oder Kinder in Heimen seien nach Russland oder in die besetzten Gebiete verschleppt worden. Das berichteten mehrere ukrainische Organisationen und die Ministerin für die Reintegration der besetzten Gebiete, Iryna Wereschtschuk. Dort hätte man sie zur Adoption freigegeben, obwohl sie in der freien Ukraine noch Verwandte gehabt hätten. Diese Art von «Kinderdiebstahl» sei schon 2014 nach der Annexion der Krim ein weit verbreitetes Mittel gewesen, der Ukraine ein weiteres Stück Zukunft zu rauben. Nach der Annexion der besetzten Gebiete im Süden und Osten der Ukraine durch Russland wurden weitere Tausende Kinder zu Russinnen und Russen. Die russischen Behörden bestritten diese Vorwürfe.

Doch füllten die Berichte über Menschenrechtsverbrechen der russischen Streitkräfte schon im Herbst 2022 ganze Archive. Internationale Menschenrechtsorganisationen, die OSZE und die Vereinten Nationen berichteten nach Feldforschung in der Ukraine regelmäßig über Verschleppungen von ukrainischen Staatsbürgern nach Russland. Über Folter bei Befragungen. Über Massenerschießungen von Zivilisten in mehr als 30 Ortschaften bei Kiew, Charkiw, Tschernihiw und Sumy. Über Massentötungen von Gefangenen. Über Vergewaltigungen. Über Plünderung von Häusern und Wohnungen. Über Diebstahl von zivilem Eigentum. Über Ermordung von Kindern und Alten. Über den gezielten Beschuss von Bahnhöfen, Einkaufszentren, zivilen Flughäfen, Krankenhäusern, Kindergärten und Schulen durch die russischen Streitkräfte. Das Büro für demokratische Institutionen und Menschenrechte der OSZE schrieb in einem Bericht am 20. Juli 2022, dass die «Art der Kriegführung durch die Russische Föderation... charakterisiert ist von einer durchgehenden Missachtung der Grundprinzipien von Unterscheidung zwischen militärischen und zivilen Zielen, von Verhältnismäßigkeit und Vorsicht gemäß den internationalen Menschenrechtskonventionen.» Es könne sich dabei, so das sehr vorsichtige Urteil der OSZE, «um Kriegsverbrechen und Verbrechen gegen die Menschlichkeit handeln.» Die OSZE, zu deren Mitgliedern auch Russland gehörte, musste in diesen Fragen diplomatisch formulieren. Die russische Regierung bestritt alle Vorwürfe. Doch die Indizien, welche die internationalen Organisationen zusammentrugen, machten schon im Sommer 2022 deutlich, dass Russland einen Krieg gegen die Zivilbevölkerung führte, der die Menschen gezielt demoralisierte, terrorisierte und in die Flucht trieb.

Warum? Das fragte ich den Armeekenner Sergej Kriwenko von der russischen Organisation «Bürger. Armee. Recht», die sich vor den russischen Behörden ins Ausland zurückziehen musste. Kriwenko erklärte die «Kriegsverbrechen» mit Hinweis auf den Zustand der russischen Armee. Ihn erinnerte das Verhalten sehr an das Vorgehen der Armee in den Tschetschenienkriegen. Vier wesentliche Gründe würden zu verbrecherischen Exzessen führen. Erstens gäbe es eine Tradition der Straflosigkeit. Schon in Tschetschenien seien Disziplinlosigkeit und Verbrechen an der Zivilbevölkerung nicht verfolgt worden. Zweitens würden die Befehlshabenden solche Fälle nicht weiter beachten und verfolgen, sondern dulden oder selbst mitmachen. Gerade das Unteroffizierskorps sei traditionell in einem schlechten Zustand. Niemand würde für Verbrechen zur Verantwortung gezogen, niemand würde die Verantwortung dafür übernehmen, dass solche Fälle nicht passierten. Drittens hätten gerade einfache Soldaten überhaupt keine Vorstellung von der Würde oder Würdelosigkeit des eigenen Tuns. Sie würden von ihren Vorgesetzten durch die Bank beleidigt und erniedrigt. Und genauso behandelten sie dann Kriegsopfer und Gefangene. Kriwenko glaubt nicht an gezielte Befehle für Plünderung und Vergewaltigungen. Es sei eher die Abwesenheit von Grundsätzen und Befehlen, um die Disziplin aufrechtzuerhalten. Schließlich sei die ganze Operation ohne klares Ziel. Die Soldaten würden nicht genau wissen, wozu man eigentlich in der Ukraine kämpfe. Sind die Ukrainer nun Brüder, Nazis oder Feinde, denen man im nationalen Volkskrieg gegenüber steht? Alles ungeklärt.

Im Spätsommer 2022 bestätigten geflohene russische Soldaten diese Einschätzungen. Der 33-jährige Fallschirmjäger Pawel Filatjew kämpfte in russischen Einheiten, die zu Beginn des Krieges die ukrainische Stadt Cherson einnahmen. Filatjew hatte seine Erlebnisse aufgeschrieben und in sozialen Netzwerken geteilt. Seinen Erinnerungen nach waren die Soldaten beim Überfall auf die Ukraine sehr schlecht ausgerüstet, es fehlte an Stiefeln und funktionierenden Waffen. Die Offiziere und Unteroffiziere erniedrigten die Mannschaften mit grober Sprache und unsinnigen Befehlen. Als die ukrainische Gegenwehr stärker wurde und die Verluste der Russen wuchsen, erwachte bei manchen Soldaten das «Verlangen nach Rache». Manche quälten und verstümmelten gefangene Ukrainer, «schnitten ihnen Finger und Körperteile» ab, schrieb Filatjew. Andere zogen durch die Häuser von Cherson, «haben Computer und alles Wertvolle weggeschleppt, was zu finden war.» Ein anderer russischer Soldat, der 21-jährige Daniil Frolkin aus der 64. Motorschützen-Brigade aus Chabarowsk, kämpfte zu Kriegsbeginn im Kiewer Umland. Er berichtete in den sozialen Medien von Raubzügen in Wohnhäusern, auf denen russische Soldaten Alkohol, Fernseher, Fahrräder und elektronische Geräte stahlen und später nach Russland schicken ließen. Weil die russische Armee die Mannschaften nicht mit ausreichend Verpflegung ausstattete, hätten sich die Soldaten in den Häusern der Ukrainer bedient. Nach dem Beschuss durch ukrainische Kämpfer sei es zu Racheaktionen gegen die Zivilbevölkerung gekommen. Dabei seien Dorfbewohner gezielt erschossen worden.

Den Rahmen für die Brutalität des Krieges hatte Wladimir Putin höchstpersönlich abgesteckt. Die Bezeichnung «militärische Spezialoperation» verdeckte einerseits die Geschehnisse und kündigte zugleich Schlimmeres an. Putins vorgebliches Kriegsziel, die Ukraine «zu demilitarisieren und zu denazifizieren» und «Verbrecher vor Gericht zu stellen», zeigte, dass es in der Ukraine um keinen normalen Feldzug ging, sondern um eine Art finaler Auseinandersetzung mit Nazis und Kriminellen. Putin redete zwar gern von den Ukrainern als «Brüdern», aber nur, wenn sie sich ergaben oder zu Russen erklärten. Seine Rede von Nazis und Verbrechern nahm dem ukrainischen Volk das Antlitz, er entmenschlichte den Gegner. Damit schien für die Soldaten praktisch alles erlaubt zu sein, um diese endzeitliche Bedrohung zu bekämpfen.

Viele Männer, die einen Zeitvertrag mit der Armee unterschrieben, seien anfällig für Disziplinlosigkeiten, sagte Sergej Kriwenko. Viele russische Soldaten würden aus kleinen Dörfern fern von Moskau kommen, wo es keine Aufstiegschancen gäbe und die Ausbildung schlecht sei. Die Armee wächst aus der Armut heraus. Auch verfallene Städte, in denen das Leben an einer Fabrik weit und breit hing, sind ein reiches Feld für die Anwerbekommandos der russischen Armee. Wenn dieses eine Kombinat seine Türen schließt, ist für junge Männer der Eintritt in die Armee ein alternativer sozialer Aufstieg, verbunden mit einem regelmäßigen ausreichenden Gehalt und staatlich gefördertem Ansehen in der Gesellschaft. Etwa ein Drittel der jungen Männer würde sich zur Armee einziehen lassen. Zwei Drittel dagegen würden sich freikaufen, studieren oder arbeiten, um dem Wehrdienst zu entgehen.

Die Umgebung von Pskow, in der ich die Flüchtlinge aus der Ukraine traf, bietet da reichlich Anschauung. Teile des Gebietes von Pskow gehören zu den ärmsten Gegenden Russlands, trotz ihrer geographischen Nähe zur Europäischen Union. Pustoschka ist ein Musterbeispiel für die vergessenen Orte Russlands, in denen die Depression wuchert. Die Stadt besteht vielfach aus Bauernhäusern, von denen viele keinen Anschluss an die Kanalisation haben. Eine Hauptstraße führt durch den Ortskern. Ein Fleischgeschäft, ein kleiner Supermarkt, mehrere Kioske mit Süßigkeiten und Getränken, ein einziges heruntergekommenes Café. Die Jugend vertreibt sich die Zeit auf der Straße vor dem Café, denn Kaffee oder Bier kosten Geld. Wer ein kleines Einkommen hat, fährt mit hochgetunten Ladas Bremsspuren auf die Straße – zum Vergnügen. Kein Sportklub, kein Restaurant, keine Bar, keine Erholungsparks. Der einzige kleine Park vor dem Rathaus ist mit Gedenktafeln an die Sowjetzeit zugestellt. Zu Recht, denn seither hat sich in diesem Städtchen nichts mehr getan. Die letzte Renovierung des Rathauses war unter den Sowjets. Der Bahnhof hat geschlossen. Der Zug von Moskau nach Riga ist schon lange gestrichen. Pustoschka ist ein Ort, in dem seit 1991 kaum gebaut wurde, trotz des Öl- und Gas-Booms der Putin-Zeit. Nur eine Kirche wurde aus Privatgeld gestiftet, sonst nichts. Ich traf Alla Tafij, eine Sachbearbeiterin in der Verwaltung eines Kindergartens, der über eine steile Eisentreppe zu erreichen war. Jobs seien rar in Pustoschka, erzählte sie. Ihr Mann sei arbeitslos, sie verdiene das Geld in der Familie. Ihren Sohn habe sie zum Studieren nach St. Petersburg geschickt, Atomphysik. «Männer können hier manchmal in der alten Holzfabrik arbeiten», sagte sie. Nun werde eine neue Straße gebaut, «viele helfen dabei mit Schaufel und Schubkarren». Die Gehälter seien gering, 40 000 Rubel, umgerechnet um die 600 Euro im Monat. Da würden die Streitkräfte geradezu magnetisch auf manche Männer wirken. Im Gebiet von Pskow warb die Armee auf Plakaten mit einer Million Rubel im halben Jahr für den Einsatz in der Ukraine, das waren um die 16 000 Euro. Einige Zeitsoldaten wären von den Streitkräften auf Urlaub hier bei ihren Verwandten gewesen und seien mit Geld gekommen, erzählte Alla Tafij. «Die waren schnell wieder weg.» Darunter seien Soldaten der Luftlandetruppen aus Pskow gewesen.

Die Fallschirmjäger von Pskow, die 76. Luftlandedivision, sind eine in ganz Russland bekannte Einheit. Sie werden auf Eliteeinsätze geschickt und gelten als unbesiegbar, bis zum Beweis des Gegenteils. Vor der Kaserne befinden sich ein großes Plakat und ein gigantisches Denkmal. Auf dem Plakat steht ein Fallschirmjäger neben einem Panzer unter der Überschrift: «Die Grenzen Russlands enden nirgendwo.» Übrigens ein Putin-Zitat von 2016. Das Denkmal erinnert an die größte Niederlage der 76. Luftlandedivision, als eine Abteilung im März 2000 in der Argun-Schlucht in Tschetschenien in einen Hinterhalt der Rebellen geriet. Dutzende Soldaten starben und erhielten kiloweise Orden mit ins Grab. Die Division aus Pskow ist der Stolz der russischen Armee, sie hat schon 1995 in Tschetschenien und in allen Kriegen Putins mitgekämpft. Auch in der Ukraine ist die Luftlandetruppe im Einsatz. Dort wurden ihren Soldaten Verbrechen gegen die Menschlichkeit zur Last gelegt. Die Nachfrage, ausgerechnet jetzt zu den Luftlandetruppen zu stoßen, sei gering, meinte Alla Tafij. «Vor einiger Zeit, da waren die Fallschirmjäger noch als Eliteeinheit beliebt», sagte sie. «Heute ist Krieg, und keiner will da hin.» Der Feldzug ziehe sich hin, es werde unangenehm. Viele würden versuchen, an irgendein Institut zu kommen oder ins Ausland zu gehen, um ja nicht in die Ukraine geschickt zu werden. Die Nachrichten über die hohen Verluste in der Ukraine verbreiteten sich unter der Bevölkerung. Die Rückzüge der russischen Armee vor Kiew und später vor Charkiw, von den staatlichen Wahrheitsverbiegern «Umgruppierungen» genannt, zerstörten den Mythos der Unbesiegbarkeit.

Der Staat griff deshalb zu zunehmend radikalen Mitteln. Noch vor der Mobilmachung im September 2022 berichtete die Zeitung Pskowskaja Gubernija Mitte August, dass 20 Gefangene aus einer Strafkolonie zum Kämpfen in die Ukraine geschickt wurden. Und ein Moskauer Menschenrechts-Anwalt sagte mir im August, dass die russische Armee gerade in den Strafkolonien massiv auf Rekrutenjagd ginge: Mörder, Banditen, Geiselnehmer wurden gezogen. Das Institute for the Study of War bestätigte das und schrieb, dass zusätzlich auch Nationalgardisten und FSB-Agenten zum Kämpfen an die Front geschickt würden. Doch Wladimir Putin nahm auch die Ränder Russlands für die Aushebung von Soldaten ins Visier: die ethnischen Republiken. In der Ukraine kämpften Burjaten, Inguschen, Dagestaner, Tschetschenen. Weil zu viele Russen aus den Großstädten die Armee mieden, ließ der russische Herrscher gerade zu Beginn des Kriegs Männer aus den nichtrussischen Republiken kämpfen. Auch hier wiederum aus verarmten Städten und Dörfern, wo die Armee sich als letzter Ausweg anbot. Dieser kolonialistische Ansatz erinnerte stark an die westlichen Kolonialmächte im Ersten Weltkrieg, als zum Beispiel die britische Regierung in den Materialschlachten an der Somme in Frankreich und im türkischen Gallipoli an vorderster Front Rekruten aus den Kolonien verheizte. In der Ukraine starben Burjaten und Dagestaner für Putins Kolonisierungskrieg gegen die Ukraine. Die Beerdigungen fanden in Sporthallen und auf Provinzfriedhöfen statt. Unabhängige Journalisten waren unerwünscht und sahen sich vom Geheimdienst verfolgt, wenn sie Aufnahmen machten. Die Eltern der Gefallenen wurden mit viel Geld und Orden für ihre verstorbenen Söhne ruhiggestellt.

Nach einer sehr erfolgreichen Offensive der Ukrainer bei Charkiw im September kam dann der Wendepunkt. Die Nationalisten in der Elite erregten sich über eine «Spezialoperation mit angezogener Handbremse». Wladimir Putin verhängte eine sogenannte «Teilmobilisierung» über das ganze Land, die in Wirklichkeit eine Mobilmachung in mehreren Schritten war. Von nun an erhielten viele junge Russen einen Einberufungsbescheid. Sie mussten Seite an Seite mit Tschetschenen, Dagestanern, Burjaten und ausländischen Söldnern aus Syrien gegen die Ukrainer kämpfen.

Russland ist ein Vielvölkerstaat. Reisende Ausländer fallen hier oft nicht auf, Ukrainer schon gar nicht. Deshalb kamen die ukrainischen Flüchtlinge aus Mariupol auf ihrer Reise schnell voran. Oksana Mereschko und Oleg Fedortschuk fuhren nach dem Filtrationslager in Taganrog mit dem Zug weiter. Sie hatten immer ihre Pässe dabei und konnten sich überall ausweisen, um Tickets zu kaufen. In der südrussischen Stadt Rostow am Don kauften sie sich Zugtickets nach Moskau. Und in Moskau wechselten sie den Bahnhof und nahmen den Nachtzug nach Pskow. Über Telegram fanden sie zu der Gruppe, die von den Helfern am Bahnhof begrüßt wurde.

Für Pawel Kriwonos ging es nicht so glatt. Schon an der russischen Grenze suchte er verzweifelt seinen Reisepass. Seine Frau Julija hatte ihren Ausweis dabei, seiner war irgendwo in der ausgebrannten Wohnung geblieben. Doch die russischen Beamten wiesen ihn nicht ab, sondern gaben ihm ein vorläufiges Reisepapier, damit durfte er ins Land. «Herzlich willkommen!» Nach dem Filtrationslager fuhren Pawel und Julija im Auto weiter. «Wir übernachteten meist in billigen Motels», sagte Pawel. «Viele Hotels nehmen keine ukrainischen Flüchtlinge auf, deshalb mussten wir auch mal im Wald übernachten.» Mit dem alten Nissan fuhren sie über Woronesch und Kursk nach Westen. An der belarussischen Grenze wurden sie abgewiesen. Nächster Versuch: die lettische Grenze. Abgewiesen, weil er keinen Pass hatte. Die Verzweiflung wuchs. Bis er über Telegram auf die russischen Helfer in Pskow stieß. Die brachten sie beide in Pskow in einem Zimmer unter. Dort entschieden Pawel und seine Frau, getrennte Wege zu nehmen: Sie fuhr mit ihrem Pass über die Grenze nach Estland, dann weiter nach Lettland. Er wollte schauen, was ging. Der Abschied brach ihm das Herz.

Die russischen Helfernetzwerke sind wichtig für die ukrainischen Flüchtlinge. Meist sind es private Initiativen oder Kirchen. Entscheidend sei, erzählte mir eine Helferin in Pskow, sich in die Telegram-Kanäle einzuloggen. Nach der Ankunft in Pskow fuhren die Flüchtlinge mit Transportern in ein Gebäude in einem Hinterhof der alten russischen Stadt. In einer protestantischen Kirche erklärten die Helfer zunächst einmal den weiteren Abschnitt der Reise. Es gab zu essen, die Geflüchteten wurden zum Geldwechseln gefahren, sie bekamen Zimmer für die Nacht zugewiesen. Wer Geld brauchte, erhielt etwas Unterstützung. Die Helfer erledigten Anrufe für sie und bereiteten sie ausführlich auf die große Reise nach Westen vor. Oksana Mereschko und Oleg Fedortschuk waren aufgekratzt. Schon am nächsten Morgen sollte es für sie an die lettische Grenze gehen, die etwas mehr als eine Stunde mit dem Auto entfernt lag.

Es sind russische Soldaten, die die ukrainischen Städte beschießen. Es sind russische Bürger, die den Flüchtlingen helfen. In der Ukraine werden Ukrainer auf der Straße erschossen, in Russland dürfen Ukrainer unbehelligt reisen. Das Nebeneinander von Zerstörung und Gewährenlassen wirkt widersprüchlich. Ist das wirklich Faschismus, wie der Historiker Timothy Snyder schreibt? Ich sehe erhebliche Unterschiede. Die russischen Angreifer betreiben keine industriell organisierten Vernichtungslager wie die Deutschen im Zweiten Weltkrieg. Die osteuropäischen Juden hätten unter der deutschen Terrorherrschaft nicht aus dem Generalgouvernement fliehen können, um mit Zügen durch Deutschland unbehelligt nach England zu fliehen. Auch Polen, Belarussen, Ukrainer und Russen hätten im Zweiten Weltkrieg nicht über Deutschland der Hölle der deutschen Besatzung entkommen können.

Der russische Krieg richtet sich nicht gegen die Ukrainer als «Rasse» oder als «Untermenschen». Anders als die deutschen Nationalsozialisten sind die Russen in der Ukraine heute nicht auf einer Spürjagd nach dem Andersartigen, um es zu finden und zu vernichten. Stattdessen schießen sie, so widersprüchlich das wirken mag, um sicherzustellen, dass sich Ukrainer und Ukrainerinnen als gleichartige Brüder und Schwestern erklären, die sich von Russen nicht unterscheiden. Bewohner des Donbass, die sich Russland unterwerfen und anschließen, sind sehr willkommen. Das erinnert nicht an Juden und Osteuropäer unter der Nazi-Herrschaft. Erst wenn die Menschen darauf bestehen, anders zu sein als die Russen, wenn sie also die angenommene Nähe und Gleichartigkeit verneinen, dann drohen ihnen Zerstörung und Vernichtung. Das ist der Giftcocktail in der Putinschen Rede vom einigen und unteilbaren Volk der Ukrainer und Russen, der Suada von «unseren Brüdern» und «Kiew als gemeinsamer Wiege». Denn als eigenständiges Volk sind die Ukrainer und Ukrainerinnen schlimmer als Feinde: Sie sind Verräter! Russland führt Krieg gegen Brüder, die keine sein wollen und die die Stirn haben, sich zu verteidigen. Deshalb darf die Ukraine nicht sein.

Der russische Feldzug gegen die Ukraine kann deshalb mit dem Rückgriff auf den Faschismus westeuropäischer Art nicht wirklich verstanden werden. Tatsächlich ist die Brutalität der Kriegführung eine russische und eine sowjetische Tradition. Im 16. Jahrhundert ließ Iwan IV., «der Schreckliche», die selbstbewusste Bevölkerung der Handelsstadt Nowgorod massakrieren, weil sie «anders», nämlich Nowgoroder sein wollten – und er an ihrer uneingeschränkten Loyalität zweifelte. Schon hier ging es um die Alternative Assimilierung oder Vernichtung. Im 18. und 19. Jahrhundert eroberten russische Truppen in einem erbarmungslosen Krieg den Kaukasus. Die Tscherkessen, die keine Russen sein wollten, wurden in einem 100 Jahre langen Vernichtungsfeldzug vertrieben, ausgehungert und ermordet. Tscherkessen in der Türkei und in anderen Teilen der Welt erinnern sich heute noch an den Völkermord an ihren Ahnen, in dem bis zu 97 Prozent der tscherkessischen Bevölkerung ihren Lebensraum verlassen mussten oder starben. Für russische nationalpatriotische Historiker aber war es lediglich eine «Migration» ins Osmanische Reich. Tschetschenien und andere Gebiete am Kaukasus wurden im 19. Jahrhundert mit ähnlichen Mitteln erobert: Plünderung, Vergewaltigung, Vertreibung, Versklavung, Folter, Niederbrennen von Dörfern.

Die russischen Kolonialkriege setzten sich unter der Sowjetherrschaft in neuer Form fort. Die Eroberung und Beherrschung nichtrussischer Gebiete der Sowjetunion artete oft in einen erbarmungslosen Krieg gegen die Zivilbevölkerung aus. Der Holodomor – eine Hungersnot mit Millionen Opfern, verursacht durch die gewaltsame sowjetische Beschlagnahme des Getreides und die Zerstörung der Bauernhöfe in der Ukraine, das Migrationsverbot aus den Hungergebieten und begleitet von der systematischen Bekämpfung der ukrainischen Kultur unter Stalin – war ein Beispiel dafür. Der Bundestag erkannte den Holodomor im Herbst 2022 als Genozid an. Kasachstan und die südlichen Regionen Russlands erlebten Ähnliches. Das tschetschenische Volk ließ Stalin 1944 nach Zentralasien deportieren. Desgleichen Krimtataren, Griechen, Armenier, Wolgadeutsche, Kalmücken und Balkaren. Die baltischen Staaten ließ er ab 1940 mit größter Brutalität erobern und schickte erhebliche Teile der Bevölkerung in Arbeitslager.

Schon der moderne Tschetschenienkrieg von Wladimir Putin stand in dieser düsteren Tradition sowjetischer und russischer Kolonialkriege gegen die Nachbarvölker. Die Verbrechen in Butscha und Irpin, die Massengräber von Isjum 2022 erinnerten wiederum an diesen ersten Krieg Putins ab 1999. Damals sprachen die Russen von «Bespredel». Das Wort bezeichnete ursprünglich den Zusammenbruch staatlicher Strukturen und die Rechtlosigkeit im Übergang von der Sowjetunion zu Russland 1991. Es war aber auch ein Begriff, um die Art der Kriegführung am Kaukasus zu beschreiben. Russische Soldaten gingen völlig unvorbereitet in diesen Krieg, stießen auf erbitterten Widerstand. Die russische Armee entfesselte darauf einen erbarmungslosen Krieg gegen die Zivilbevölkerung. Dörfer wurden rasiert, Menschen vertrieben. Russische Streitkräfte belagerten und bombardierten Grosny, bis kein Haus und keine Moschee mehr standen.

Russland folgt also nicht faschistischen Vorbildern, sondern seiner eigenen Kolonialgeschichte. Nur dass die russischen Eroberer im Gegensatz zu westeuropäischen Mächten nicht ferne Länder, sondern die Nachbarn kolonisierten. Das Land zeigt sich mehr als drei Jahrzehnte nach der Öffnung der Archive und der Neubetrachtung der Vergangenheit Ende der 1980er Jahre unfähig, aus der historischen Pfadabhängigkeit auszubrechen. Putin hat jede kritische Auseinandersetzung mit der Geschichte Russlands und der Sowjetunion abgebrochen. Die Aufarbeitung der dunklen Seiten russischer und sowjetischer Geschichte, die unter Michail Gorbatschow und Boris Jelzin so vielversprechend begann, hat Putin abgewürgt, ganz im Geist der Putschisten von 1991, denen all das nicht gefiel. Heute bedrohen die toxische Erblast des russisch-sowjetischen Imperiums und seine Glorifizierung durch das Regime nicht allein die Nachbarländer, sondern auch das Restimperium selbst. Unfähig zur Selbstkritik, unfähig zu trauern und unfähig zur Selbstkorrektur geht die russische Regierung mit der Unterstützung eines erheblichen Teils der Bevölkerung den Weg der Auslöschung eines Nachbarstaats und glaubt dabei auch noch, komplett im Recht zu sein.

Ist es Genozid, wie der ukrainische Außenminister sagte? Eine Studie des Raoul Wallenberg Centre for Human Rights und des New Lines Institute for Strategy & Policy stellte fest, dass die russische Kriegführung die zentralen Merkmale eines beabsichtigten Völkermords trage. Der Hamburger Professor für Ostrecht Otto Luchterhandt untersuchte die russische Eroberung von Mariupol und kam zu dem Schluss, dass die russischen Angriffe «den objektiven und auch den subjektiven Tatbestand des Völkermordes erfüllen». Er wies darauf hin, dass auch die Sowjetunion der UN-Konvention über die Verhütung und Bestrafung von Völkermord vom Dezember 1948 beigetreten war. Diese Konvention schützt die Integrität von Gruppen vor der Zerstörung, gleich, ob nationaler, ethnischer, rassischer oder religiöser Art. Die Bürgerinnen und Bürger von Mariupol seien Teil einer Gruppe, sagt Luchterhandt, und über genau solche Gruppen spreche die Konvention. Die Zerstörung von Mariupol sieht

Luchterhandt deshalb als Völkermord an. Die russische Regierung bestritt solche Vorwürfe und unterstellte, die ukrainische Seite habe die Angriffe verübt. Putin warf umgekehrt der Ukraine bei jeder sich bietenden Gelegenheit Genozid vor. Schlüssige Belege legte er für keine dieser Behauptungen vor.

Viele Institutionen sammeln Beweise für die Aufklärung der russischen Kriegsverbrechen. Ukrainische Staatsanwälte, deutsche Juristen, Journalisten und Recherche-Teams, der Internationale Strafgerichtshof in Den Haag, ein gemeinsames Ermittlungsteam der Ukraine, der baltischen Staaten, Polens und der Ankläger des Internationalen Strafgerichtshofs sowie UN-Institutionen dokumentieren die Verbrechen. Sie schauen auch auf mögliche Völkerrechtsverletzungen ukrainischer Soldaten. Das sei auch deshalb gesagt, weil russische Diplomaten ihnen Einseitigkeit vorwerfen. Dieses Buch entstand, während viele Verbrechen passierten und die Untersuchungen weiterliefen. Auch die russische Taktik, in einem umfassenden Luftkrieg die ukrainischen Städte durch die gezielte Zerstörung der Wasserversorgung, Umspannwerke, Kraftwerke und Versorgungsleitungen unbewohnbar zu machen, wird im Zusammenhang des versuchten Völkermords untersucht werden. Beim Urteil über die serbische Eroberung von Srebrenica 1995 waren die internationalen Ermittlungen und die Urteile des internationalen Tribunals entscheidend für die Einstufung als Völkermord. Davon hängt künftig auch die Bewertung der Verbrechen in der Ukraine ab.

Die Flüchtlinge aus Mariupol haben die weitgehende Zerstörung ihrer Stadt überlebt. Oksana Mereschko und Oleg Fedortschuk fuhren wenige Tage nach unserer Begegnung mit einer Fähre von Riga nach Travemünde. Sie wollten sich in Deutschland ein neues Leben aufbauen. Pawel Kriwonos hatte Glück. Ein Nachbar fand in den Ruinen seiner Wohnung den vermissten Pass und schickte das Dokument mit einem vertrauenswürdigen Flüchtenden quer durch Russland nach Pskow. Sogar das klappte. Mit seinem Reisepass konnten Helferinnen Pawel Kriwonos an die Grenze bringen. Noch an der estnischen Passkontrolle wurde er von russischsprachigen Helfern in Estland begrüßt, die Teil des Netzwerkes waren. Benommen von seinem unerwarteten Glück verließ Pawel das Land der Peiniger und Helfer. In Lettland traf er seine Frau Julija wieder.

Von der halben Million Menschen, die bis Februar 2022 in Mariupol lebten, ist nur jeder Fünfte geblieben.

Internationales Militärmusik-Festival auf dem Roten Platz
in Moskau im August 2022

12 Planet Putin
Russlands Abschottung

Es war der Sommer der großen Illusionen. An einem warmen Sonntag 2022 in Moskau sah ich die Tanzenden. Sie drehten am Ufer der Moskwa ihre Kreise. Eine kleine Band spielte Schlager, die Paare wirbelten auf einem Holzparkett im Gorki-Park. Viele Schaulustige standen drumherum. Ein zehnjähriges Mädchen mit rosa Sneakers leckte am Eis, ihre Mutter trank Cappuccino, der Vater trug den kleinen Bruder auf den Schultern. Kinder sprangen durch kleine Fontänen, die im Minutentakt aus dem Boden schossen. Bänke luden zum Verweilen ein, Cafés und Restaurants lockten. Am Flussufer saßen junge Frauen in Sommerkleidern. Sie schauten den Ausflugsdampfern nach, laut lachend. Auf dem rot gestrichenen Weg hinter ihnen fuhren Menschen in T-Shirts auf Fahrrädern, Hoverboards, Skateboards und E-Rollern in den Sonnenuntergang. Die magische Silhouette der Stadt leuchtete in schrillen Farben von knatschgelb bis tiefrot. So sah das vom Westen sanktionierte Moskau an einem Kriegstag des Spätsommers 2022 im Gorki-Park aus.

Ich sah hinüber auf die andere Seite des Moskau-Flusses: das russische Verteidigungsministerium. In dem massiven Stalin-Bau wurden in jenen Tagen die Befehle ausgegeben, die ukrainische Stadt Lyssytschansk in einem Feuersturm niederzuwalzen. Die Planer der Vernichtung arbeiteten genau gegenüber von den Tanzenden. Keine 200 Meter entfernt. Auf unserer Seite des Flusses standen vier historische Panzer auf einem Platz. Die T-34-Modelle aus dem Zweiten Weltkrieg hatte die Stadtverwaltung aufgestellt. Nicht zum Schießen, sondern zum Klettern. Kinder krabbelten auf den alten Eisenmonstern herum. Davor legte gerade noch ein neues Ausflugsschiff ab, die Menschen standen mit Schampanskoje-Gläsern an der Reling – und aus dem Bordlautsprecher ertönte wie zum Hohn Gloria Gaynors «I will survive».

Diese Eindrücke wühlten mich bei jedem Besuch auf. Der Gorki-Park ist der Beginn meiner Fahrradausflüge entlang der Moskwa, ich wohne nur fünf Minuten mit dem Rad davon entfernt. An diesem Sommerabend war ich vielleicht etwas zu aufgeregt, als ich vom Park nach Hause radelte und einer Nachbarin begegnete, die mich im Hauseingang begrüßte. «Nun, Michail, wie geht's?» Sie hatte gerade die Fernsehnachrichten auf dem staatlichen Kanal Rossija 1 gesehen und erzählte mir aufgekratzt davon. «Es ist gut, dass jetzt aufgeräumt wird mit diesen Nazis», sagte sie, heftig nickend. Normalerweise höre ich bei solchen Gesprächen viel zu und lasse die Leute reden. Aber heute war mir nicht nach Zuhören, sondern nach Dagegenhalten.

«Woher wissen Sie, dass es Nazis sind?», fragte ich.

«Die haben sieben Jahre einen Genozid gegen Russen verübt.»

«Das ist doch glatt erfunden. Der ukrainische Präsident ist selbst Jude, und einige seiner Ahnen kamen in einem wirklichen Genozid um, im Holocaust.»

«Trotzdem alles Nazisten!», schleuderte sie zurück. «Ich komme aus Südrussland und weiß genau, was für Banditen da jenseits der Grenze in der Ukraine leben. Überfälle, Raub, Betrug, Mord!»

«Aber muss da nicht die Polizei eingreifen – anstelle der Armee?»

«Naja, deshalb ist das ja auch nur eine begrenzte Spezialoperation! Wenn nur der Westen die ‹Nazis› nicht aufrüsten würde, dann würde das alles nicht so lange dauern. Dahinter steckt dieser Biden, der alte böse Greis!»

«Äh, es sind ja wohl die Russen, die Krieg in der Ukraine führen, und nicht die Amerikaner. Die hatten stattdessen lange vor einem Krieg gewarnt. Und im Winter 2021 hatte keiner ihnen geglaubt, noch nicht mal die Ukrainer selbst.»

«Dieser Biden muss aufpassen, dass er keine Atomrakete abkriegt.»

«Dann würde Moskau wohl auch eine abkriegen», sagte ich und biss mir sofort auf die Zunge.

Kurze Pause. «Na, dann ist das Schicksal. Putin sagt immer, wenn es Russland nicht mehr geben wird, dann gibt es auch die Welt nicht mehr. Hat er nicht Recht?»

Völlig entnervt wünschte ich noch einen schönen Fernsehabend und ging in meine Wohnung zum Ausdampfen. Der Gorki-Park und meine gereizte Nachbarin, die zwei Seiten Moskaus innerhalb einer Stunde, das war zu viel. Aber so war Moskau im Sommer 2022: Unter dem Firnis der Friedlichkeit schoss ganz plötzlich eine verbiesterte Aggressivität hervor.

Der Widerspruch ist nicht leicht zu erklären. Russland hat sich mit dem Krieg gegen die Ukraine auch selbst überfallen. Wladimir Putin leitete eine neue Phase der Selbstbemitleidung, Depression und pathologischen Aggressivität ein. Die aber wurde hinter einer grandiosen Inszenierung von Normalität versteckt. Putin und die Propagandisten taten viel dafür, die Menschen hinter sich zu scharen und gleichzeitig ruhigzustellen. Im Fernsehen malten sie ein Bild vom heroischen Überlebenskampf Russlands gegen den Westen in der Ukraine. Doch im russischen Alltag taten die Behörden so, als durchlebe das Land eine pastellfarbene Phase unerschütterlichen Friedens. So schotteten sie das Land vor der Wirklichkeit ab und erkauften zugleich Unterstützung für ihre brutale Spezialoperation. Putin versuchte, einen hermetisch abgeriegelten «Informationsraum» einzurichten. Er vollzog einen historischen Bruch mit fast allen Ländern Europas. Nach Russland führten aus Europa keine Flüge mehr, nur eine Handvoll Grenzübergänge waren noch offen. Das Land isolierte sich zunehmend.

Im Folgenden möchte ich das widersprüchliche Leben auf dem Planeten Putin von Februar 2022 bis August 2022 beschreiben, dem Monat vor der großen Mobilmachung der Männer im September. Was meine Nachbarn, Freunde und Bekannten dachten. Wo der Widerspruch blühte. Wovor die Menschen Angst hatten. Wie die Macht sie einschüchterte. Wie sie sich gegenseitig denunzierten. Wieso sie sich der Illusion von Frieden und oberflächlicher Westlichkeit hingaben und die Realität nicht sehen wollten. Und wie Putin diese Illusion zerriss, als er den Krieg zu verlieren drohte.

Es drang immer weniger aus Russland heraus, aber auch immer weniger hinein. Westliche Touristen blieben fort. Westliche Ausländer verließen das Land, Geschäftsleute, zivilgesellschaftliche Akteure, Künstlerinnen. Andere wurden ausgewiesen, vor allem Diplomaten und Korrespondenten westlicher Medien. Die Deutsche Welle sah sich sogar zur ausländischen Agentin erklärt und musste ihr Moskauer Büro schließen. Viele englische Berichterstatter und amerikanische Journalistinnen verließen die Stadt für immer. Ich selbst lebte in der ständigen Unsicherheit, wie lange ich in Russland noch geduldet würde. Gegängelt fühlte ich mich ohnehin. Die neuen Korrespondenten-Visa wurden nur noch für drei Monate erteilt statt für ein Jahr. Ausländer sollten sich regelmäßigen Gesundheitsprüfungen auf Tuberkulose, HIV und Lepra unterwerfen. Auf Interview-Anfragen bei Russen, die ich nicht von früher kannte, erhielt ich oft noch nicht mal eine Antwort. Mit westlichen Ausländern redeten die Moskauer nicht mehr gern.

Dabei sah der Planet Putin auf den ersten Blick recht normal aus – fast wie das Russland vor der Krim-Annexion. Auf der Straße rollten viele ausländische Automarken, vor allem deutsche. Die Moskauer strömten in die Einkaufszentren und bevölkerten die Cafés der Innenstadt. Anders als in einigen amerikanischen Zeitungen zu lesen stand, waren die Lebensmittelgeschäfte gut gefüllt. Die Produkte kamen aus Russlands Regionen, der Türkei, dem Kaukasus und Zentralasien. Die Moskauer Stadtregierung investierte aus einem reichen Budget in Straßen, historische Laternen und Bürgersteige, auf dass alles nur so glänzte. Das Wichtigste für das Stabilitätsgefühl der Menschen aber war: Der Rubel stieg kräftig gegenüber Euro und Dollar. Die Regierung hatte den Rubel gleich nach Kriegsbeginn von den Weltmärkten genommen. Die nicht mehr konvertierbare Währung ließ sich nun von der russischen Regierung ungestraft und folgenlos manipulieren. Und so legte die Zentralbank auf Fingerzeig von oben einen bärenstarken Rubelkurs zum Dollar fest, mit dem Putin dem Volk signalisieren wollte: «Wir siegen!» Und: «Wir können auch große Kriege führen, ohne dass ihr euch einschränken müsst. Wie Amerika!»

In den ersten Kriegswochen verabredete ich mich mit einigen alten Moskauer Freunden. Nach der freudigen Begrüßung tastete ich mich vor, um zu hören, wie sie zum Krieg stünden. Die russische Sprache bietet da ein ansprechendes Menü von beschönigenden Begriffen, die sich als «Ereignisse», «Begebenheiten» und «Vorkommnisse» übersetzen lassen. «Spezialoperation» ist auch so ein Wort. Schnell war ich mir mit fast allen Freunden einig, dass «Krieg», «Angriff» und «Überfall» als Beschreibung viel besser auf diese Vorkommnisse passen. Doch mit einem Bekannten, der in einer Rohstoff-Firma arbeitet und seinen Namen nicht gedruckt sehen möchte, konnte ich so geradeheraus nicht reden. Als wir uns in einem schönen Café unweit der Christi-Erlöser-Kathedrale trafen, fragte ich ihn, wie es ihm gehe. Wir redeten lange über das Leben. Doch als wir auf die «Ereignisse» zu sprechen kamen, ging er sofort in Abwehrhaltung. Er könne nicht verstehen, warum in der Ukraine heute so viele Nazis herumlaufen würden und der Westen das auch noch unterstütze. Wo denn die Nazis seien, fragte ich ihn. In der Regierung und im Asow-Regiment, das sich mit faschistischen Symbolen schmücke. Ich widersprach, in der Regierung gäbe es keine Nazis. Das Asow-Regiment habe sich seit der Angliederung an das Innenministerium von den politischen Rechtsextremisten getrennt. Eine Frage hatte ich an ihn: «Warum stehen russische Soldaten in einem unabhängigen Land, das niemanden bedroht hat und dessen Bevölkerung diese Soldaten nicht willkommen heißt?» Auf diese Frage gibt es in Russland keine wirkliche Antwort. Sondern nur Ausreden. Und die hörte ich jetzt von meinem Bekannten. Weil die Ukraine von Nazis beherrscht sei. Weil der Westen den Nazis Waffen liefere. Weil die Ukraine einen Genozid verübt habe und viele Kinder gestorben seien. Weil die Ukraine wieder Atombomben bauen wolle. Weil die Amerikaner aus der Ukraine ein «antirussisches Projekt» gemacht hätten. Ich vernahm das gesamte Programm der russischen Nachrichtensendungen. Das tat weh. Mein Bekannter war schon öfter in Deutschland gewesen, er konnte zwei Fremdsprachen und hatte eine gute Ausbildung. Ich fragte ihn, ob er das wirklich alles glaube. «Es wird berichtet», sagte er. Nun, ich könnte ihm ein paar Kanäle nennen, wo die Dinge ganz anders erzählt würden. Russische Journalisten, die ich über «Telegram» lese und höre. Die würden berichten, was wirklich passiere, ohne dass der Kreml den Text vorgebe. Er müsse nur einen Proxyserver runterladen, und schon könne er das auf dem Handy nebenbei lesen und hören. Er hob abwehrend die Hand. Die kenne er alle. Die hätten sich nach Riga, Vilnius und Tiflis abgesetzt und würden jetzt antirussische Propaganda machen. Sie seien wie die Ukrainer: «National-Verräter». Ich schwieg. Das war ein Wort aus dem Arsenal des Unmenschen. Es stammt aus der Stalin-Zeit und wurde in der totalitären Diktatur auf alle angewandt, die nicht auf Regime-Linie waren. National-Verräter zu sein ist eigentlich viel ernster und furchtbarer als «Gegner» oder «Feind». Das sind Leute, die Russen oder Brüder oder Verwandte sind – und die zur anderen Seite überlaufen. «Verräter» sind schlimmer als «Feinde». Ich wechselte das Thema und fragte, ob er schon Pläne für den Sommerurlaub habe. «Die Krim», sagte er. «Was auch sonst», sagte ich. Dann stritten wir uns wie immer darüber, wer die Rechnung bezahlte, verabschiedeten uns. Wir sollten uns wiedersehen.

Olaf Scholz sagte im August 2022: «Es ist Putins Krieg. Es sind nicht die Russen.» Das mag er deeskalierend und völkerverständigend gemeint haben, trotzdem lag er daneben. Denn es waren eben auch die Russinnen und Russen, die diesen Krieg unterstützten. Wie mein Freund aus der Rohstofffirma. Wenn man den offiziellen Meinungsumfragen der Sommermonate im Jahr 2022 Glauben schenken will, waren es sogar um die 80 Prozent, die ihren Herrscher und seinen Feldzug in der Ukraine unterstützten. Und inoffiziellen Schätzungen zufolge war es auf jeden Fall eine deutliche Mehrheit der Russen.

Das hatte auch mit der Sommerillusion zu tun. Russland

durchlief vier Phasen der Kriegsbewältigung im Jahr 2022. In den ersten Tagen nach dem Überfall herrschte eine Art Schockzustand. Kaum jemand hatte mit diesem Krieg gerechnet, fast alle Russen, mit denen ich bis Anfang Februar 2022 sprach, sagten, so weit werde Putin nicht gehen. Nach dem ersten Schock wagten sich in Moskau und den großen Städten Russlands Menschen auf die Straße, das war die zweite kurze Phase. Sie protestierten in kleinen Gruppen, riefen «Nein zum Krieg» und hielten Schilder gegen den Krieg hoch. Diese Phase wurde abgelöst durch eine sich ausbreitende Angstlähmung, die eine Zeit der nachhaltigen Verdrängung einleitete. Die Mehrheit der russischen Bevölkerung richtete sich in den neuen Verhältnissen von Sanktionen, Kriegsgeheul im Fernsehen und einem normalen Leben zuhause und auf der Straße ein. Bis die Mobilmachung im September kam und alles anders wurde.

Viele Menschen verdrängten den Krieg als entrückte Sekundärrealität. Der Feldzug wurde zum Fernsehereignis, mit dem man sich nicht mehr beschäftigen musste als 2003 die Amerikaner mit dem Irakkrieg. Während die Raketen in den ukrainischen Stadtzentren einschlugen, schien Russland geschützt und unverwundbar zu sein. Zumindest bis auf der Krim im August 2022 Explosionen Flugzeuge, Munition und Waffen zerstörten und die ukrainische Regierung spottete, da habe wohl jemand am falschen Ort geraucht. Doch war Verdrängung eben nicht Begeisterung. Darin liegt der große Unterschied zwischen der Besetzung der Krim 2014 und dem Überfall auf die Ukraine 2022. «Die Invasion der Ukraine hat keine patriotische Euphorie bei den Russen ausgelöst», sagte Lew Gudkow vom unabhängigen Meinungsforschungsinstitut Lewada im Juli 2022. Zwar hätten 51 Prozent der Befragten «Stolz» empfunden über den Vormarsch der russischen Armee in der Ukraine, aber fast genauso viele, nämlich 47 Prozent, waren «beunruhigt», weil viele Zivilisten und Soldaten starben, weil es viele Zerstörungen und viel Leiden gab. Auch Gudkow vermerkte, dass eine große Mehrheit für die «Spezialoperation» war. Doch war diese viel schwerer zu vermitteln als die Krim-Annexion 2014. Damals herrschte Jubel,

2022 dominierte die Angst. Damals spazierten russische Truppen als grüne Männchen ein, 2022 starben Tausende russische Soldaten in einem Abnutzungskrieg. Damals feierte man die «Rückkehr der heiligen Krim», 2022 erlebten zumindest die russischen Soldaten alle Bitternis des Kriegs bei der Einnahme von ukrainischen Städten, die den meisten Russen wenig bedeuten.

In Moskau und St. Petersburg waren auf Balkons, an Autos und Häusern weder Flaggen noch die Operationssymbole Z und V zu entdecken. Auch die millionenfach verkauften T-Shirts der Armee sah man vor allem in kleineren Provinzstädten und nicht in den Großstädten. Obwohl die Propagandisten im Staatsfernsehen die Menschen täglich anschrien, dass Russland nun ums Überleben kämpfe, war keine Einsatzbereitschaft zu entdecken. Jeder zog sich in seine Nische zurück, jegliche Form der öffentlichen Diskussion erstarb. Es brach die Zeit des großen Schweigens an. Das hatte zwei Folgen, und nicht nur erwünschte. Einerseits verschwanden die kleinen Pappschilder «Nein zum Krieg» und die Proteste. Andererseits galt auch die johlend fahnenschwenkende Unterstützung in Moskau eher als peinlich. Die Unterstützung für den Krieg in der Ukraine war bei vielen Großstädtern mehr erpresst als tief empfunden. Selbst mein Bekannter aus der Rohstofffirma bat mich, seinen Namen nicht zu nennen. Er spürte, dass die Wiederholung der vorgestanzten Formeln und seine Unterstützung der «Operation» irgendwie peinlich waren. Bitte keine Öffentlichkeit!

Genau darum bat mich auch ein Russe, mit dem ich im Frühling ausführlich sprach. Er arbeitete als Toningenieur und hatte mehrere Jahre im Ausland gelebt. Als wir auf die «Vorkommnisse» zu sprechen kamen, entpuppte er sich als das Gegenstück zu dem Rohstoff-Mann. «Ich mache mir große Sorgen, weil wir Geiseln eines Psychopathen geworden sind», sagte er mir. Wladimir Putin habe große Komplexe, er sei klein von Wuchs und leide unter einem Napoleon-Syndrom. Wie überhaupt die Leute im Kreml einen «riesigen Minderwertigkeitskomplex» hätten. Das würde jetzt zum Problem des ganzen Landes. «Sie lügen uns alle an.»

Für die Ausreden meines Rohstoff-Bekannten hatte der Tontechniker wenig übrig. «Wir sind das Aggressorenland, wir haben ein Nachbarland überfallen», sagte er. Die Ukraine sei ein unabhängiger Staat, sie könne sich wenden, wohin sie will. Sie dürfe auch jedem Bündnis beitreten, das sie für sich wähle. Er hielt überhaupt nichts von der «Paranoia» der russischen Elite, die Ukraine von einem Nato-Beitritt abzuhalten. Dieser Krieg «ist ein Verbrechen gegen die Menschlichkeit.» Es gäbe dafür keinen Anlass und keine Rechtfertigung. Die Ukrainer seien kaltblütig überfallen worden, ihre Städte würden nun mit Raketen und Artillerie angegriffen. Er schäme sich dafür. «Wie soll man denn überhaupt noch als Russe in die Welt reisen mit dieser Schande. Ich verstehe auch, wenn Russen jetzt im Westen diskriminiert werden.»

Der Ton-Techniker hatte einen Proxyserver auf seinen Geräten installiert. Er sah kein Staatsfernsehen, sondern folgte bestimmten Journalisten und Experten, denen er traute. BBC, Facebook, YouTube und Telegram seien seine wesentlichen Medien, mit denen er den «geschlossenen Informationsraum» durchbrach, von dem die russische Regierung träumte. Er wusste, dass er damit in der Minderheit war: «Ich höre die Gespräche im Bus, die Leute sind zu Zombies geworden.» Damit meinte er Menschen, die die Operation mit dem Z-Symbol unterstützten und glaubten, was der Staatsfunk ihnen servierte. Also mein Bekannter aus der Rohstoff-Branche zum Beispiel. «Ihr Bewusstsein ist völlig von der Propaganda vergiftet», sagte mir der Ton-Techniker. «Die sollen einfach mal für einen Monat den Fernseher ausschalten, dann werden sie die Welt mit anderen Augen sehen.» Russland habe den Krieg eigentlich schon verloren, meinte er. Aber dann würde sich die Macht an all jenen rächen, die gegen den Krieg waren. «Ich fürchte, irgendwann steht dieses Land vor einem Bürgerkrieg, es sammelt sich zu viel Gift an.»

Sowohl der Rohstoff-Mann wie der Tontechniker waren keine geschulten politischen Analysten, keine professionellen Putin-Deuter. Sie waren klassische Vertreter der russischen Mittelklasse. Und durch die zog sich ein Riss. Der Rohstoff-Mann hielt Leute wie den Tontechniker für «Verräter», der wiederum sah in dem anderen einen «Zombie». Russlands vordergründige Ruhe hatte auch damit zu tun, dass sie sich nicht öffentlich trafen, redeten und stritten. Sie wollten nicht genannt werden, tauchten ab, verabschiedeten sich aus der Öffentlichkeit, überließen den Propagandisten das Reden. Das war gewollt. Deshalb stoppte der Staat nicht nur Anti-Kriegs-Demonstrationen, sondern alle nicht vom Staat angeschobenen Kundgebungen. Jede freie Regung der Menschen war unerwünscht. Alle wussten: Das Regime war zur Diktatur geworden und ließ seinen Bürgern keine Wahl mehr. Die hybride Epoche der politischen Halbschlächtigkeit zwischen Wahlautokratie und Diktatur der Zehnerjahre war endgültig vorbei. Russland forderte von den Russen Eindeutigkeit. Die Operation fraß ihre Bürger.

Ich traf im Juni 2022 Dmitri Trenin, den langjährigen Direktor des Think Tanks Carnegie Moscow. Er war jemand, der sich häufig in der Öffentlichkeit äußerte. Wir kannten uns gut seit den 1990er Jahren, ich schätzte immer seine scharfsinnigen Analysen und seinen globalen Blick. Als ehemaliger Offizier der sowjetischen Armee verlor er indes nie die russischen Interessen aus dem Blick. Gerade nach der Krim-Annexion 2014 vertrat er ziemlich kantige patriotische Ansichten. Doch bald danach fand er wieder zu einem nüchternen Blick auf die russische Politik zurück. Im Juni 2022 allerdings war es mit der Unabhängigkeit vorbei. Das Justizministerium hatte die Schließung von Carnegie Moscow angeordnet. Das Zentrum war Teil einer ganzen Reihe von Nichtregierungsorganisationen und Think-Tanks, die geschlossen wurden. Unabhängiges Denken war nicht mehr gefragt in Moskau. Für Trenin wurde damit auch sein Lebenswerk abgewickelt.

Wir saßen wenige Tage vor seinem erzwungenen Auszug in seinem Büro, das in einem historischen zweistöckigen Gebäude im Schatten des riesigen Außenministeriums lag. «Es ist die Zeit der großen Entscheidungen», sagte Trenin mir. Auch er habe sich positionieren müssen: für oder gegen Russland. Er könne gut verstehen, wenn seine Kollegen im Institut das Land verlassen hätten. «Ich habe mich für Russland entschieden.» Er sei gedienter Offizier, «in dieser Situation sage und schreibe ich nichts, was der russischen Armee schadet.» Er hoffte auf eine gewisse Selbstreinigung Russlands durch die Militäroperation. Das Land habe sehr unter Korruption und Bereicherung der Eliten gelitten. Nun müssten sehr viele kämpfen, es gehe um die Existenz der Menschen und Russlands als Großmacht. Das sei das Ende der Bereicherung. Trenin schaute mich an. «Ich habe mein Leben hier, meine Wohnung, meine Datscha.» Er wolle nicht als Emigrant im Ausland leben, wo niemand auf ihn warte. «Ich werde hier gebraucht.»

Trenin blieb, seine deutlich jüngeren Kollegen gingen in den Westen und arbeiteten dort weiter. Für sie gab es in Russland nichts mehr zu schreiben. Denn bei der Überwachung und den anlaufenden Prozessen gegen jeden, der vom «Krieg» sprach, war ein freies, unabhängiges Arbeiten nicht mehr möglich. Ich spürte das, wenn ich mich mit anderen befreundeten Politikwissenschaftlern und Historikern traf, auf deren Urteil ich immer viel gegeben hatte.

Zitieren durfte ich niemanden. Eine Moskauer Politikwissenschaftlerin sagte mir, dass sie bei vielen Kollegen und Kolleginnen Selbstzensur und Opportunismus beobachte. «Wissenschaftler sind eben keine Revolutionäre», sagte sie schulterzuckend. Obwohl die meisten wahrscheinlich gegen den Krieg seien: Die Lehrkräfte zögen sich in den Elfenbeinturm zurück, wichen den großen Themen aus, schrieben über Unverfängliches. Sie stellten den Studierenden mehrere Theorien oder Ansätze zur Auswahl und ließen sie selbst entscheiden. Sie vermieden Kontakte mit westlichen Universitäten und reisten nicht mehr. «Ich lehre derzeit auch nur und verzichte auf Publikationen.» Über Russlands Universitäten und Institute rollte ab 2022 eine Welle der Gleichschaltung hinweg. Mit Entlassungen und Einschüchterungen sollte die Lehre von Erkenntnis auf Patriotismus umgestellt werden. Wie viele Professorinnen befürchtete auch sie, irgendwann denunziert zu werden. Die Angst ging um an Schulen und Universitäten. Denunziation war im Sommer 2022 ein neuer Volkssport geworden. Unter den Nachrichten häuften sich solche kleinen, aber erschütternden Meldungen in den Lokalmedien:

- Die Englischlehrerin Irina Gen in Pensa wurde von ihren Schülerinnen und Schülern angezeigt, weil sie sich kritisch über den Feldzug in der Ukraine geäußert habe. Im Strafverfahren drohen ihr eine hohe Geldstrafe oder Haft bis zu zehn Jahren.
- Die Englischlehrerin Marina Dubrowa aus Korsakow sprach nach der Schulstunde mit einem kleinen Kreis von Schülern über die Operation. Ein Schüler nahm ihre Bemerkungen mit dem Telefon auf und leitete sie an die Polizei weiter. Sie wurde zu 30 000 Rubeln (umgerechnet 500 Euro) Strafe verurteilt, im Wiederholungsfall droht ihr Gefängnis.
- Eine Moskauerin denunzierte ihren Ehemann, weil der ihr im Vertrauen sagte, dass er vorhabe, in die Ukraine zu reisen und dort den Widerstand zu unterstützen. Sie rief die Polizei an. Der Mann wurde in der eigenen Wohnung abgeholt.
- Eine Moskauer Mutter verriet ihren 26-jährigen Sohn an die Sicherheitsdienste, weil der sich angeblich vor dem Militärdienst drücken wollte. Sein Geschäftsprojekt, das er als Begründung angegeben hatte, warum er keinen Wehrdienst leisten könne, war gescheitert. Die Armee wusste davon nichts. Die Mutter teilte die Pleite dem Innenministerium mit.
- Ein Ehemann in der Siedlung Gorki-10 westlich von Moskau zeigte seine Frau an, weil sie sich kritisch über die russische Regierung äußere und auch das gemeinsame Kind in diese Richtung beeinflusse. Die Polizei nahm Ermittlungen auf.

Wer in die Mühlen der russischen Strafverfolger geriet, brauchte einen guten Verteidiger. Die ehemalige Journalistin Maria Eismont, von ihr war weiter oben schon die Rede, hatte sich zur Anwältin ausbilden lassen, weil sie so besser Verfolgte schützen konnte. Was sie immer gewesen war: eine mutige Verteidigerin der Menschenrechte. Sie hielt mit ihrem Namen nicht hinter dem Berg. Sie kämpfte sehr offen gegen die Rechtsbrüche des Regimes, die sich anhand der russischen Gesetze nachweisen ließen. Sie verteidigte im Dezember 2021 die Menschenrechtsgesellschaft Memorial gegen ihre von der Regierung beschlossene Liquidierung. Sie war die Anwältin der Abgeordneten Jelena Russakowa. Diese wurde im April angeklagt, gegen die Zensurgesetze verstoßen zu haben. Der Prozess war für westliche Journalisten zugänglich.

Russakowa leitete den Abgeordnetenrat im Gagarinskij-Kreis in Moskau und gehörte der liberalen Partei Jabloko an. Diese Partei wurde nicht mehr für die landesweiten Duma-Wahlen zugelassen, aber auf Gemeinderatsebene durfte sie noch arbeiten, bis auf Widerruf. Was warf man Russakowa vor? Wenige Tage nach Kriegsausbruch, am 1. März, verabschiedete der Gemeinderat unter ihrer Führung einen Appell. Darin nannte der Rat die Operation eine «Katastrophe für Russland» und rief zu Friedensverhandlungen auf. Doch so einfach zum Frieden aufrufen darf man nicht in Russland. Russakowa bekam ein Verfahren nach dem neuen Zensurgesetz, das «Falschnachrichten» über die Streitkräfte unter Strafe stellt. Sie wurde zur Zahlung von umgerechnet 2500 Euro verurteilt. Eismont verteidigte sie in der Revision. Es war ein kleiner Sitzungssaal, in dem der Staatsanwalt die Anklage vortrug. Der warf der liberalen Politikerin Russakowa vor, gegen das Gesetz zur Bekämpfung des Extremismus verstoßen zu haben. Maria Eismont zerlegte die Anklage Stück für Stück. «Extremismus» läge im Fall ihrer Mandantin nicht vor. Sie habe zum Frieden aufgerufen. «Ist das Extremismus?» Außerdem sei sie gar nicht wegen Extremismus verurteilt worden. Daraufhin begann der Staatsanwalt nervös in den Akten zu suchen. «Nein», fuhr Eismont fort, Russakowa sei wegen Verstoßes gegen das Zensurgesetz verurteilt worden. «Damit aber brechen die Gesetzeshüter die Gesetze», pointierte sie. Denn der Appell sei vom 1. März, das Zensurgesetz aber vom 4. März. Und im Appell seien die Streitkräfte gar nicht erwähnt worden. Russakowa könne also gar nicht gegen die Zensur verstoßen haben. «Es lag keine gesetzwidrige Handlung vor», so das Fazit von Eismont. Vor jedem ordentlichen Gericht der Welt wäre Russakowa bei so schlampigen Ermittlungen sofort freigesprochen worden. Nicht in Russland. Nach den Plädoyers zog sich die Richterin für keine zehn Minuten zur Beratung zurück. Dann kehrte sie zurück in den Saal mit einem Stapel offenbar schon früher vorbereiteter Akten. Daraus las sie vor: «Jelena Russakowa wird für schuldig befunden, gegen das Gesetz über ungesetzliche Handlungen zur Diskriminierung der russischen Streitkräfte verstoßen zu haben.»

Die Lehre aus dem Prozess: Wenn die Macht eine Verurteilung wünscht, dann wird verurteilt. Und keine höhere Instanz kann die Beklagte retten. Früher konnten sich russische Justizopfer an höhere Instanzen und am Ende an den Europa-Rat wenden. Heute ist das unmöglich geworden. Russland gehört dem Europa-Rat seit März 2022 nicht mehr an und lehnt die Umsetzung internationaler Entscheidungen ab. Der Planet Putin steht außerhalb jeder irdischen Gerichtsbarkeit.

Der totalitäre Griff des Regimes verfestigte sich mit der Dauer des Krieges. Im Sommer 2022 vervielfachten sich die Prozesse gegen Politikerinnen, Menschenrechtler und Journalisten. In der nordwestrussischen Stadt Pskow traf ich zwischen zwei Gerichtsterminen den angesehenen Jabloko-Politiker und Menschenrechtler Lew Schlossberg. Natürlich ging es auch bei ihm um die «Diskriminierung der Streitkräfte». Er hatte sich erlaubt, auf YouTube die russische Eroberung von Butscha im März 2022 zu kommentieren. Er sagte aber weder «Verbrechen», noch schrieb er die Taten der russischen Armee zu. Er sagte nur: «Diese Ereignisse verändern vieles in der Welt.» Das war schon zu viel. Das Verteidigungsministerium und die angeschlossenen Propagandakanäle hatten in Russland das uneingeschränkte Monopol auf jede Kommentierung von Butscha. Die Ermittler fragten ihn: «Warum reden Sie über Butscha?» Er habe geantwortet: «Weil die ganze Welt darüber redet.» Auch das wurde gegen ihn verwandt. «Wissen Sie, was Russlands Problem ist?», sagte er mir. «Unser Recht und die Rechtsprechung gehen in völlig unterschiedliche Richtungen.» Seine Partei Jabloko sei die einzige Anti-Kriegspartei in Russland. Aber Jabloko dürfe sich zum Krieg nicht äußern. «Wir sind als Partei noch erlaubt, aber unsere Positionen sind verboten.»

Genauso wie gegen den Politiker Schlossberg strengte die Staatsanwaltschaft ein Verfahren gegen den Oppositionspolitiker und ehemaligen Bürgermeister von Jekaterinburg an. Jewgenij Roisman wurden Verstöße gegen die Zensurgesetze vorgeworfen. Weil die Prozesse immer willkürlicher wurden, bekamen es viele Russen mit der Angst zu tun. Die Moskauer Politikwissenschaftlerin, von der ich weiter oben berichtete, entschloss sich, über die Operation erst einmal gar nichts mehr zu sagen. Und sie beantragte ein Schengen-Visum, um im Zweifel schnell nach Europa ausreisen zu können. Auf diese Weise hatten seit März Hunderttausende Russen den Planeten Putin verlassen. Sie gingen aus Entsetzen über die Regierung, aus Furcht vor Repressalien oder vor der Zwangsrekrutierung für den Krieg. Darunter die Beweglichen, freidenkende Wissenschaftler, Journalisten, Künstlerinnen und IT-Techniker. Einfach sei so eine Entscheidung nicht, sagte die Politikwissenschaftlerin mir. «Ich habe mein Leben hier, meine Eigentumswohnung, meine Kinder, meine Rente.» Aber vielleicht sei es irgendwann notwendig zu gehen.

Doch wurde die Flucht für viele Russen und Russinnen immer komplizierter. Putin ließ Ende September 2022 die Grenzen für die meisten männlichen Russen schließen, weil er Menschenmaterial für den Krieg gegen die Ukraine brauchte. Einige russische Regionen verboten nach der Einführung des Kriegsrechts die Ausreise. Leider arbeiteten europäische Staaten an der Abschottung von Putins Reich fleißig mit. Das begann schon im März 2022, als die EU-Staaten auf Drängen der ostmitteleuropäischen Länder Luftraumsanktionen gegen Russland verhängten. Putin verhängte prompt Gegensanktionen, der Flugverkehr brach zusammen. Seither konnten Russen nur noch sehr teuer über Istanbul, Dubai oder noch fernere Orte aus Russland fliegen. Oder sie kamen auf dem Landweg nach Europa, über Estland, Lettland und Finnland. Die östlichen EU-Staaten schränkten Ende August 2022 die Vergabe von Visa an Russen stark ein oder stoppten sie ganz. Damit trafen sie die russische Opposition und viele, die im Zweifelsfall mit einem Schengen-Visum schnell das Land hätten verlassen können. Die EU verbarrikadierte sich zunehmend gegen russische Bürger. «Es ist eine Schande, dass man Menschen ausschließt aufgrund der Staatsbürgerschaft, die man sich nicht aussuchen kann», schimpfte die Anwältin Maria Eismont mir gegenüber. Vergessen waren die Lehren des Kalten Krieges, dass der Westen es totalitären Regimen überlässt, seine Bürger einzusperren. Damals war das freie Europa offen für Russen, Esten, Letten, Litauer, Polen, Ukrainer und Ostdeutsche, die vor dem totalitären Regime fliehen mussten.

Europa blieb in Russland trotzdem Sehnsuchtsort und Hassobjekt zugleich. Für die Politikwissenschaftlerin und den Ton-Techniker war die EU die letzte Hoffnung, um im Zweifelsfall einer möglichen Verhaftung zu entgehen. Und trotz aller Fehler europäischer Regierungen in der Putin-Ära blieben sie die hell leuchtende Alternative zur russischen Diktatur. Mein Bekannter aus der Rohstoff-Branche dagegen schien Europa immer mehr zu hassen. Bei einem Treffen im Spätsommer gingen wir an einem Nebenarm der Moskwa spazieren und stritten leise vor uns hin. Ich fragte ihn, ob er nicht finde, dass der Krieg zu lang dauere und zu viele Opfer fordere. Seine Antwort: «Die Operation war unausweichlich, weil die Ukraine drauf und dran war, mit westlicher Hilfe Russland anzugreifen.» Das ist eine wichtige Argumentationsfigur der russischen Macht, um den zentralen Entscheider Putin zu entlasten: Krieg sei keine Entscheidung, sondern ein Schicksal, eine Fügung, eine Heimsuchung, der man nicht entrinnen könne. «Putin selbst hat immer gesagt, dass der Krieg kommen werde», sagte der Rohstoff-Mann. Er könne die «Russophobie» in Europa nicht verstehen. Was meinte er? Im Westen sei ein Feldzug gegen alles Russische im Gange, gegen die Sprache, gegen die Kultur. Der Westen rüste die Ukraine auf. «Warum liefern die Deutschen Waffen an Nazis?», blaffte er mich an. «Haben sie die Lektion des Zweiten Weltkriegs nicht gelernt?» Ihm täten die vielen Menschen leid, die sterben müssten. Ja, erwiderte ich, durch russische Artillerie, die auf Wohngebiete schieße. Das, gab er zurück, sei auch so ein russophobes Vorurteil des Westens. «Die Faschisten beschießen mit westlichen Waffen Russen und Ukrainer». Der Westen führe Krieg mit Sanktionen. Mir fiel das grenzenlose Selbstmitleid auf: Russland überfällt die Ukraine, russische Truppen beschießen ukrainische Städte, aber die Russen sind das Opfer. «Der Aggressor, das ist der Westen, weil der Westen Russland angreift», sagte er. Die von der staatlichen Propaganda gelieferten Fertigbausätze ermöglichten es Russen wie meinem Bekannten, jedes Gespräch in einem fest verriegelten Zirkelschluss enden zu lassen.

Russlands zerrüttetes Verhältnis zum Westen wurde im Lauf des Jahres 2022 auch im Moskauer Stadtbild sichtbar. Und das wurde ein Problem für die propagandistische Botschaft des Regimes, der Ukraine-Feldzug würde keine Einschränkungen für die Menschen mit sich bringen. Gerade die Hauptstadt hatte sich unter Putin zu einem Laufsteg westlicher Marken entwickelt. Die Moskauer fuhren in deutschen Limousinen, trugen italienische Kleidung, gingen in englischen Schuhen und dinierten in Restaurants mit französischer Speisekarte. Was im 19. Jahrhundert das Privileg des Zarenhofes gewesen war, der westliche Lebensstil, war in den vergangenen 20 Jahren zu einer russischen Selbstverständlichkeit geworden. Deshalb störte der Abzug vieler westlicher Firmen 2022 die Fassade der Normalität auf dem Planeten Putin. Das traf vor allem jene Russen, die das Geld hatten, sich diesen Lebensstil zu leisten. Russland reagierte auf den Abzug westlicher Firmen mit Trotz und einer Generalanstrengung. Schöner konsumieren mit russischen Waren, russischen Ketten, russischer Technologie. Geld dafür war da, weil die Öleinnahmen 2022 alle Erwartungen übertrafen. China und Südasien hatten den Import russischer Rohstoffe gesteigert. Doch nicht China war das Vorbild der russischen Aufholkampagne, sondern Europa und die USA. Wladimir Putin verbreitete ununterbrochen Hass auf den Westen, aber ließ ihn hemmungslos nachahmen. Im Juli 2022 pries er die sowjetischen Agenten, die im Kalten Krieg westliche Technikpläne stahlen, Geschäftsgeheimnisse aufklärten und mit dem geklauten Wissen den Westen zu überholen versuchten. Kopieren hieß siegen.

Das begann mit Schnellrestaurants, die die amerikanische Kette McDonald's ersetzen sollten. Die Eröffnung von McDonald's am Moskauer Puschkinplatz war 1991 ein ikonischer Moment für die Öffnung der Sowjetunion und einen neuen Lebensstil gewesen. Nun war McDonald's verschwunden. «Wkusno i totschka» – «Schmeckt und Punkt» hieß die neue russische Fastfoodkette. Das klang ein bisschen wie ein Befehl. Der Cheeseburger hatte das kulinarische Geheimnis des McDonald's-Fleischklopses im kissenweichen Brötchen ziemlich genau getroffen. Die neue Filiale am Moskauer Puschkinplatz war superelegant aufgemacht. Eine Fassade aus schwarzem Spiegelglas zierte die gesamte Front, davor tropische Pflanzen in großen Blumenkübeln. Innen standen menschenhohe Bildschirme, auf denen man sich tippend und wischend sein Essen bestellte. Man zahlte mit der App, und schon stand das Tablett am Ausgabetresen. ‹Wir zeigen es Euch!›, lautet die Botschaft der neuen Fast-Food-Kette an den Westen, der das leider nicht sah. Denn westliche Touristen kamen nicht mehr. Bald nach meinem Besuch geriet «Wkusno i totschka» allerdings in Verruf. Auf Telegram und Facebook beschwerten sich Kunden der russischen Fast-Food-Kette über Schimmel auf ihren Brötchen. Schnell lachte das Netz über «Schimmelburger». Andere entdeckten Kakerlaken und Insektenbeine im Schmelzkäse.

Trotzdem war die Kette ein Trendsetter für den russischen Umgang mit den westlichen Marken, die nicht mehr erreichbar waren. Starbucks hieß fortan Star Coffee. Auch Coca-Cola beendete seine Produktion in Russland. Die russische Antwort hieß: «Cool Cola!». Aus Fanta wurde «Fancy», aus Sprite «Street». In den Supermärkten lagen Feta aus Russland, Parmesan aus Belarus und Balsamico-Essig aus dem Moskauer Umland. Die Marken waren gegangen, aber das Lebensgefühl sollte bleiben. Fragte sich trotzdem, warum man auf dem Planeten Putin nicht einfach russische Lebensart protegierte, im Sinne von: «Trinkt mehr Kwas!» Diese ganzen Ersatzprodukte folgten einem Potemkinschen Prinzip. So wie der Eroberer Grigori Potemkin im 18. Jahrhundert der Zarin Katharina I. neue Siedlungen mit wenigen bewohnten Häusern vorgespiegelt haben soll, so suggerierten diese nachgeahmten Produkte Westlichkeit, wo keine war.

Das krampfhafte Kopieren hatte viel mit der Art der Kriegführung des russischen Regimes zu tun. Die Soldaten sollten so schießen, erobern und brandschatzen, dass der größte Teil der russischen Bevölkerung möglichst wenig davon mitbekam. Sie sollte sich nicht umstellen müssen, dafür musste der lieb gewordene westliche Lebensstil erhalten werden. Aber die Inszenierung hatte Grenzen.

Ein Schock für den russischen Konsumenten war der Abzug von Ikea. Die Riesenmärkte an den Stadträndern russischer Großstädte waren Ausflugsziel, Kindervergnügen, Boulettenboulevard zugleich. Vor der Schließung stürmten die Mitarbeiter den eigenen Laden, um die letzten Waren zu ergattern. Ersetzen ließ sich Ikea nicht. Nur nachäffen. Die russische Möbelfirma Lazurit aus Kaliningrad zum Beispiel stellte in ihre Schauräume Möbel, die Ikea in der Schlichtheit und Modernität ähneln. Restaurants, Kinderspielplätze und Küchengeschirr gab es nicht. Aber dafür sind die Namen westlich: der Lazurit-Tisch hieß Dante, der Diwan hieß Lissabon oder Montana, der Sessel Reims oder Camelot. Nach hiesigen Maßstäben waren sie sehr minimalistisch, aber man saß sehr russisch: zu weich und zu breit.

Putins Russland wiederholte ein uraltes Prinzip des Landes: die Oberflächen-Verwestlichung. Namen, Design und Hüllen wirkten westlich, darunter blieben die russischen Tatsachen versteckt. So wie die Petrinischen Reformen Anfang des 18. Jahrhunderts sich zum Teil auch mit Äußerlichkeiten beschäftigten, dem Abschneiden der Bärte und neuen Kleidungsvorschriften. Doch fehlten in Putins Russland so tiefgreifende Reformen, wie Peter I. sie damals tatsächlich durchsetzte. Putin, der sich mit Peter in einer Liga sah, reichte der pure Schein.

Die Shopping Mall Jewropejski war der Moskauer Tempel für Äußerlichkeiten. Hier leuchteten bis zum Überfall auf die Ukraine alle großen europäischen Designer. Im Sommer 2022 trug die Mall von innen die Blessuren der Krise. Die meisten Geschäfte waren erleuchtet, aber auffällig viele auch geschlossen. Einige westliche Hersteller erklärten auf Zetteln an der Glastür, dass sie «wegen der Umstände» bis auf Weiteres geschlossen haben. Aber russische Marken drängen sich nach vorn: der Laden der Petersburger Modedesignerin Alena Akhmadullina oder die als Pelzhandel entstandene Sneschnaja Korolewa, die Schneekönigin.

Hier lag die Herausforderung: eine russische Marke zu gründen, die sich nicht gleich mit Schimmel besudelte, sondern westlichen Marken als ebenbürtig galt. Und zwar auch aus russischer Sicht. Denn obschon Russland eine Großmacht ist, tragen viele Russen einen traditionellen Minderwertigkeitskomplex mit sich, doch irgendwie nicht dem westlichen Standard zu entsprechen. Um den Gegenbeweis zu führen, hatte Wladimir Putin vor einem Jahrzehnt ein Automobil der Luxusklasse in Auftrag gegeben, das «die ersten Persönlichkeiten des Staates und andere Personen, die dem Schutz des Staates unterliegen», transportieren sollte.

Es entstand der «Aurus». In der futuristischen Moscow City, einem Hochhaus-Park in der Nähe der Innenstadt, gab es einen Showroom der Automarke. Darin stand ein Exemplar dieses Straßenschiffs in einer Zweifarbenlackierung aus Kaspisch-Blau und Porzellan-Metallic, ein Aurus Senat S 600. Erster Eindruck von außen: sah aus wie ein Rolls Royce Ghost. Der massive Chromkühler, die Rücklichter, die eckige Seitenführung, alles wirkte wie im 3-D-Drucker abkopiert von der englischen Premiummarke von BMW. Eindruck von innen: Es saß sich wie in einem Panzer, aber auf feinstem beigem Leder mit einem Sektkühlschrank. Der Verkäufer ratterte die Daten herunter, 598 PS-Motor mit acht Zylindern, über drei Tonnen schwer, Verbrauch knapp unter 20 Liter auf 100 Kilometer. Putin selbst fuhr in einer gepanzerten Langversion des Aurus herum, zu der es keine Daten gibt. Staatsgeheimnis. Aber er sei sehr stolz auf sein vaterländisches Premiumfahrzeug, hörte ich vom Verkäufer. Neben diesem fuhren 2022 noch 27 Modelle in Russland herum. Kann es sein, dass eine russische Autofabrik in Jelabuga ein durch und durch russisches Auto herstellte, das in der Super-Luxusliga von Rolls Royce und Maybach mitfuhr?

Nicht ganz. Am Motor hatte ein deutscher Sportwagenhersteller wesentlich mitgebaut, die Bordtechnik kam von deutschen Zulieferern. Konsequent durchgezogene Sanktionen konnten so einem Aurus wohl schnell ein Ende machen. Oder die Autobauer in Jelabuga würden eine technisch abgespeckte Version herstellen, die nach außen genauso aussähe, aber nach innen ein Fahrzeug von vor 20 Jahren wäre. Schon im Sommer 2022 entsprach der Aurus-Motor nicht den strengen EU-Abgasauflagen, er konnte deshalb in der EU nicht verkauft werden. Da war sie dann wieder: die Oberflächenverwestlichung.

Das merken die russischen Autofahrer natürlich schon. Im Sommer 2022 fehlte es überall an Ersatzteilen für westliche Autos. Die Fabriken westlicher Firmen wie Volkswagen, Mercedes und Renault standen still. Doch selbst die Produktion von russischen Autos wie dem Lada stockte. Denn es fehlten die zahlreichen westlichen Zutaten, die aus dem Lada ein modernes Auto machten: Airbags, ESP-Stabilisierungssysteme, ABS-Bremsen. Also waren erst einmal keine Ladas zu kaufen, bis ein Modell auf den Markt kam, das eine technische Zeitreise 30 Jahre zurück in die mechanische Autowelt zurückgelegt hatte.

Damit auch hier keine Beunruhigung aufkam, organisierten findige Propagandisten im Moskauer Museum für zeitgenössische Geschichte eine Ausstellung, wo sich im Sommer 2022 der verwundete vaterländische Technik-Stolz wieder aufrichten konnte. «Das Land der Leistungen» präsentierte bahnbrechende Erfindungen des 19. und 20. Jahrhunderts als rein russische Errungenschaften. Überschrieben von einem Zitat von Peter dem Großen: «Die Natur hat Russland nur eines mitgegeben: Sie hat keine Konkurrenten.» In der Ausstellung wurde gezeigt, dass die Glühbirne nicht von dem Amerikaner Thomas Alva Edison, sondern von dem russischen Elektropionier Pawel Jablotschkow erschaffen wurde. Flüssigkeitsraketen hatten nicht der deutsche Raketenkonstrukteur Wernher von Braun oder die amerikanischen Raketentechniker Robert Goddard und John Whiteside Parsons erfunden, sondern der russische Ingenieur Sergej Koroljow. Dass dieser erst ab den 1950er Jahren anfing, daran zu arbeiten, weil er zuvor im Gulag saß, verschwieg die Ausstellung. Und das erste Flugzeug startete der russische Ingenieur Alexander Moschaiski. Von den Pionieren Otto Lilienthal, den Gebrüdern Wright und Louis Blériot kein Wort. «Das Land der Leistungen» war Balsam für die beleidigte russische Seele. Sponsor der Ausstellung war übrigens Rossija Sewodnja, die russische Propagandafabrik mit der Chefredakteurin Margarita Simonjan.

Die Chefpropagandistin versuchte die russischen Zuschauer im Juni 2022 über den Verlust des Westens für russische Bürger hinwegzutrösten. Es wurde eine Definition der Abschottung auf dem Planeten Putin daraus. «Manche Leuten klagen, dass ihre Kinder jetzt nicht mehr im Westen studieren können, dass sie diese schöne neue Welt nicht erschließen können, dass sie in einem etwas geschlosseneren Raum leben werden. Ich sage ihnen: Hört zu, wir sollten uns freuen. Richtig freuen. Diese schöne neue Welt fährt mit Hochgeschwindigkeit in die Hölle, sodass wir uns sehr bedanken werden, dass unsere Kinder dort nicht studiert haben.» Manche würden fragen, wann diese Entfremdung vom Westen ende. «Und ich sage: Leute, gewöhnt euch dran, das ist für immer!»

Die Propagandisten und Nationalisten waren im Sommer 2022 schon weiter als der Herrscher. Der zögerte. Bei aller Radikalität wollte Wladimir Putin das Volk nicht zu sehr beunruhigen. Deshalb die Kopien westlicher Kultur, deshalb die musealen Beruhigungstherapien, deshalb die sommerliche Inszenierung eines normalen friedlichen Lebens. Deshalb die verzweifelten Aufrufe der Armee, sich doch «bitte freiwillig» zu melden. Deshalb die vergleichsweise gute Bezahlung der Soldaten und die Aushebung von Rekruten in Dagestan, Burjatien und Tschetschenien und natürlich in den Straflagern. Die «Spezialoperation» überließ Putin lange Zeit lieber den Wagner-Söldnern, den nicht-russischen Republiken und den armen Regionen des Landes.

Für die russische Bevölkerung schnürte Wladimir Putin Entlastungspakete, subventionierte bestimmte Lebensmittel, erhöhte Renten und stärkte den Rubel mit Devisenmilliarden der Zentralbank. Moskau feierte im Sommer 2022 Blumenfestivals auf dem Manegeplatz am Kreml, während die Bomben auf ukrainische Städte herabregneten. Stabilität in Russland, Operation in der Ukraine: Dort laufe «alles nach Plan», lautete die gebetsmühlenartig wiederholte Phrase. «Putin will die Menschen in Ruhe lassen», fasste es der Kreml-nahe Talkshow-Politologe Sergej Markow zusammen. «Idealerweise sollen sie die militärische Operation gar nicht bemerken. Sie soll das Leben nicht beeinflussen.» Statt einer nationalen Mobilisierung von Soldaten erlebte die russische Bevölkerung bis zum August 2022 eine beispiellose Chloroformierung und Depolitisierung. Wer wollte, konnte sich – wie mein Bekannter aus der Rohstoff-Branche oder meine Nachbarin – das Denken abnehmen lassen. Der unabhängige russische Politologe Lew Gudkow nannte die Kombination aus Agit-Prop, Angst und Spielen den «totalitären Konsens». Der hielt so lange, wie Putin vor der Generalmobilmachung zurückscheute.

Sein Zögern hatte auch mit seinen Schmerzen aus der Vergangenheit zu tun. Er erinnerte sich an die Aufstände gegen seine Rückkehr ins Präsidentenamt 2012. Die tat er als amerikanische Geheimdienstwühlerei ab. Mehr noch in den Knochen steckte ihm der Unmut der Menschen über seine Rentenreform 2018. Die traf vor allem seine ressentimentbeladene ältere Klientel und am Ende ihn, weil seine Popularität jäh abrutschte. Dass die «Spezialoperation» nicht so populär war wie der Anschluss der Krim 2014, konnte er an der geringen Zahl der Freiwilligen und an dem wachsenden Desinteresse der russischen Bevölkerung an der Spezialoperation ablesen. In den Krieg ziehen wollten nur wenige, zumal sie merkten, dass die Ukraine ein starker Gegner war. Die Großstädter in Moskau, Petersburg und Jekaterinburg leben schon lange im postheroischen Zeitalter. Was aus den Telefonumfragen nicht abzulesen war: Sie trauten ihrem Herrscher nicht, und der misstraute ihnen.

Denn trotz aller Angst ließen sich nicht alle Russen den Schneid abkaufen. Sie hatten das eigene Denken, das Gefühl für falsch und richtig, Willkür und Freiheit nicht vollkommen verloren. Als die russischen Truppen in der Ukraine im September 2022 zurückweichen mussten, forderte eine Gruppe von Moskauer Lokalparlamentariern Putin zum Rücktritt auf, weil sein «Regierungsmodell hoffnungslos veraltet» sei und die «Entwicklung Russlands und seines menschlichen Potenzials» behindere. Sie verlangten einen Prozess wegen Hochverrats gegen ihn. Kurz darauf wandte sich das russische Pop-Idol Alla Pugatschowa an die Öffentlichkeit. In einem Tweet bat sie das Justizministerium sarkastisch, «mich in die Reihen der ausländischen Agenten meines geliebten Landes aufzunehmen». Sie erklärte sich mit ihrem Mann solidarisch, der offen gegen den Krieg aufgetreten war und Russland verlassen hatte. Sie selbst war in Moskau und nannte ihren Mann einen «echten Patrioten Russlands», der wünsche, dass «unsere Jungs nicht länger für illusorische Ziele sterben müssen, die unser Land zu einem Paria machen und seinen Bürgern das Leben erschweren.»

Ich selbst erlebte einen ikonischen Moment von ziviler Selbstcourage in Moskau, als ein übergriffiger Polizist in die Schranken gewiesen wurde. Ich fuhr mit dem Rad von einem Abendessen nach Hause über den Oktoberplatz, wo das russische Innenministerium steht. Genau davor kreuzte ein bemerkenswertes Auto meinen Weg, ein GAZ 21 Wolga, Baujahr 1968, scheppernd und laut und stinkend, aber sehr geradeaus rollend. Der Fahrer, ein junger Typ mit Ziegenbart und knallorangem Hoodie, hatte seinen Wagen mit der Schleifmaschine bearbeitet. Herausgekommen war ein Beuys-artiges Kunstwerk aus Chrom, Gummi, Rost und einem Hauch von Restblau. «Tolle Kiste», dachte ich mir, und so dachten wohl auch zwei Frauen um die 30, die neben mir mit jeweils einer Flasche Bier in der Hand an der Ampel standen. Wir schauten dem Vehikel fasziniert hinterher und sagten «kruto», was in dem Zusammenhang so viel wie «geil» heißt. Doch dann passierte das, was passieren muss, wenn in Putins Moskau mal einer «kruto» durch die Gegend fährt. Der an jeder Kreuzung unvermeidliche Schupo hob seinen Schlagstock und winkte den Wolga samt Fahrer heran. Die westlichen Limousinen fuhren durch, der Fahrer des vaterländischen GAZ 21 Wolga wurde gefilzt. Ich war genauso empört wie die beiden Frauen. Aber im Gegensatz zu mir schritten sie zur Tat. Sie gingen, die Bierflaschen im Anschlag, stracks auf den Polizisten zu und stellten ihn zur Rede. Was er von dem Fahrer wolle. So ginge das nicht. Jeder Mafioso könne hier durchfahren, aber das Volk werde belästigt. Er solle den Wolga-Fahrer sofort weiterfahren lassen. Der Schupo war ziemlich überrascht, kam aber kaum zu Wort, da er von der großen Resoluten sofort unterbrochen wurde. Was ihm einfiele. Er solle hier keine Ausreden erfinden und den Mann fahren lassen. Schweigend gab der Polizist dem Fahrer die Papiere zurück. Der Wolga nahm ruckelnd Fahrt auf, der Polizist starrte auf den Boden, die Frauen gingen weiter.

Zum Ende des Sommers 2022 wuchsen Unruhe und Nervosität unter der chloroformierten Bevölkerung. Es erhöhten sich die Warnzeichen, dass der Widerspruch von Blumenfestivals hier und Bombenregen da aufbrechen würde. Der Krieg war nicht mehr nebenbei zu führen, zumal die ukrainischen Truppen nun vorrückten. Putins Kurs der einschläfernden Depolitisierung war unhaltbar geworden. Die große Illusion dieses gespenstischen Sommers brach zusammen, als ukrainische Truppen Mitte September bei Charkiw die russischen Linien überrannten und innerhalb einer Woche mehr Territorium zurückgewannen, als die Russen in den fünf Monaten davor erobert hatten. Die russischen Truppen kamen ins Laufen, als eine Armee gegen sie vorrückte, die russische Propagandisten als eine Truppe von «Drogenabhängigen, Gelegenheitsschlägern und Nazis» bezeichneten. Nichts, aber auch gar nichts lief «nach Plan». Putin schwieg zwei Wochen lang. Dann holte er aus zum großen Befreiungsschlag – gegen seine eigene Bevölkerung.

Eine Russin nimmt Abschied von ihrem Mann,
der zur Armee eingezogen wurde

13 Imperium der Angst
Die Mobilisierung des Volkes

Ein alter Bekannter meinte, das dürfe ich nicht verpassen. Auf einer Konferenz wollte die russische außenpolitische Elite über die Kuba-Krise von 1962 reden. Die Diplomatenakademie an der Moskauer Krimbrücke liegt nur zehn Minuten Fußweg von meiner Wohnung entfernt. Dort beriet sich der stellvertretende russische Außenminister Sergei Rjabkow Ende September 2022 mit Geostrategen über die nukleare Bedrohung. Ich war der einzige ausländische Korrespondent. Der Saal war fast voll, hatte mächtige Stuckdecken statt einer Klimaanlage, bald wurde der Sauerstoff knapp. Einige Teilnehmer nickten ein, bis dieser eine Satz fiel: «Wir brauchen die Rückkehr der Angst!» Das sagte ein Geostratege und behauptete, die «Welt ruhe auf Angst». Wenn die Angst verschwinde, dann drohe Gefahr. Das sehe man am Westen, der die Ukraine hochrüste und als Brückenkopf gegen Russland benutze. Der Westen achte Russland nicht genug. «Wir brauchen die Angst, damit sie uns endlich wieder fürchten.» Schweigen im Saal. Alle schauten sich an. Dann brach Beifall los, Zustimmungsrufe, alle feierten den Redner. «Strach!», zu Deutsch «Angst», das leuchtete allen ein, «Strach» ist der Schlüssel zu Russlands Größe.

Angst ist Wladimir Putins bevorzugter Werkstoff. Mit ihr hat er viele Menschen in den vergangenen Jahren systematisch zum Schweigen gebracht und aus dem Land getrieben. Aber die Russinnen und Russen wussten bis zum September 2022 noch nicht wirklich, was Angst war. Es bedurfte erst eines Politikwechsels, der das Leben in Russland verändern sollte wie kein anderer seit dem Amtsantritt Wladimir Putins. Die Wende ist nicht zu verstehen ohne die umfassenden Rückzüge der russischen Armee, die sich im Gebiet von Charkiw von den ukrainischen Streitkräften überrennen ließ und große Teile ihrer Panzer, Haubitzen und Munition zurücklassen musste. Russland wurde damit auf einen Schlag zum größten Waffenlieferanten der Ukraine. Putin stand im September 2022 plötzlich mit dem Rücken zur Wand. Der Krieg, den er angefangen hatte, schlug auf seine Truppen zurück. Das Prinzip Angst hatte in der Ukraine versagt.

Nach einer Woche des Schweigens trat Putin am Morgen des 21. September 2022 im Fernsehen auf mit einer Strafrede gegen die USA und Europa. Mit der Nukleardrohung wollte er dem Westen Furcht und Vorsicht einimpfen. Dann aber, und das war der Politikwechsel, kündigte er eine «Teilmobilmachung» an, mit der er sein Volk in Schrecken versetzte. Aus dem «Teil» wurde bald ein großes Ganzes. Putin schickte Hunderttausende Männer zum Kämpfen in die Ukraine. Das war Putins zweite große Eskalation nach dem 24. Februar. Diesmal erschütterte sie neben der Ukraine vor allem Russland selbst, das in ein neues Zeitalter stürzte. Die Mobilmachungskommandos machten fortan Jagd auf russische Männer aller Altersgruppen zwischen 18 und 60 Jahren. Der Krieg kam heim nach Russland. Und mit ihm die Angst.

Auf die demütigende Serie von Niederlagen in der Ukraine reagierte Putin mit einem Sprung nach vorn: Er mutete seinem Volk und der Welt eine enorme Beschleunigung des Krieges zu. Wenige Tage nach der Abhaltung von Scheinreferenden in den besetzten Gebieten, am 30. September 2022, ließ er im Georgssaal des Kremls die Minister und Abgeordneten sowie nationalistische Blogger und Schauspieler versammeln. Er redete schon wieder. Diesmal warf er dem Westen «Satanismus», «Geschlechtermanipulationen» und «Perversion» vor nebst der angeblich beabsichtigten Auslöschung Russlands. Aber eigentlich wollte er vier ukrainische Regionen annektieren, was dann in einer pompösen Zeremonie geschah und anschließend auf dem Roten Platz gefeiert wurde. Ich fuhr an diesem Tag auf dem Fahrrad um den Kreml und den Roten Platz herum und hörte nur die Hurra-Rufe. Am Moskau-Fluss standen die Schaulustigen, es war kaum ein Durchkommen. Der Platz selbst war reserviert für geladene Bürger. Überall im Zentrum standen Busse, mit denen man sie herangekarrt hatte. Auf Bildschirmen konnte ich mit den anderen Moskauern verfolgen, was sich auf dem Roten Platz zutrug. Nach seiner Annexions-Rede im Kreml stand Putin auf einer rotweißblau geschmückten Bühne vor der Basilius-Kathedrale und peitschte die Menschen auf: «Eins, zwei, drei!». Die dankten es ihm mit Hurrarufen und «Rossija»-Chören. Ein russischer Schauspieler rief zum heiligen «Volkskrieg» gegen die Mächte des Westens auf, und der vom Kreml-Protokoll geladene populäre nationalistische Blogger Wladlen Tatarskij rief allen Ernstes: «Wir werden alle erobern, wir werden alle umbringen, wir werden alle ausplündern – ganz so, wie es uns gefällt.»

Der Sommer des Feierns war definitiv vorbei. Es regnete wochenlang. Moskau wirkte gedämpft auf mich, stiller und leerer als sonst. Im September traf ich meinen Freund, der seinen Sohn in die Türkei geschickt hatte, weil er ein Top-Kandidat für die Mobilmachung war. Mein Freund hatte ihn kurz vor Putins Annexions-Rede erfolgreich überredet, das Land zu verlassen, wie ich im ersten Kapitel beschrieben habe. Der Sohn verabschiedete sich von seinem Leben in Russland, von seiner Familie, seinem Job, seinem Land. Nach der Ankunft in Istanbul rief er den Vater an und erzählte, dass im Flugzeug lauter russische Männer saßen, die die ganze Zeit geweint hätten. Er war einer von ihnen.

Russland schrieb viele dieser Geschichten der Angst, an überfüllten Flughäfen, in den Autostaus an den Grenzen, in den Bergen des Kaukasus. Mindestens 260 000 Männer sollen nach Angaben des Inlandsgeheimdienstes FSB bereits im September geflohen sein, russische unabhängige Exilzeitungen nannten weit höhere Zahlen. Es waren also mehr Männer geflohen, als Putin in der ersten Welle mobilisieren wollte, das kam einer massenhaften Kriegsdienst-Verweigerung gleich. Unterdessen kamen für die Männer in Russland die Einberufungsbefehle vom Hausmeister, vom Polizisten um die Ecke, vom Pizzaboten. Feldjäger brachen Wohnungen auf, um Zivilisten einzuziehen, die nie eine Waffe in der Hand hatten. Selbst Blinde erhielten Einberufungsbescheide. Feldjäger holten die Männer aus Hotels, Krankenhäusern, Besenschränken und aus Flugzeugen, die bereits auf der Startbahn rollten. Es gab Schießereien in Kreiswehrersatzämtern, Handgemenge auf den Straßen, weinende Kinder und Frauen, die von ihren Vätern Abschied nahmen. In Moskau fuhren Busse durch die Stadt, um Leute einzufangen. An einem Rekrutierungspunkt neben dem Belarussischen Bahnhof in Moskau sah ich, wie Männer mit Einberufungsbescheid von Uniformierten angeschrien und getreten wurden. Die wenigen, die in Moskau in den ersten Tagen wagten zu demonstrieren, bekamen Einberufungsbefehle. Genauso wie 180 Männer, die versuchten, am Übergang Werchnij Lars am Kaukasus die Grenze nach Georgien zu überschreiten. Statt der Grenzbeamten warteten die Feldjäger auf sie.

Die Angst war berechtigt, die Meldungen erschreckend. In einem Übungszentrum des Swerdlowsker Wehrbezirks starben drei Einberufene schon bei den Vorbereitungen auf den Einsatz. Einer brach mit einer Herzattacke zusammen, einer beging Selbstmord. Einen dritten schickten sie nach Hause, wo er an den Folgen einer Leberzirrhose starb, mit der er allerdings schon eingetroffen war. Auf einer Basis bei Moskau kam es zu heftigen Schlägereien zwischen bereits länger dienenden Soldaten und frisch Einberufenen. Die Altgedienten verlangten die Jacken und Mobiltelefone, die die Neuen mitgebracht hatten. Mobilisierte Rekruten erzählten in den sozialen Medien, sie hätten nur einen Tag Ausbildung bekommen, danach sei es an die Front gegangen. Der Rat der Ausbilder sei gewesen: Sie sollen sich selbst Schlafsäcke, Medikamente und Verbandszeug einpacken, dazu Damenbinden als Wärmesohlen und – Tampons. Die könne man sich dann auf die Wunden drücken. Bei der Ankunft in den besetzten Gebieten filmten sich Mobilisierte, wie sie ohne Schutz und Dach im Gelände übernachten mussten und sich mitgebrachtes Essen mit Lagerfeuern warmmachten. Andere zeigten die verrosteten Gewehre, die man ihnen aushändigte. Auf einem Übungsplatz nahe der ukrainischen Grenze kam es Mitte Oktober zu einer Schießerei zwischen muslimischen Soldaten und christlich-orthodoxen Vorgesetzten mit einem Dutzend Toten. Zugleich musste die Armee zugeben, dass nicht wenige der mobilisierten Männer schon kurze Zeit nach Ankunft an der Front gefallen waren. Was alle Geschichten verband: Es lief nicht nach Plan für Putin. Wie der bisherige Krieg war auch die Mobilmachung ein Dilettantenwerk. Das hatte Folgen für den Machthaber.

Mit der Mobilmachung brach Wladimir Putin mit seiner eigenen Politik der letzten zwei Jahrzehnte. Der Präsident hatte sich vom Volk eine Art Generalvollmacht für seine außenpolitischen Abenteuer geholt – und stellte dafür seine Untertanen mit Wohltaten aus der Öl- und Gaskasse ruhig. Putin führte derweil seine Kriege, in Tschetschenien, in Georgien, in Syrien, mit Söldnern in Libyen, in Westafrika und vor allem in der Ukraine. Die Russinnen und Russen gingen unterdessen zur Arbeit, ins Restaurant, in den Urlaub. Das war die Abmachung mit dem Herrscher, auch den Kriegssommer 2022 hindurch. Putins Truppen verwüsteten Mariupol und die Vororte von Kiew, sie bombardierten ukrainische Städte. Die Moskauer tanzten zu Live-Kapellen an der Moskwa und fuhren im Riesenrad. Diesen Gesellschaftsvertrag mit seinem Volk zerriss Putin. «Am 21. September begriffen die Russen, was am 24. Februar geschehen war», sagte der liberale Politiker Lew Schlossberg. Der Krieg, der für sie ein Fernsehereignis war, einer nicht enden wollenden Serie gleich, wurde zur tödlichen Realityshow für die wehrfähigen Männer. Mit dem Gesellschaftsvertrag aber war auch Putins «Plan» dahin. Bisher erzählte er seinem Volk, in der Ukraine laufe eine «Spezialoperation», wohlgeplant und uhrwerkgleich. Diese Illusion war nicht mehr aufrechtzuerhalten. Mit dem russischen Herbst verschwanden die Blumenfestivals, erloschen die Feuerwerke am Moskauer Himmel. Eine neue Realität sickerte in das Bewusstsein der Menschen. Wladimir Putin nahm den Russen die für sie mit Abstand wichtigste Errungenschaft der Epoche von Michail Gorbatschow und Boris Jelzin: die Reisefreiheit. Fortan durften Männer im wehrfähigen Alter das Land nur noch in besonderen Ausnahmefällen verlassen. Die Schlagbäume des Landes schlossen sich. Und die Angst zog in jedes Haus.

Für Putin im Kremlbunker war das alles nicht so schlimm. Er

selbst reiste zu befreundeten Regimen, nach Minsk, nach Peking, nach Damaskus, das reichte ihm. Er hatte alles gesehen, alles gehabt, alles erlebt. Putin wirkte wie ein sehr alter Mann. Die russische Anthropologin Alexandra Arkhipova skizzierte den Herrscher im Herbst sehr treffend. Sie fühlte sich bei seinen Reden an eine «alte Frau in einem Dritte-Klasse-Waggon der russischen Staatsbahnen» erinnert, welche die umsitzenden Fahrgäste mit Tiraden über den bösen Westen, Geschlechtsumwandlungen, Schwule, Liberale und junge Leute ohne Manieren nervte. Aus dem Herrscher spreche die Angst alter Leute vor Veränderungen und der Zukunft. Die jungen Russen durften jetzt für seinen Eintrag ins Geschichtsbuch sterben.

Eine solche Mobilmachung wie die Putins hatte es zuletzt im Großen Vaterländischen Krieg gegen Hitlerdeutschland gegeben. Nach sechs Monaten Krieg gegen die Ukraine waren die Verluste an Soldaten um ein Mehrfaches höher als in einem Jahrzehnt des Afghanistankrieges ab 1979. Für Russland zeichnete sich im Herbst eine nationale Tragödie ab, die größte seit dem Zweiten Weltkrieg. Nur war diese Tragödie von ihrem Führer provoziert, der sein Land mit einer Reihe von unfassbaren Fehlern in eine ausweglose Lage manövriert hatte. In der Krieg-in-Sicht-Krise des Januars 2022 entschied er sich allen Warnungen zum Trotz für den Überfall. Beim Überfall entschied er sich für den desaströsen Marsch auf Kiew. Im Krieg entschied er sich für die Lüge einer «Spezialoperation», die das Volk nicht betreffe. Beim Rückzug seiner Truppen entschied er sich für die große Mobilmachung. Und nannte es immer noch nicht Krieg. Putin, der sich mehr als 20 Jahre lang in beherrschbaren Feldzügen ans Siegen gewöhnt hatte, misslang in seinem ersten wirklichen großen Krieg gegen ein Nachbarland jeder Schritt.

Die Politologin Tatjana Stanowaja pointierte, dass sich Putin aus einer souveränen Situation mit vielen Optionen vollkommen freiwillig in eine verwundbare, ausweglose Situation begeben hatte. Viele würden nur noch staunen, sagte Stanowaja: «Seine ukrainische Obsession wurde nie in derselben Weise von dem größeren Teil der russischen Elite geteilt. Seine Bereitschaft,

Tausende russischer Leben zu opfern, wird von den meisten seiner Wähler nicht geteilt. Er scheint ein Szenario zu verfolgen, in dem er der Einzige ist, der bereit ist, jeden Preis zu zahlen und zu kämpfen unter dem Banner ‹Alles oder nichts›. Dem manischen Kurs des Präsidenten haftet der bittere Geschmack suizidaler Verzweiflung an.»

Im Herbst 2022 wuchsen die Zweifel der Menschen an der Weisheit des Herrschers. Putins Popularität sank, aber war den Umfragen zu trauen? Es war eher die Empirie der Zufälligkeit, mit der ich selbst feststellte, dass die Unterstützung für diesen Krieg und Putins Besessenheit nachließ. Ende September fuhr ich in Moskau zur Metrostation «Tschistyje Prudy», wo per Telegram-Nachrichtenkanal eine Demonstration angekündigt war. Es war eine Farce. Heere von Polizisten und Journalisten warteten im Nieselregen auf die Demonstranten, die nicht kamen. Doch wenig später traf ich in einer Seitenstraße nicht weit von der Metrostation eine Frau, die leise vor sich hin schimpfte. Sie war die Mutter von zwei Söhnen im wehrfähigen Alter. «Sie haben uns angelogen», sagte sie. Es hieß: kein Krieg, keine Verluste, keine längere Auseinandersetzung. «Alles Lüge!» Jetzt rede Putin von «Teilmobilisierung», aber sie würden sich jeden greifen, den sie kriegen können. «Wofür?», fragte sie. «Damals 1941 wurden wir von den Deutschen überfallen, aber jetzt haben *wir* ein anderes Land angegriffen. Und scheitern daran.» So redeten viele, wenn sie glaubten, dass die Macht sie nicht höre. Im Oktober 2022 saß ich bei einem Abendessen zusammen mit einem russischen Diplomaten, dessen Frau und einem Moskauer Künstler. Um Letzteren zu schützen, nenne ich keine Namen. Alles begann damit, dass die Frau des russischen Diplomaten laut seufzte: «Ach, warum bloß dieser Angriff auf die Ukraine? Wir hatten doch ein so schönes Leben davor!» Der Diplomat erklärte ihr und dem Künstler langatmig, warum der Angriff unausweichlich gewesen sei. Warum Putin nicht mehr habe dulden können, dass im Donbass Menschen starben, warum der Westen nicht zugehört habe und jetzt den Krieg mit Waffen anheize. Putins Erzählung eben. Der Künstler unterbrach ihn: «Ich komme aus dem Donbass.» Nichts sei unausweichlich gewesen. «Es gibt keine Beweise für diese Geschichten vom Beschuss und dem Genozid an den Menschen im Donbass.» Tatsächlich habe eine gespannte Ruhe geherrscht. Die Ukraine habe keinen Krieg gewollt, aber die russische Regierung. Es sei ein Überfall und keine Operation. Es sprudelte nur so aus ihm heraus. Irgendwann schwieg der Diplomat. Nur seine Frau seufzte immer weiter.

Die Zweifel waren nicht zu überhören. Kein Fest, keine Rede, keine Zeremonie konnte sie ausräumen. Der Annexions-Jubel hielt kaum mehr als einen Tag vor. Denn die ukrainischen Streitkräfte erlaubten sich, einfach weiter auf ihrem Territorium vorzurücken. Und Putins Sprecher musste öffentlich zugeben, dass er selbst nicht genau wusste, wo die Grenzen der annektierten Gebiete lagen. Die Ratlosigkeit der Regierung war offensichtlich. Um Putin zu schützen, schaltete die Propagandaarmee in den Reparaturmodus. Aber wo anfangen? Die Chefredakteurin von Rossija Sewodnja Margarita Simonjan warnte, bei der «Mobilmachung werden viele Fehler» gemacht. Das müsse dringend korrigiert werden. Putins Extrem-Talker Wladimir Solowjow regte in seiner Sendung an, «unehrliche Mobilmachungs-Kommissare» in den Rekrutierungszentren «zu erschießen». Beruhigen konnten solche Sprüche niemanden. Die Behörden versuchten die Unruhe in der Bevölkerung zu dämpfen, indem sie Männer per Textnachricht auf ihren Mobiltelefonen informierten, dass sie vom Wehrdienst «zurückgestellt» seien. Sogar ich als Deutscher bekam so eine Nachricht auf meine russische Nummer, was mich auch nicht ruhiger schlafen ließ. Schließlich entschloss sich Putin, die eigene Armee für den von ihm verschuldeten Feldzug anzuschwärzen.

Es begann damit, dass im Oktober 2022 ein bis dato wenig bekannter Vizechef der russischen Okkupationsbehörde in Cherson über die Rückzüge der russischen Armee in der Ukraine sagen durfte: «Ein Verteidigungsminister, der das zulässt, sollte sich erschießen.» Nach den russischen Zensurgesetzen wurde die «Verunglimpfung» der Streitkräfte mit bis zu 15 Jahren Lagerhaft bestraft. Aber Kirill Stremoussow bekam keinen Haftbefehl, sondern Beifall aus Moskau. In der Moskauer Duma fragte ein einflussreicher Abgeordneter der Putin-Partei, wo denn 1,5 Millionen Soldatenausrüstungen geblieben seien? Und im Fernsehen riefen die Propagandisten und Lügner vom Fach der Armeeführung zu: «Hört auf zu lügen!» Niemandem drohte eine Strafe.

Um sich selbst zu retten, gab Putin die Armee zum Abschuss durch zwielichtige Politiker und Propagandisten frei. Die Streitkräfte wurden im Oktober 2022 plötzlich verdammt für die Preisgabe von Tausenden Quadratkilometern Land und die Verluste von Panzern und Munition. Man lastete ihnen die misslungene Verteidigung der Brücke vom russischen Festland auf die Krim an, im September noch Putins Bauwerk für die Ewigkeit, im Oktober durch einen Anschlag schwer beschädigt. Besonders fiel die Kritik von zwei Günstlingen des russischen Herrschers auf. Sie hatten als Feldherrn in eigener Sache ganze Privatarmeen aufgebaut. Ramsan Kadyrow, Oberhaupt Tschetscheniens und berüchtigter Milizenführer, beschimpfte die russischen Kommandeure in der Ukraine als «unfähig». Dabei hatten Kadyrows Truppen etwa beim Marsch auf Kiew im Frühjahr 2022 mitgekämpft, sehr brutal, aber nicht erfolgreich. Kadyrow fand einen Verbündeten in einem anderen Kriegsprivatier, Jewgenij Prigoschin, Erfinder und Chef der Wagner-Milizen. Dessen Söldnertruppe kämpfte seit Jahren in Afrika, in Syrien sowie in der Ukraine und wird zahlreicher Kriegsverbrechen beschuldigt. Prigoschin ließ sich im Spätsommer 2022 in einem Straflager filmen, wie er Mörder und Sexualverbrecher für den Krieg anwarb mit den Worten: «Wer zurückweicht, sich ergibt, säuft, vergewaltigt, wird sterben. Wir sind bei sexuellen Vergehen sehr akkurat, aber Fehler können passieren. Alles klar? Dann schreibt Euch da ein.» Die russische Armee kämpfte nach Prigoschins Meinung «altmodisch» und «ineffektiv». Er selbst stand in Konkurrenz mit den Streitkräften um inhaftierte Straftäter. Beide, die Armee und die Wagner-Milizen, warben in den Straflagern des Archipel Putin um Freiwillige. Die Armee lockte mit Haftverschonung und Prigoschin mit dem Versprechen: «Ihr könnt mit den Ukrainern machen, was Ihr wollt.» Kadyrow und Prigoschin – sie standen für die russische Partei des totalen Kriegs. An ihrer Kritik an der Armee fiel auf, dass sie um denjenigen einen großen Bogen machten, der den Krieg ohne Not und Anlass angefangen, den gescheiterten Angriff auf Kiew zu verantworten und den Feldzug in einem für alle hochnotpeinlichen Mikromanagement geführt hatte: Wladimir Putin. Das war ein zentrales Motiv der massiven Kritik an Armee und Generalstab: alle Zweifel vom größten Feldherrn aller Zeiten auf die unfähigen Generäle und den Verteidigungsminister zu lenken. Die hätten angeblich den Führer getäuscht. Putin ließ den Kriegsprivatiers vorerst freien Lauf. Und erlaubte, dass sie das Bild der Armee zerrütteten.

In Moskau wurden gezielt Gerüchte gestreut, dass sich Putin zunehmend für alternative Kampfeinheiten jenseits der regulären Armee interessiere. Putins Staatssender verstärkten diesen Eindruck. Die Agitprop-Wochenschau «Westi nedeli» von Dmitrij Kisseljow auf Rossija 1 zeigte Mitte Oktober 2022 eine lange Reportage über eine Truppenparade der Kadyrow-Milizen in Grosny. Die Reporter schwenkten mit ihren Kameras an den säuberlich aufgereihten Regimentern der Soldaten mit langen Bärten vorbei. Der Rossija-1-Korrespondent pries überschwänglich Disziplin und Kampfgeist der Truppe. Ein mit Orden behängter Kadyrow durfte selbstgefällig in die Kamera sagen: «Unsere Jungs wollen den Staat nicht länger in Gefahr sehen. Wir kommen zurück mit dem Sieg.»

Solche Versprechen waren direkte Angriffe auf das russische Verteidigungsministerium am Frunse-Ufer in Moskau. Hinter dessen dicken Mauern versteckte sich Sergej Schoigu, lange Zeit Putins engster Vertrauter beim Pilzesammeln und am Lagerfeuer in der Taiga. Der Verteidigungsminister und sein Generalstabschef Walerij Gerassimow tauchten ab. Man hörte nichts von ihnen, aber reden mussten sie auch gar nicht, nur aushalten. Ihre Funktion bestand darin, als lebende Schutzschilde alle Kritik an der missratenen Operation abzufangen, so dass nichts davon Putin traf. Immerhin verschaffte der Herrscher Schoigu fristig

Entlastung. Die Ukraine-Operation bekam einen neuen Oberkommandierenden. General Sergej Surowikin galt als brutal und hemmungslos. Er hatte sich schon mit 24 Jahren einen Namen gemacht, als er jenen Panzer kommandierte, der beim Putschversuch 1991 drei Demonstranten im Moskauer Arbat-Viertel einfach überrollte. Surowikin diente in den Kriegen in Tschetschenien und Syrien, wo er an der Vertuschung von Chemiewaffeneinsätzen und an der Zerstörung der Millionenstadt Aleppo beteiligt war. In der Ukraine ist er auch nicht neu, dort war er von April bis Oktober 2022 für die südliche Front zuständig gewesen. Moskauer Medien berichteten übereinstimmend von Surowikins gefürchteten «Mitarbeitergesprächen» im Generalstab. Ein Untergebener sah sich danach genötigt, zur Waffe zu greifen und – sich selbst zu erschießen. Sergej Surowikin, der auch «General Armageddon» genannt wird, sollte fortan die Probleme der Operation lösen.

Ein Beispiel für konkrete Problemlösung auf russische Art war das enthemmte Bombardement ukrainischer Städte mit Marschflugkörpern und Langstreckenbombern. Kadyrow, den Putin im Oktober zum Generaloberst der «Russischen Garde» ernannt hatte, war entzückt und schrieb auf Twitter, so sei er «hundertprozentig zufrieden». Die Propagandasender feierten die Angriffe wie ein Silvesterfeuerwerk, ein Moderator filmte sich selbst, als er auf seinem Balkon tanzte, mit Baseballmütze und in Pyjama mit der Aufschrift «Armee Russlands». Selbst der übellaunige Satrap von Cherson, Kirill Stremoussow, befand: «Jetzt fangen wir an, wie Erwachsene mit denen zu reden, die uns nicht zuhören wollen.» Für dieses «Erwachsenengespräch» setzten die Streitkräfte sehr teure Marschflugkörper, aber auch alte sowjetische Sprengkörper ein, die oft das Ziel verfehlten. Was an der Front gut für die ukrainischen Soldaten war, wurde in den dicht bebauten Städten zur Katastrophe für die Zivilisten.

Hier zeichnete sich im Herbst 2022 ein Strategiewechsel der russischen Angreifer ab. Nüchtern betrachtet war ihnen klar, dass sie geringe Aussichten hatten, die ganze Ukraine zu erobern. Sie konnten sich aber nun mit der Masse der mobilisierten Soldaten hinter der Front eingraben und auf einen Stellungskrieg am Boden vorbereiten. Die russische Luftwaffe zerstörte die Infrastruktur der ukrainischen Städte, weil die Russen nicht mehr darauf setzten, diese in absehbarer Zukunft zu übernehmen. Die neue Strategie beschrieb der Ex-General und Abgeordnete der Putin-Partei «Einiges Russland» Andrej Guruljow im Oktober 2022 so: «Wenn sie kein Wasser, keine Kanalisation, keinen Strom, kein Geld haben, können sie keine Lebensmittel kaufen, nicht kochen, nicht arbeiten, nicht leben. Eine Welle von Flüchtlingen wird nach Westen gehen.» Die russischen Propagandisten waren beauftragt, Elendsbilder aus der Ukraine zu senden und den Moskauer Machthabern eine neue Erzählung zu verschaffen: Solange es den Ukrainern noch schlechter ging als den Russen, ließ sich auch ein in die Länge gezogener Krieg aushalten. Das Chaos sei der Sieg.

In Russland konzentrierte sich Wladimir Putin darauf, allen anderen die Schuld für seine persönlichen Fehler zuzuschieben. Niemand konnte mehr sicher sein, dass es ihn nicht träfe. Er baute die Herrschaft der Angst aus: Repressionen für Menschen, die sich auf der Straße versammelten; Verhaftung von Kriegsgegnern; Festnahme nationalistischer Blogger, die aus Sicht des Kremls mit allzu platten Forderungen nach Vernichtung der Ukraine übertrieben; Päppelung von nationalistischen Politikern, die Putins Kurs unterstützten. Die Zensurgesetze wurden selektiv angewendet und nationalistische Heißsporne an die Front geschickt. Stremoussow kam bei einem ominösen Autounfall ums Leben. Ständige Unsicherheit über das eigene Schicksal sollte zum Normalzustand werden in Putins Abnutzungskrieg gegen die Ukraine, den Westen und die eigene Bevölkerung. Im ganzen Land wurde die Verwaltung sogenannten Kriegsräten und Notstandskomitees unterstellt, die Industrie auf Kriegswirtschaft umgerüstet, in vielen Provinzen das Kriegsrecht eingeführt. Im russischen Süden ließ Putin in den Städten Schützengräben ausheben, weil angeblich ein Einmarsch der Ukraine nach Russland drohe. Was als sein persönlicher Krieg begann, sollte nun zum «Volkskrieg» aller gegen den westlichen Feind werden.

Für diesen Krieg setzte Putin alles aufs Spiel, was er in den 22 Jahren davor erreicht hatte. Er wirkte wie ein dem Wahn verfallener Unternehmer, der lange Zeit ein sehr erfolgreiches Geschäftsmodell hatte und am Ende seiner Karriere ins Casino geht, um seine Altersversorgung sowie das Erbe seiner Kinder zu verzocken. Sein Einsatz war die politische, ökonomische und kulturelle Stabilität Russlands, auf die er früher mal so stolz war. Eine nationale Tragödie bahnte sich an, an der Russland noch Generationen tragen könnte. Zumindest jene Russinnen und Russen, die geblieben sind, denn Millionen junger Leute mit guter Ausbildung hatten das Land verlassen. Putin erklärte den «Volkskrieg» und nahm Rache. An der Ukraine, die sich nicht ergab, wie er es erwartet hatte. An der eigenen Armee, die nicht so heldenhaft kämpfte, wie es seinen Wünschen entsprach. An den jungen russischen Männern, die nun ihr Leben auf dem Altar russischer Großmächtigkeit zu opfern hatten. Es war im Herbst 2022 nicht absehbar, ob er nur seine Erfolge oder seine Herrschaft oder gleich das ganze Land zerschlagen würde.

Am 30. August starb Michail Sergejewitsch Gorbatschow, jener letzte KP-Generalsekretär und sowjetische Präsident, dem Putin vorwarf, die Sowjetunion zerstört zu haben. Putin kam nicht zur Beerdigung seines Vorvorgängers. Im Gegensatz zu Tausenden von Menschen, die mit Blumen zu Gorbatschows Sarg pilgerten, der im Säulensaal des legendären Gewerkschaftshauses neben dem Parlament aufgebahrt war. Sie standen viele Stunden Schlange, um Abschied zu nehmen. Und sie kamen wieder und standen lange auf dem Nowodewitschi-Friedhof, um noch einmal Abschied zu nehmen. Michail Gorbatschows sterbliche Überreste versanken in einem Meer von Blumen. Falls Putin ein Gebinde gestiftet hatte, war es nicht mehr zu sehen. Dafür fiel die Karte eines unbekannten trauernden Moskauers auf, ein rechteckiges weißes Blatt, das auf roten Nelken und Rosen lag. Auf die Karte hatte er mit blauer Tinte in schönen kyrillischen Buchstaben geschrieben: «Ich danke Ihnen, Michail Sergejewitsch, für die Freiheit, für die Hoffnung und ein Leben ohne Angst.»

Parade von nuklearfähigen Raketen
auf dem Roten Platz in Moskau

14 Heiliger Krieg
Putins Rache am Westen

Immer waren die Anderen schuld. In den 1990er Jahren nahm ihn kaum jemand wahr, noch nicht mal, als der unscheinbare Mann Chef des mächtigen russischen Geheimdienstes war. Seine Ernennung zum Ministerpräsidenten im August 1999 war eine Überraschung für viele. Als Präsident schlug er dem Westen eine gemeinsame Antiterror-Allianz vor, um seinen Krieg gegen Tschetschenien zu rechtfertigen – aber die USA lehnten dankend ab. Er fühlte sich bei der Intervention der USA im Irak übergangen; und obgleich er beileibe nicht der einzige war, bezog er es nur auf sich. Später nannte ein US-Präsident sein großes nuklear bewehrtes Russland eine «Regionalmacht». Wenn Russen gegen seine Herrschaft protestierten, schob er das den Amerikanern in die Schuhe. Sein Versuch, die Ukraine zu erobern und abzuschaffen, wurde vom Westen mit Waffenlieferungen an das «erfundene Land» beantwortet. Als er dem britischen König Charles III. 2022 zum Tod seiner Mutter Elisabeth II. kondolierte, wurde er wegen des Überfalls auf die Ukraine noch nicht mal zum Begräbnis eingeladen. Obwohl sonst die ganze Welt dort war. Seine hochemotionale Rede zum Anschluss weiter ukrainischer Gebiete Ende September 2022 war eine einzige bittere Anklage gegen den Westen, ein herausgeschrieenes Psychogramm eines tief beleidigten Menschen. Gekränktheit ist ein Hauptcharakterzug des russischen Herrschers. Und die oft eingebildeten Anlässe gehörten zum wesentlichen Einfluss des Westens auf Wladimir Putin.

Davon abgesehen war es schwer, auf den Mann einzuwirken. Er sitzt in seinen Isolationsburgen in Moskau und am Schwarzen Meer. Seit der Pandemie sind alle Wege zu ihm noch enger gezogen. Besucher müssen sich peinlichen Tests unterziehen oder gar in längere Quarantäne. Als ich ihn auf dem Roten Platz bei der Mai-Parade 2022 aus der Ferne auf einer Tribüne sah, hatte ich drei PCR-Tests an drei aufeinanderfolgenden Tagen hinter mir und eine Maske auf. Auf der Tribüne hielt er einen Sicherheitsabstand zu seinen Generälen und Ministern. Sein Essen wird von Lebensmittelchemikern kontrolliert, Informationen werden für ihn vorsortiert. Er schaue, sagten mir ehemalige Vertraute, gern Staatsfernsehen, benutze selten ein Smartphone und surfe kaum im Netz. In großen Abständen telefonierte er 2022 noch mit Kanzler Olaf Scholz oder Präsident Emmanuel Macron. Gerade bei den Anrufen aus Paris lehnt er öfters ab. Er ist ein Mann, der seit Jahren abgeschottet mal in Moskau, mal in Sotschi, mal in seiner Datscha residiert. Putin lebt in einer hermetisch abgeriegelten Welt.

Manche im Westen glauben, Putins Feldzug sei ein Regionalkrieg ohne größere Bedeutung für die Welt. Er wolle sich einfach nur die Ukraine einverleiben, die ohnehin im russischen Einflussbereich liege und bis 1991 von Moskau beherrscht worden sei. Als wäre das nicht schon schlimm genug. Aber genau diese Zuschreibung eines begrenzten Ziels ist ein gefährlicher Irrtum, der dazu verleitet, Putin erneut zu unterschätzen. Es geht ihm um viel mehr. In der Auseinandersetzung mit dem Westen verfolgt er das zentrale politische Projekt seiner Amtszeit seit seiner Rückkehr in das Präsidentenamt 2012: Revanche und Machtübernahme.

In einem Schlüsselzitat hat Putin seinen wesentlichen Antrieb auf der Weltbühne schon im März 2018 offengelegt. In einer Rede an die Nation im Manegesaal am Kreml klagte er die USA und den ganzen Westen an, sie hätten Russland mit Aufrüstung und Sanktionen eindämmen wollen. Dieser Versuch sei gescheitert. «Mit uns wollte niemand reden. Sie hörten uns nicht zu. Dann sollen sie jetzt mal zuhören!», rief Putin und ließ dann in Videofilmen eine Armada neuer Hyperschall-Interkontinentalraketen und Marschflugkörper über das Publikum hinwegdonnern. Die versammelten Abgeordneten, Staats- und Kirchenvertreter dankten ihm mit großem Applaus. Gegen Russlands neue Waffen, triumphierte der Herrscher, habe der Westen keine Mittel.

Putin sann vordergründig auf Rache für die vielen eingebildeten Beleidigungen. Tatsächlich aber schlug die langjährige Forderung nach gleicher Augenhöhe in seiner vierten Amtszeit um in den Anspruch auf Überlegenheit. Den wollte er nun in einem Krieg – militärisch und hybrid – durchsetzen. Vor den Führern der Parlamentsfraktionen sagte Putin am 7. Juli 2022: «Wenn der Westen einen Konflikt provozieren wollte, um in eine neue Etappe des Kampfes und der Abschreckung gegen Russland einzutreten, dann ist es so weit. Der Krieg ist entfesselt.» Putin, Russlands oberster Revanchist, wagte 2022 den finalen Showdown mit dem Westen. Diese lang geplante Auseinandersetzung führte er um nichts weniger als die Vorherrschaft in der Welt. Er wollte, wie der Erste Sekretär der Kommunistischen Partei der Sowjetunion Nikita Chruschtschow schon 1956 träumte, den Westen begraben. Doch weil Putin die Ansprüche so hoch gesteckt hatte, ging es zugleich um das Überleben seines Regimes und seiner selbst. Vor den vorüberziehenden Atom- und Panzertruppen der Armee sagte Putin am 9. Mai 2022 auf dem Roten Platz: «Die Verteidigung des Vaterlands in Zeiten des schicksalhaften Überlebens war schon immer eine heilige Sache!» Damit hatte er die metaphysische Dimension des Kampfes gegen den Westen umrissen. Wie führte Putin diesen Krieg aller Kriege?

Putin begründete den anlasslosen Überfall auf die Ukraine mit der Sicherheit seines Landes. Er habe einen «Präventivschlag» gegen einen bevorstehenden Angriff geführt, sagte er am 9. Mai 2022 auf dem Roten Platz. «Es liefen Vorbereitungen für eine Invasion unserer historischen Gebiete, einschließlich der Krim.» Er sei dem Westen nur zuvorgekommen, bevor dieser Russland über die Ukraine attackieren konnte. Und damit begann Putins Angriff: Von der Nato hatte der russische Herrscher im Dezember 2021 in einem ultimativen Memorandum das Ende der Erweiterung verlangt, den Rückbau der Nato-Infrastruktur in Europa der letzten 25 Jahre, dazu den Rückzug der US-Atomwaffen aus Europa und keine weiteren Militärübungen in Russlands Nähe, womit er auch, aber nicht nur die Ukraine meinte. In seiner Jahrespressekonferenz Ende Dezember 2021 sagte Putin vor den Moskauer Journalisten, die Nato rücke immer weiter vor und errichte Stützpunkte mit neuen Rüstungssystemen: «Im Osten, im Süden, im Norden, und im Westen natürlich.» Ein Blick auf die Karte bestätigte das nicht. Die letzte Nato-Ausdehnung nach Osten war bei Kriegsausbruch fast 18 Jahre her. Von den 57 680 Kilometern seiner Außengrenze teilte Russland bis 2022 gut 800 Kilometer mit den Nato-Mitgliedern Norwegen, Estland und Lettland. Polen und Litauen grenzen auf rund 400 Kilometern an die Exklave Kaliningrad. Das Nato-Beitrittsgesuch Finnlands mit seiner 1 300 Kilometer langen Grenze zu Russland erfolgte erst nach dem Überfall auf die Ukraine. Einkreisung sieht anders aus.

Wladimir Putin füttert nach außen bewusst ein westliches Missverständnis über Russland. Viele glauben, dass Putin nur auf die USA und die Nato reagiere. Wenn der Westen sich bloß anders verhielte, Verständnis zeigte und auf Putins Sorgen und Nöte einginge, dann würde dieser ganz anders handeln. Wenn die Nato-Staaten die Ukraine nicht unterstützten, dann würde Putin seinen Kampf gegen den Westen sofort einstellen und wieder Erdgas liefern. Das ist eine falsche Annahme und übrigens eine, die Russland klein macht und unterschätzt. Russland ist eine Weltmacht, groß und souverän genug, um nicht auf andere zu reagieren, sondern aus eigenem Antrieb zu handeln. Genau das tut Putin.

Putins persönliche Radikalisierung ist keine Reaktion auf eine äußere Entwicklung, sondern auf die Bedrohung seiner Macht im Inneren. Sein Weg in den neuen Nationalismus begann nach den für ihn schockierenden Demonstrationen gegen seine Rückkehr in den Kreml 2011/12. Die Besetzung der Krim und von Teilen des Donbass erfolgte 2014/15, nachdem die Ukrainer sich ihres autoritären, korrupten Herrschers entledigten und das Land demokratisieren wollten, was ein gefährliches Vorbild für Russland war. Doch die Krim-Euphorie war Jahre später verflogen, Putins Popularität stürzte seit 2018 ab. Er war auf der Suche nach einem neuen Narrativ. Das entdeckte er im ewigen Kampf gegen den Westen, im Ringen um die Weltherrschaft. Doch der Antrieb dafür kam von innen.

Putins Auseinandersetzung mit dem Westen ist Teil einer tiefgreifenden Umwälzung Russlands, die er vor 20 Jahren anschob. Dabei halfen ihm die Sicherheitsdienste, die Streitkräfte, die Propagandamaschine. Gemeinsam haben sie eine Revolte angezettelt: Gegen die 1990er Jahre und alles, was damals geschaffen und unterschrieben wurde. Gegen ein offenes Russland mit halbwegs freien Wahlen, das sich in Verträgen zu einem friedlichen Miteinander und zur Achtung der Grenzen in Europa verpflichtete. Für diese Fehlentwicklungen aus ihrer Sicht nahmen Putin und seine Mitstreiter Rache. Sie krempelten ihr Land erst im Innern um. Sie testeten und überschritten Grenzen, erst nach innen, dann nach außen. Und weil Putin kein kleines Land regiert, sondern eine nukleare Großmacht, erschüttert er heute Europa und die Welt, in der wir uns drei Jahrzehnte lang sicher gefühlt haben.

Wie tief die Abneigung gegen diese Welt sitzt, zeigte Putin gegenüber dem letzten Präsidenten der Sowjetunion. Als der Entspannungs-Held Michail Gorbatschow Ende August 2022 starb, kam Putin weder zur Trauerfeier noch zur Beerdigung seines Vorgängers. Seine Kondolenzmitteilung erinnerte an ein schlechtes Lehrlingszeugnis: «Hat sich stets bemüht.» Putin verkörperte die Verachtung des Sicherheits-Establishments für den Mann der Öffnung und der Abrüstungsverträge. Er rächte sich auch an ihm. Gorbatschow hatte Kritik daran geübt, dass Putin nicht der Verfassung gemäß nach zwei Amtszeiten abtreten wollte. Putins Sprecher Dmitrij Peskow verhöhnte darauf den im Westen verehrten Gorbatschow: «Ein ehemaliger Staatschef, der ein Riesenland zerlegt hat, empfiehlt also dem Mann, der Russland vor diesem Schicksal gerettet hat, den Rücktritt.» Die von Gorbatschow mitbegründete Zeitung Nowaja Gaseta, an der er auch Anteile hielt, ließ Putin in Russland schließen. Dem Sowjetführer warf er vor, das Reich verspielt und den Staat verraten zu haben. Am Putsch gegen Gorbatschow 1991 störte Putin und seine Elite vor allem, dass dieser Russlands Öffnung nicht aufhalten konnte: die freie Diskussion, den Aufstieg liberaler Politiker in die Regierung, die Entstehung einer lebendigen Zivilgesellschaft und eines vom Staat unabhängigen Unternehmertums. Putin selbst hat 2017 in einem Pressegespräch die 1990er Jahre als «trübe Pfütze» bezeichnet, «in der sich die Oligarchen ihre Goldfische fangen durften».

Russland ist unter Putin ein anderes Land geworden. Die verschiedenen Wellen der Repression trafen viele Berufsgruppen. Wer politisch aktiv ist, dem drohen die Brandmarkung als ausländischer Agent oder gleich eine Verurteilung als Terrorist oder Extremist. Politische Gegner werden in Strafkolonien verbannt. Zivilgesellschaftliche Organisationen sind entweder vom Staat gelenkt oder zerstört. Das sind keine «inneren Angelegenheiten». Der Präsident selbst hat das Wechselspiel von Innen und Außen auf seiner Jahrespressekonferenz im Dezember 2021 offenbart, als Memorial der Prozess gemacht wurde. Russland sei bedroht, sagte Putin, doch könne es «nur von innen zerlegt, nicht von außen besiegt werden.» Die innere Gefahr glaubte er am Ende des Jahres 2021 gebannt zu haben. Seitdem begann er seinen Rachefeldzug nach außen.

Entscheidend für Putins Weg in den Krieg war seine Wahrnehmung eines schwachen, zerfallenen Westens. Er fühlte sich gestärkt durch die «konsolidierte Gesellschaft» unter einem diktatorischen Regime, während der Westen an zwischenstaatlicher Konkurrenz, gesellschaftlichen Kämpfen, Genderdekadenz und Zuwanderung zerbreche. Gegen die verwundbare Vielfalt des Westens wollte Putin die stahlbewehrte Einheit Russlands ins Feld führen. Das hatte er jahrelang vorbereitet. Die russischen Eliten ergötzten sich schon lange an den Erschütterungen des Westens. Die Ära Trump, die Gelbwestenbewegung in Frankreich, die Querdenker und Putin-Brigaden in Deutschland, der Aufstieg von Nationalisten und Populisten in vielen EU-Ländern spendeten in Moskau Hoffnung und Genugtuung. Putin selbst schien seit dem Genfer Gipfel mit US-Präsident Joe Biden im

Juni 2021 überzeugt zu sein, dass er der mental und körperlich Stärkere sei. Im Jahr 2021 schien es mit Biden nur noch bergab zu gehen: eine zerrissene Partei, stockende Reformen, der desaströse Abzug aus Afghanistan im August 2021. Gerade das chaotische Ende der 20-jährigen Intervention der Nato-Staaten in Afghanistan schien aus Putins Sicht zu zeigen, dass der Westen zu ernsthaften militärischen Operationen überhaupt nicht mehr in der Lage sei. Sein Angriff war keine Reaktion auf westliche Handlungen, sondern die logische Konsequenz seiner Einschätzung, dass die Zeit reif war zum Losschlagen.

Europa und seine lähmende Vielstimmigkeit nahm Putin kaum noch ernst. Seit dem Abgang von Angela Merkel, die die EU in der Krim-Krise 2014 zu gemeinsamen Sanktionen gegen Russland führte, schien die EU führungslos zu sein. Der neue deutsche Kanzler Olaf Scholz wurde in Moskau als «Clown» verlacht, der seine weitgespreizte Koalition nicht im Griff hatte. Mit Genugtuung verfolgten die Moskauer Eliten, wie Frankreichs Präsident Emmanuel Macron, von links und rechts bekämpft, mit schockierend geringem Vorsprung vor seiner Herausforderin und Putin-Freundin Marine Le Pen wiedergewählt wurde. Die Mehrheit im Parlament verlor er obendrein. Putin wusste: Viele Länder Europas hingen ab von russischem Erdgas, über die Hälfte der deutschen Importe und mehr als ein Drittel der italienischen Einfuhren kamen aus Russland. Diese Länder, so dachte er, würden gegen russisches Vordringen nur wenig Widerstand leisten.

Putins Revolte gegen die Ordnung der 1990er Jahre erfasste ganz Europa, das er von Amerikas Vormundschaft befreien und russischer Führung unterwerfen wollte. Europa sei von einem «fremden Willen bestimmt», sagte im Januar 2021 Konstantin Kossatschow, ein Außenpolitiker und Vizesprecher des Föderationsrates. «Europa, das ist auch unser Kontinent, den man uns wegnehmen will. Gerade wir sind das Vorbild des künftigen Europas – eines einigen, souveränen Kontinents von Lissabon bis Wladiwostok.» Dazu passten die russischen Ansprüche. Putins Forderung nach dem Rückzug von US-Atomwaffen würde nichts anderes als das Ende der nuklearen Schutzverpflichtung bedeuten. Der geforderte Stopp der Nato-Erweiterung richtete sich weniger gegen die Ukraine, die kaum Aussichten auf einen Beitritt hatte, sondern gegen die Handlungsfreiheit der europäischen Staaten schlechthin. Die Ironie des Schicksals war, dass Putin mit dem Überfall auf die Ukraine das Gegenteil erreichte: Finnland und Schweden stellten nach kurzer Zeit den Antrag auf einen Nato-Beitritt. Doch der Moskauer Lärm um die Nato-Osterweiterung war ohnehin nur ein Vorwand für größere Pläne. In Putins neuer Ordnung sollten die USA gar keinen Platz mehr in einem schwachen und von Russland abhängigen Europa finden. Russland erhob Anspruch auf uneingeschränkte Führung auf dem Kontinent.

Putin wollte dabei nicht zurück in den Kalten Krieg mit seinen festen Bündnissen und Abmachungen. Er strebte vorwärts in die Regellosigkeit des 21. Jahrhunderts, in der vor allem militärische Stärke und nationale Einheit zählen sollten. «Wir sind stolz auf unser starkes Land, das souverän und sich selbst genug ist», pflegte der Präsident zu sagen. Den Westen wollte er mit militärischer Erpressung, Cyberattacken und einem Rohstoffpreis-Krieg permanent unter Druck halten. In der chronischen Anspannung gedachte Putin die internationale Tagesordnung zu diktieren. Mit dieser Taktik folgte er einer in Russland weitverbreiteten Faustformel: «Wer uns fürchtet, achtet uns auch.» Bei Kriegsausbruch glaubten immerhin 86 Prozent aller Russen nach einer Umfrage der Stiftung Öffentliche Meinung, dass Russland in der Welt «gefürchtet werde». Fast drei Viertel sagten, es werde «geachtet». Bewunderung oder Vertrauen in Russland gelten dagegen kaum als erstrebenswert. Die Furcht ist eine ständige Machtressource für die russische Führung. Putin setzt auf sie auch im Kampf um Europa.

Was für den russischen Herrscher unerträglich schien, waren die Charta von Paris von 1990 und die zahlreichen Verträge über die Unverletzlichkeit der Grenzen und Sicherheit in Europa. Zwei davon hatte Russland mit der Ukraine unterschrieben, im Austausch für deren Atomwaffen. Alles Zugeständnisse von seinen Vorgängern in Momenten historischer Schwäche, befand Putin und bereitete sich auf das Rückspiel vor. Schon 2016 sagte er in der Russischen Geographischen Gesellschaft den denkwürdigen Satz, dass «Russlands Grenzen nirgendwo enden» würden.

Mit dem Kampf gegen den Westen mobilisierte Putin sein Volk auf zweierlei Weise. Einerseits konnte er damit erklären, warum er keine andere Wahl hatte, als die vom Westen als «antirussisches Projekt benutzte» Ukraine zu überfallen. Andererseits ließen sich mit dem Westen alle alten sowjetischen Ressentiments gegen den liberalen Kapitalismus und die offene Gesellschaft abrufen. Die nationale Selbstbehauptung gegen die USA und ihre Verbündeten konnten die meisten Russen besser verstehen als den durchaus widersprüchlichen Kampf gegen die imaginären «Faschisten» im ukrainischen Brudervolk. Angesichts vieler Rückschläge ab Sommer 2022 bedurfte die stockende «militärische Spezialoperation» immer neuer Erklärungen. Ein halbes Jahr nach dem Überfall waren die russischen Streitkräfte nicht weit gekommen. Es gab große Verluste, peinliche «Umgruppierungen», Kommandowechsel und jähe Strategieschwenks. Je länger der Krieg gegen die Ukraine andauerte, sprach der Herrscher in seinen Reden immer weniger von der Ukraine, dafür aber vom «kollektiven Westen» und vom «Nato-Block». Der wahre Feind stand im Westen, er hatte kein Gesicht, kein Hirn, kein Herz, sondern vier blutleere Buchstaben. Ein anonymes Monstrum, ein mächtiger Gegner, der Russland bedrohte. Das war Putins Erzählung.

Im September 2022 spitzten sich die Dinge zu. Unter den Schlägen der ukrainischen Armee verließen die russischen Truppen fluchtartig die Region von Charkiw. Auch Teile des Bezirks Luhansk gingen wieder verloren, später Cherson. Vieles lief nicht «nach Plan», wie Putin es versprochen hatte. Unter dem gewaltigen Druck der Ereignisse musste er eine Mobilmachung ausrufen. Sein Feldzug schlug um vom fernen Krieg der Söldner und Vertragssoldaten zum Volkskrieg, in dem jeder zur Waffe gerufen werden konnte. Das brauchte eine ganz neue Begründung. Putin sprach plötzlich von einer «Schlacht um Leben und Tod». In seiner Mobilmachungsrede am 21. September 2022 behauptete er: «Das Ziel des Westens ist es, unser Land zu schwächen, zu spalten und letztlich zu zerstören.» Putin führte sein Volk in den ultimativen Überlebenskampf. Derzeit sei der Schauplatz noch die Ukraine. Noch: «Sie haben die totale Russophobie zu ihrer Waffe gemacht... vor allem in der Ukraine, für die sie das Schicksal eines antirussischen Brückenkopfes vorgesehen haben. Und sie haben das ukrainische Volk zu Kanonenfutter gemacht und es in den Krieg mit unserem Land getrieben.»

Eine Moskauer Ausstellung «Nato – eine Chronik der Grausamkeit» im Museum für Zeitgeschichte nahe dem Puschkinplatz brachte diese Botschaften 2022 exemplarisch unters Volk. In Vitrinen und auf Stelltafeln behaupteten die Ausstellungsmacher gegen alle historische Wahrheit, dass die Nato in Vietnam einmarschierte. Dass sie in Panama und Grenada intervenierte. Dass sie in Chile putschen ließ. Dass sie die Atombombe von Hiroshima gezündet habe, vier Jahre vor ihrer Gründung. Hinter der Ausstellung standen staatliche Einrichtungen, die Hochschule des Außenministeriums MGIMO, die Agenturen TASS und Rossija Sewodnja, die Russische Historische Gesellschaft und das Verteidigungsministerium. Im Museum für russische Zeitgeschichte sah ich Kinder mit ihren Eltern, die offenbar ihr Wochenende gern vor solchen Vitrinen und Stelltafeln verbrachten. Schüler und Studenten, Veteranen, Besucher aus China und Afrika standen um eine Panzerabwehrrakete aus westlichen Arsenalen herum, angeblich ein Beutestück russischer Truppen in der Ukraine. Es sollte beweisen, dass Russland den Krieg nicht gegen die Ukraine, sondern tatsächlich gegen die vier Buchstaben führte. Wie «Nato», Nazis und die Ukraine zusammenpassten, sollte eine Vitrine mit Kriegstrophäen zeigen. Die Belege waren dürftig. Zu sehen war ein schwarzer Motorradhelm, auf den jemand SS-Runen gemalt hatte. Auf einem ukrainischen Nummernschild stand «Asow», der Name des bis 2016 von Rechtsextremisten dominierten Regiments, das in der Schlacht um Mariupol in einem umkämpften Stahlwerk ausharrte. Daneben lagen zusammenhanglos eine ukrainische Flagge und eine US-Flagge. «Die Ukraine ist das antirussische Projekt der Nato», erklärte ein Ausstellungsführer den Vitrinen-Inhalt Kindern und Eltern. Die anderen Projekte davor seien der Kosovo-Krieg 1999, die US-Invasion im Irak 2003, die Intervention von Franzosen und Briten in Libyen 2011 gewesen. Nun sei die Ukraine das Aufmarschgebiet des Westens. Die Ukrainer kamen in dieser Erzählung nur als ferngesteuerte Kampfroboter der Nato vor, nicht als Bürger mit eigenem Staat und Selbstbestimmung. Hier ließ sich nach Monaten misslungener Kriegführung in der Ukraine die Wende in der russischen Darstellung hören. Nicht mehr die erfundenen ukrainischen «Nazis» waren ab dem Sommer 2022 der Hauptfeind, sondern die Nato. In seiner Rede zur Mobilmachung der wehrfähigen russischen Bevölkerung vom 21. September 2022 ignorierte Putin die hohe Kampfkraft und Motivation der Ukrainer im Kampf gegen die russischen Angreifer genauso wie die erfolgreiche ukrainische Taktik. Seine falsche Behauptung, Russland kämpfe in der Ukraine gegen die gesamte Nato, sollte die russischen Schwächeanfälle erklären.

Die Nato war für Putin ein perfekter Feind. Ganz in seinem Sinn lieferte die Ausstellung Erklärungen für alle Generationen und Geschmacksrichtungen: Für junge Russen ist die Nato eine unheimliche Organisation, die schon vor ihrer Geburt die Welt in Schutt und Asche legte. Für ältere Russen ist sie der altbekannte Feind, gegen den die Sowjetunion den Kalten Krieg verloren hat und die sich seither krakenhaft ausdehnt. Für westliche Linke ist sie das Instrument, mit dem die USA die Welt beherrschen. Und für den globalen Süden existiert sie als Militärblock, der im Namen vorgeblicher Freiheitsbeglückung den westlichen Kolonialismus in die Zukunft verlängert.

Das unabhängige Meinungsforschungsinstitut Lewada befragte im August 2022 die russische Bevölkerung, wer schuld am Krieg sei: Mehr als 70 Prozent nannten die USA und die Nato, 17 Prozent die Ukraine und nur sieben Prozent Russland. Die Gehirnwäsche wirkte. Zugleich kollabierte das früher helle Deutschland-Bild. Nachdem Deutschland viele Jahre lang eines der beliebtesten Länder in Russland war, galt es plötzlich als Gegner. Nach einer Lewada-Umfrage vom Juni 2022 stuften 37 Prozent der Befragten Deutschland als ein «sehr feindlich eingestelltes Land» ein. Und während im August 2019 noch 61 Prozent der Befragten meinten, Russland habe «gute Beziehungen zu Deutschland», sagten im Mai 2022 schon 66 Prozent, die Beziehungen seien «schlecht». Tendenz steigend. Das einst gute Verhältnis zu Deutschland ist einer der großen Kollateralschäden des Krieges. Entscheidend dabei: Der rapide Zerfall des deutschen Ansehens in Russland hat weniger mit den tatsächlichen Empfindungen der Bevölkerung zu tun als mit den gezielten Verdammungen der Politiker und Propagandisten. Der Vize-Vorsitzende des Sicherheitsrats und ehemalige Präsident Medwedew tat sich dabei besonders hervor. Er unterstellte der deutschen Regierung ein quasikoloniales Interesse an der Ukraine und bemerkte im Mai 2022 sarkastisch, «gegen Ende der 1930er Jahre hat schon einmal einer so kalkuliert.» Im September 2022 warf Medwedew Deutschland vor, einen «hybriden Krieg gegen Russland zu führen», weil es der Ukraine tödliche Waffen liefere. «Deutschland handelt als Feindstaat», ließ Medwedew Berlin wissen.

Dass diese Bemerkung auf ganzer Regierungsbreite abgestimmt war, merkte ich in Moskau beim abendlichen Zappen auf den russischen Fernsehkanälen. Der Direktor von Rossija Sewodnja Kisseljow liebte die schnellen Zusammenschnitte von ukrainischen Asow-Kämpfern, deutschen SS-Soldaten im Zweiten Weltkrieg und Olaf Scholz bei einer Rede vor Bundeswehrsoldaten. Der Extrem-Talker Wladimir Solowjow sagte Ende Juli 2022, dass Außenministerin «Annalena Baerbock eine Nazi-Uniform sehr gut passen würde» und dass sich Kanzler Olaf Scholz «als würdiger Nachfolger der Nazis» erweise. Ein gefundenes Fressen für Solowjow war eine Szene, in der Scholz in Anzug und Lederschuhen ungelenk auf einen Gepard-Panzer kletterte. «Herr Scholz ist gar kein so kleiner Führer», höhnte Solowjow mit aufgesetztem deutschen Akzent in seiner Sendung. «Jetzt ist Scholz total durchgedreht», kommentierte er Fotos des Bundeskanzlers auf dem Flugabwehrpanzer. Danach ließ er Schwarz-Weiß-Bilder zeigen, auf denen Adolf Hitler auf einem Panzer stand. «Hier eifert er seinem Idol mit Schnauzbart nach!» Scholz bilde «Banderowzy» aus, das ist die russische Chiffre für ukrainische Nationalisten. Die Botschaft der billigen Propaganda leuchtete jedem Russen und jeder Russin sofort ein: Die Deutschen rüsteten ukrainische Faschisten auf und benähmen sich genauso wie im Großen Vaterländischen Krieg 1941 bis 1945. Sie hätten aus der Vergangenheit nichts gelernt. Die Wirkung war gewaltig. Bei Gesprächen mit Moskauern auf der Straße in der zweiten Jahreshälfte 2022 hörte ich immer wieder die gleiche Klage, sobald ich mich als Deutscher zu erkennen gab: «Wie könnt Ihr den Faschisten Waffen geben?» In einer Solowjow-Sendung Mitte September schlug der Duma-Abgeordnete und ehemalige Panzerdivisionskommandeur Andrej Guruljow aus der Putin-Partei vor, Berlin mit einem Nuklearschlag auszulöschen. Das empörte niemanden mehr. Solowjow, Kisseljow und Konsorten hatten die Hirne umprogrammiert. Die Propagandisten sicherten Putins Kriege in der Bevölkerung ab. Und säten dafür Völkerhass.

Einige deutsche Distanz-Deuter der russischen Realität, die schon vor dem Krieg durch übermäßiges Verständnis für Putin auffielen, werteten die aggressive Haltung der russischen Regierung als Folge von Berlins Parteinahme für die Ukraine. Ein gefährliches Missverständnis. Denn der hybride Krieg gegen Europa und insbesondere gegen Deutschland hatte nicht erst 2022 begonnen. Im April 2015 griff ein Hackerkollektiv des russischen Geheimdienstes GRU den Bundestag an. Dabei wurde auch das Büro der Bundeskanzlerin Angela Merkel ins Visier genommen. Im Februar 2018 kam es zu einem massiven Cyberangriff auf das Auswärtige Amt in Berlin. Russische Hackerkollektive zielten auch auf deutsche Unternehmen und Versorgungseinrichtungen. Sie mischten sich in den französischen Wahlkampf ein, um die Nationalistin Marine Le Pen zu unterstützen. Der russische Geheimdienst ließ in Berlin Regimegegner erschießen. Putin investierte sehr viel Geld, um Europa durch die Förderung nationalistischer Parteien zu spalten und zu zerrütten. Am deutlichsten aber wurde der hybride Krieg Russlands bei der Gasversorgung.

Putins Gaskrieg gegen Deutschland und Europa sowie die folgenden Preisschocks im Sommer 2022 hatten eine lange Vorgeschichte. Das begann mit dem gezielten Kauf der größten Gasspeicher Deutschlands 2015 durch Gazprom, abgesegnet durch den damaligen SPD-Wirtschaftsminister Sigmar Gabriel. Russische Energieunternehmen kauften strategische deutsche Energieinfrastruktur auf, Pipelines und Verteilerstationen, Versorgungsunternehmen und die große Raffinerie in Schwedt, die wesentliche Teile Ostdeutschlands mit Benzin belieferte. Ziel war es, den russischen Einfluss auf Deutschland auszuweiten und im Konfliktfall reichlich Druckmittel gegen den größten EU-Staat zu haben. Dabei nutzte die russische Regierung die auch von deutschen Politikern und Energiemanagern verbreitete Erzählung von der angeblichen Zuverlässigkeit Russlands als Gaslieferant. Im Jahr 2021, ein knappes Jahr vor dem russischen Überfall auf die Ukraine, ließ Putin die Falle zuschnappen. Es begann damit, dass Gazprom nach dem kalten und schneereichen Winter 2020/21 die Lieferungen auf den europäischen Markt begrenzte. Die Nachfrage war hoch – und Gazprom hätte viel Geld verdient, wenn es mehr Gas geliefert hätte. Das aber war politisch im Kreml nicht erwünscht. Die künstliche Verknappung führte zu einer spürbaren Erhöhung der Gaspreise in Europa schon 2021. Die böse Überraschung kam im Herbst. Der größte deutsche Gasspeicher in Niedersachsen, Eigentum von Gazprom, hatte zu Winterbeginn 2021 einen Füllstand von nur 18 Prozent. Auch die anderen Gasspeicher im Besitz des russischen Staatsmonopolisten waren fast leer. Der Grund lag darin, dass Gazprom die Lieferungen schon 2021 kräftig herunterfuhr und dringend benötigtes Gas zurückhielt. Das war lange vor dem russischen Überfall auf die Ukraine. Putins langfristig angelegte Verknappungspolitik eskalierte im Sommer 2022. Erst forderte er vertragswidrig die Bezahlung der Gasrechnungen in Rubel. Dann ließ er die Lieferungen durch die zahlreichen Pipelines nach Europa drosseln, durch die Ukraine, durch Polen und schließlich durch die Ostseepipeline Nord-Stream 1. Er betrieb mit Deutschland ein Katz-und-Maus-Spiel um angeblich nicht funktionierende Turbinen, ständige Wartungsausfälle und mangelnde Dokumente für die Wiedereinfuhr einer überholten Turbine nach Russland. Ab September verhängte Putin ein faktisches Gasembargo gegen Deutschland, wie zuvor schon gegen andere EU-Länder. Ende September zerrissen Anschläge drei von vier Strängen der beiden Nord-Stream-Pipelines. Putin antwortete nicht auf Waffenlieferungen des Westens, sondern setzte seine lang angelegte Politik fort. In Russland wurde darüber offen gesprochen, nur kam es in Deutschland nicht richtig an. Im russischen Fernsehen rieten Kreml-Berater und Großkommentatoren schon lange, Europa für seine «Amerika-Hörigkeit» zu bestrafen. Der Militärkommentator Igor Korotschenko forderte die russische Regierung schon vor dem Angriff auf die Ukraine 2022 dazu auf, «Europa am Euter zu fassen». Dann präzisierte er: «Sie sollen unsere feste Hand spüren und wir ihren ängstlichen Puls.» Genau das geschah im Spätsommer 2022, als in Deutschland bei manchen Wirtschaftsvertretern, Politikern und Bürgern Panik ausbrach angesichts der explodierenden Gaspreise und der hohen Inflation. Für Putin und seine propagandistischen Vollstrecker war das eine helle Freude. Mit Genuss malten sie im Fernsehen aus, wie die Industrie aus Deutschland abwandern, wie Arbeitslosigkeit, Geldentwertung und Wohnstubenfrost die Menschen in die Verzweiflung treiben würden.

Wladimir Putin behauptete in fast jeder seiner Reden, er kämpfe gegen die Vereinigten Staaten und ihren «obsoleten Anspruch auf die Weltherrschaft». Doch konnte er die USA nur begrenzt treffen, weil sie selbst Gas exportieren, Nuklearwaffen haben und mit ihren Streitkräften überall auf der Welt einsatzbereit sind. Mehr als Cyberkrieg und die Einmischung in die amerikanischen Wahlkämpfe war nicht drin. Also konzentrierte Putin seine Angriffe vor allem auf die EU und insbesondere Deutschland. Der europäische Kontinent wurde zu seinem

Schlachtfeld, mit Soldaten und Waffen gegen die Ukraine und mit vorerst hybriden Mitteln gegen die EU. Der russische Herrscher versuchte spätestens seit dem Sommer 2022, Europa zu zerstören, sein friedliches Miteinander, seinen Lebensstandard, sein Lebensgefühl. Aus Putins Reden quoll der Hass auf die Freiheit und den Lebensstil Europas. Im März 2022 unterstellte er Russen, die eine europäische Haltung vertreten, eine «Sklavenmentalität». Sie könnten «ohne Gänsestopfleber, Austern und Gender-Freiheiten nicht mehr leben», höhnte Putin. «Sie halten sich offenbar für Angehörige einer höheren Kaste und höheren Rasse.» Er rief russische Ressentiments auf und schürte den kulturellen Hass auf Europa.

Putin hat Russland von Europa entfernt wie kein russischer Führer vor ihm. Damit betritt er historisches Neuland. In der Vergangenheit lag Russland oft mit anderen europäischen Staaten im Clinch oder im Krieg. Aber es hatte immer Verbündete in Europa, es blieb stets Teil des Kontinents. Zar Peter I. kämpfte jahrzehntelang gegen Schweden, aber wusste im Nordischen Krieg von 1700 bis 1721 Dänemark mit Norwegen und Sachsen samt Polen auf seiner Seite. Alexander I. kämpfte bis 1815 gegen Napoleon und hatte sich zeitweise mit England und in den Befreiungskriegen mit Preußen und Österreich gegen Frankreich verbündet. Nikolaus II. führte 1914 Krieg gegen Deutschland, Seite an Seite mit Frankreich und England. Stalin verteidigte sich im Zweiten Weltkrieg in der Anti-Hitler-Koalition mit Großbritannien und den USA gegen Deutschlands Angriff. Und die Sowjetunion war im Warschauer Pakt mit halb Europa verbündet. Heute dagegen steht Russland allein in Europa, wenn man von dem belarussischen Diktator Alexander Lukaschenko absieht, der aus Angst vor dem eigenen Volk Zuflucht bei Putin suchte. So isoliert von Europa wie heute war Russland nie in seiner Geschichte. Das ist Putins Werk.

Und die Isolierung wird nicht auf das Regime und die Politik beschränkt bleiben. Ein neuer Eiserner Vorhang senkt sich an den europäischen Außengrenzen zu Russland. Putins Reich wird zukünftig kaum noch von EU-Europäern besucht werden, weder von Touristinnen oder Künstlern noch von Vertretern der Zivilgesellschaft. Auch Russen und Russinnen werden nach dem faktischen russischen Ausreisestopp für viele und den Verschärfungen der EU-Visa-Regeln kaum noch in die EU reisen können, es sei denn, sie haben Verwandte dort oder einen zwingenden humanitären Grund. Die Grenzen schließen sich. Russlands Austausch mit Europa dürfte weitgehend zusammenbrechen. Seit Kriegsausbruch flogen keine Flugzeuge mehr. Es werden keine Züge, Lastwagen und Personenwagen mehr verkehren. Der Warenaustausch wird auf ein Minimum schrumpfen. Museen werden keinen Austausch von Kunstwerken mehr vereinbaren. Kaum noch ein Musiker wird auf der anderen Seite auftreten. Europäer werden Moskau und St. Petersburg nicht mehr kennenlernen. So lange, wie Putins Regime der Revanche an der Macht bleibt, dürfte Europa für Russinnen und Russen nur noch aus Fotos von Rom, Paris, Barcelona oder Berlin im Internet bestehen, aus Gemälden von europäischen Künstlern in russischen Galerien, aus Abbildern westeuropäischer Architektur in russischen Städten, aus Reiseerinnerungen der Eltern und Großeltern. Die herrschende russische Elite definiert ihr Land in scharfer Abgrenzung zu allen europäischen Ländern außer Belarus. Wladimir Putin zwingt sein ganzes Land zum Abschied von Europa, zu dem Russland jahrhundertelang gehört hatte.

Stattdessen preisen Putin und seine Spin-Doktoren nun eine gemeinsame Allianz mit China. Regelmäßig halten die russischen Streitkräfte gemeinsame Militärübungen mit der chinesischen Armee ab. Im September 2022 luden sie sogar das mit China rivalisierende Indien zu einer Übung im Fernen Osten. In Russlands großen Städten wird geradezu krampfhaft Offenheit gegenüber China demonstriert. In Restaurants werden Speisekarten auf Chinesisch gereicht. In den Autosalons stehen in Ermangelung deutscher Marken zunehmend chinesische Luxuslimousinen. Auf den Flughäfen gibt es Ansagen auf Russisch, Englisch und Chinesisch, es fehlen nur die Chinesen, die das hören könnten. Auf dem Treffen der Schanghai Organisation für Zusammenarbeit im September 2022 in Usbekistan lobte Putin

China für dessen «ausgeglichene Haltung» in der Welt. Daheim in Moskau jubelten die Spin-Doktoren. «Wir haben es mit einem Westen zu tun, der wütend gegen den Verlust seiner Positionen anläuft», triumphierte der Kreml-nahe Einflüsterer Sergei Karaganow. Der «neue Kalte Krieg» sei zu gewinnen. «China ist auf Russlands Seite, das russische Volk ist satt, und Russland gehört die Wahrheit gegenüber einem moralisch diskreditierten Westen».

Der Verfall des Westens war Putins Hauptthema in seiner Ansprache zur Annexion der besetzten Territorien in der Ukraine am 30. September. Es war kein feierlicher Vortrag, sondern pure Verdammnis, eine wütende Strafrede eines Besessenen. Putin warf dem Westen erzwungene «Genderoperationen» vor, Rituale von «Perversion» und «Satanismus», «Verfall» und «Ausrottung». Er sprach von «Experimenten an Menschen» in der Ukraine. Es war bis zu diesem Zeitpunkt die ideologisch am stärksten aufgeladene Hassrede gegen Europa und den Westen. Putin erging sich minutenlang in Halbwahrheiten und Komplettlügen über die Kolonialgeschichte. Mit der Attitüde eines linken Kolonialkritikers behauptete er, der Westen sei heute bereit, «alles zu tun, das neokoloniale System zu erhalten, das ihm erlaubt, auf Kosten der Welt zu leben und die Welt zu plündern dank der Dominanz von Dollar und Technologie.» Die Hauptquelle seines unverdienten Wohlstands sei «der Tribut der Welt an den Hegemon». Der Westen «will uns als Kolonie sehen, als Masse seelenloser Sklaven», sagte Putin. Und dabei sprach er China und Asien, Afrika und Lateinamerika zugleich an. Mit der irreführenden Behauptung, Russland habe «im 20. Jahrhundert die antikoloniale Bewegung der Welt angeführt», empfahl er sich als Verbündeter und Führer des globalen Südens.

Tatsächlich gelang es Russland im Jahr 2022 in vielen Ländern Asiens und Afrikas, seinen Standpunkt durchzusetzen. Iran lieferte Russland für den Terrorkrieg gegen die ukrainischen Städte Drohnen und andere Flugkörper zum Discounttarif. Putin führte mit dem Waffenkauf die Kriege und Konfliktherde Osteuropas mit denen des Mittleren Ostens zusammen. Das grassierende

Misstrauen gegenüber dem Westen, die wiedererwachte Erinnerung an die Kolonialherrschaft auf der Südhalbkugel und die Rivalität Chinas mit den USA ließen Russlands Standpunkt in einer Reihe von Ländern nicht so abwegig erscheinen wie im Westen. Ich spürte das auch in der Ausstellung «Nato – eine Chronik der Grausamkeit». Um die Vitrinen mit den Asow-Reliquien und den US-Flaggen standen auch Chinesen, Usbeken und vier Offiziere aus Mali. Sie studierten alle an der Moskauer Frunse-Akademie, der berühmten Militärschule des Verteidigungsministeriums. Ich lernte die malischen Offiziere kennen, als sie eingehend die erbeutete westliche Panzerabwehr-Rakete betrachteten. Ein 33-jähriger Offizier aus Bamako las die Stelltafeln über die «Nato-Kriege» im Irak und Afghanistan. Er fühlte sich an die Franzosen erinnert. «Genauso gehen die bei uns vor!», klagte er. Was die Nato in der Ukraine mache, fand er «gar nicht klug». Vor allem die westlichen Waffenlieferungen an die ukrainischen Streitkräfte lehne er kategorisch ab. «Franzosen und Amerikaner mischen sich überall ein.» Es gehe hier doch um ein geopolitisches Ringen im russischen Einflussgebiet. Und die Amerikaner wollten Russland die Ukraine streitig machen.

Einflusszonen, Amerikaner, Russen, Weltherrschaft: Die bombardierten Ukrainerinnen und Ukrainer und ihre Wünsche kommen in dieser Weltsicht nicht vor. Putins Erzählung ist also durchaus anschlussfähig in einer empathiefreien Welt. Die Widersprüche fallen vielen Menschen dabei nicht auf. Putin verdammt heute Lenins Sowjetunion als Vielvölkerstaat und eifert Stalins imperialnationalistischem Sowjetrussland nach. Er verschreibt sich dem Antikolonialismus mit Indern und Afrikanern, aber führt selbst einen Kolonialkrieg gegen die Ukraine mithilfe einer Kolonialarmee aus Burjaten, Tschetschenen, Tuwinern und Dagestanern. Was alle verbindet, ist die Abneigung gegen Europa und der Hass auf den Westen. Für viele Afrikaner und Araber liegt die Antipathie in der Kolonialgeschichte begründet und in der Abfolge der westlichen Interventionen, vor allem der USA, Großbritanniens und Frankreichs. Diese Erklärung allein würde für Russland, das selbst eine Kolonialmacht war, nicht ausreichen. Deshalb kommt die metaphysische Dimension hinzu: der heilige Krieg.

Putin hatte diesen höchstselbst auf dem Roten Platz am 9. Mai 2022 ausgerufen, als er die «Verteidigung des Vaterlandes eine heilige Sache» nannte. Auf der Annexionsfeier am selben Ort am 30. September 2022 riefen von ihm bestellte Redner zum «Heiligen Krieg» gegen den Westen auf. So sprach auch Josef Stalin im Zweiten Weltkrieg, als der «heilige Krieg» in einem populären Lied besungen wurde. So beschrieb Zar Nikolaus I. den Krimkrieg des 19. Jahrhunderts gegen Briten und Franzosen. Und so redeten in Putins Russland die gleichgeschalteten Instanzen. Der orthodoxe Patriarch Kirill betete zum Tag des Sieges in der Christi-Erlöser-Kathedrale für die «russische Macht». Russland habe «nie jemand anderen überfallen», sagte der Patriarch von Putins Gnaden allen Ernstes. Gott möge die «heiligen russischen Grenzen» vor «Andersstämmigen» schützen. Nach Putins Mobilmachung rief Kirill dazu auf, den Tod nicht zu fürchten: «Sich selbst zu opfern reinigt die Seele von allen Sünden des Lebens.» Einer der in der Elite tonangebenden Spin-Doktoren Putins, der Duma-Abgeordnete Wjatscheslaw Nikonow, definierte den Charakter des Showdowns mit der Nato als metaphysischen Kampf zwischen Gut und Böse. «Wir führen hier einen heiligen Krieg, den wir gewinnen müssen.»

Nun musste nur noch das Volk von der Botschaft des apokalyptischen Endkampfes überzeugt werden. Die Amerikaner hätten sich das Ziel gesetzt, nicht bloß Russland einzudämmen, sondern «unser Land zu zerstückeln und auszulöschen», sagte Putin in seiner Annexions-Rede Ende September 2022. Ramsan Kadyrow forderte die «De-Satanisierung des Westens». Im Staatsfernsehen bereiteten die Propagandisten die Zuschauer auf Schlimmeres vor. Putins Starmoderatorin Olga Skabejewa sagte in ihrer Sendung «60 Minuten»: «Ein echter Krieg ist ausgebrochen, der dritte Weltkrieg. Wir sind nun gezwungen, nicht nur die Ukraine zu demilitarisieren, sondern die ganze Nordatlantische Allianz.» Putin rief auf zu einem Kampf Russlands zusammen mit China, Indien und dem Rest der Welt, um westliche «Diktate und Despotie» zu überwinden. Er behauptete, die USA krallten sich auf dem Sonnendeck der Welt fest, aber ihre Weltordnung gehöre schon der Vergangenheit an: «Der im Gange befindliche Zusammenbruch der westlichen Hegemonie ist unumkehrbar.» Die USA sollten endlich von der Weltbühne abtreten.

Solche Forderungen wirkten im Herbst 2022 grotesk angesichts des Unvermögens russischer Streitkräfte im bisherigen Krieg gegen die Ukraine. Und deshalb war die Frage berechtigt: Was, wenn die USA das nicht wollen? Was, wenn die Motivation und der Selbstbehauptungswillen der Ukrainer stärker sind als alle russischen Vernichtungsversuche? Und wenn die Waffenlieferungen des Westens die Ukrainer befähigen, Russlands Truppen zurückzudrängen? Dann wollte Russland den Druck immer weiter erhöhen. Putin drohte dem Westen im Verlauf des Krieges gegen die Ukraine wiederholt mit dem Einsatz von Atomwaffen. Schon 2018 sagte er, halb im Scherz, halb ernst, dass die Russen im Falle eines Atomkriegs «als Märtyrer ins Paradies kommen, aber sie (im Westen) werden einfach krepieren». In Moskau wird eine Bemerkung von Putin herumgereicht, die er 2018 in einem Gespräch mit dem liberalen Oppositionspolitiker Grigorij Jawlinskij fallen ließ. Jawlinskij bestätigte mir, er habe den Präsidenten damals gefragt, ob er wisse, dass seine Außenpolitik zum Atomkrieg führen könne. «Ja», soll Putin schnippisch geantwortet haben, «und wir werden ihn gewinnen.» Bleibt für das letzte Kapitel nur noch die letzte aller Fragen, ob er das wirklich ernst meint.

Wladimir Putin bei der Arbeit

15 Triumph oder Armageddon
Sein letztes Spiel

Der Ausgang der größten globalen Krise seit dem Zweiten Weltkrieg hängt vor allem von einem Mann ab. Wladimir Putin brüstet sich damit, schon die Besetzung der Krim 2014 allein entschieden zu haben. Im Februar 2022 befahl er den Überfall von mehr als hunderttausend russischen Soldaten auf die Ukraine. Dem Westen droht er mit dem Einsatz von Nuklearwaffen. Alles, auch das Überleben der Menschheit, liegt in seiner Hand.

Wladimir Putin spielte 2022 hemmungslos mit den Waffen, die seit dem Kalten Krieg als ultimative Abschreckung dienten, deren Einsatz sich aber niemand ernsthaft vorstellen konnte, wenn er nicht mit Nuklearwaffen angegriffen wurde. So war es bis 2021. Putins verantwortungslose Rhetorik und seine Drohungen mit dem Ersteinsatz von Atomwaffen widerlegen eine alte Annahme, die gerade in Deutschland gern und oft zu hören ist: dass Putin besser sei als ein möglicherweise viel radikalerer Nachfolger. Das ist falsch. Wladimir Putin ist nicht die bessere Alternative zu einem noch schlimmeren Herrscher. Er selbst ist die radikale Alternative. Die Annahme, dass Putin im russischen Spektrum eine moderate Position beziehe, hat viele Jahre zu seiner Fehldeutung und Unterschätzung gerade in Deutschland geführt. Er hat die radikalen Positionen von Nationalisten und Warlords wie Ramsan Kadyrow übernommen. Statt eine auf Verständigung und wirtschaftliches Wohlergehen gerichtete Politik zu verfolgen, hat Putin Russland und die Welt systematisch und zielgerichtet in die größte Krise seit Jahrzehnten gestürzt. Europa erlebt die schlimmste militärische Konfrontation seit dem Zweiten Weltkrieg. In diesem Buch habe ich seine wesentlichen Stationen in diesen Krieg nachgezeichnet:

Wladimir Putin hat Deutschland und viele gutgläubige Politiker in die Irre geführt. Er hat das Erbe der Putschisten gegen Michail Gorbatschow von 1991 fortgeführt und die demokratischen Institutionen der 1990er Jahre zerstört. Er hat die tschetschenische Diktatur als Blaupause für ganz Russland verwendet. Er hat sich mit Nationalisten und Diktatoren in der ganzen Welt verbündet. Er setzt seine Bevölkerung einer täglichen Gehirnwäsche durch die Propaganda aus, die die russische Bevölkerung gegen sich selbst und die ganze Welt aufhetzt. Er hat das sowjetische System der Strafverfolgung und der Lager wiederbelebt. Er hat sein Land in eine Diktatur mit totalitären Zügen und Führerkult verwandelt. Er missbraucht die russische Vergangenheit, um das Land zu vergiften und einen Angriffskrieg zu rechtfertigen. Er lässt einen Vernichtungsfeldzug gegen das Nachbarland führen. Er schottet sein Land gegen die Welt und die Wirklichkeit ab und zerrüttet die Zukunft aller Russen. Er ruft einen heiligen Krieg gegen den Westen aus und droht der ganzen Welt mit dem nuklearen Untergang, wenn die Dinge nicht so laufen, wie er will. Zusammengenommen würde das für die Entfesselung der größten Katastrophe der Menschheitsgeschichte reichen. Putins Herrschaft radikalisiert sich weiter. Es ist das bedrohlichste Regime der Welt.

Der russische Präsident tritt heute als knallharter Ideologe auf, aber sein Weltbild ist geliehen. Als neuer Nationalist hat er sich seine Ideologie im fortgeschrittenen Alter von 60 Jahren zugelegt, er spielt mit ihr und variiert sie nach Belieben, um nicht falsifizierbar zu sein. Er will einen Staat nach dem Vorbild der Sowjetunion aufbauen, aber nur in ihren imperialen Umrissen, nicht in der Gesellschaftsform. Eine hermetische sozialistische Weltbeglückungsidee wäre für ihn gefährlich, weil man ihm damit stets den Widerspruch nachweisen könnte, so wie es in der späten Sowjetunion passierte, als sozialistische Träume und real existierende Diktatur nicht mehr zueinander passten. Putin hält sich flexibel. Er vertritt ethno-nationalistische und imperial-nationalistische Ideen zugleich, er gibt sich großrussisch, aber pro-islamisch. Er beschwört die Familienwerte, aber tritt nie mit seiner Lebensgefährtin und Kindern auf, die Töchter müssen den Vater verleugnen. Er predigt Hass auf den Westen und die EU, aber klebt kurioserweise an Europa und zögert, sein Land klar jener asiatischen Zukunft zu verschreiben, von der er und seine Gesinnungsgenossen reden. Was alle diese Widersprüche verbindet, ist eine aus tiefer Gekränktheit gewachsene Aggression.

Für Russinnen und Russen wird sich in nicht allzu ferner Zukunft die Frage stellen, welches Erbe der 70-jähige Herrscher hinterlassen wird. Der breiten Masse fielen dazu bis 2021 ein gewisser Wohlstand und vor allem politische Stabilität ein. Doch Putins Stabilisierung der vergangenen 20 Jahre, die er im Wesentlichen dank der hohen Preise für Öl und Gas bieten konnte, ist in sich zusammengebrochen. Und zwar, weil er seine eigenen Erfolge zunichtemacht. Die Wendepunkte waren der Kriegsbeginn im Februar und die Mobilmachung samt Annexion der besetzten ukrainischen Gebiete im September. Putin schickt eine ganze Generation junger Russen für einen sinnlosen Krieg in den Tod. Putin zerrüttet die russische Industrie und Gesellschaft. Er plündert die einst gefüllten Staatskassen. Er wirft das Land um Jahre, wenn nicht Jahrzehnte zurück. Er ruiniert alles für sein Ukraine-Abenteuer.

Putin ist zu alt, um noch einmal etwas aufzubauen. Anders als Peter I., der das russische Imperium begründete und reformierte, anders als Katharina II., die das Reich bis zum Schwarzen Meer erweiterte und Russland zum Einwanderungsland machte, anders als Alexander II., der die Leibeigenschaft abschaffte, anders auch als Stalin, der mit massiven Verbrechen und unter Inkaufnahme von Millionen Opfern die sowjetische Industrialisierung hinterließ. Putins Erbe dürften vor allem Abbruch und Asche sein. Seine chronische Gekränktheit und seine Revanchegelüste blockieren Russlands innere Entwicklung. Der Vernichtungsversuch in der Ukraine wird auf das Land zurückschlagen, die Folgen des Rachefeldzugs werden katastrophal sein. Putin fehlt eine wirklich positive Agenda, ein hehres Ziel, geschweige denn eine Utopie, für die es zu kämpfen lohnt.

Werden ihn die Russen dafür stürzen? Die Revolutionen ab

Januar 1905 und ab Februar 1917 brachen aus, als Russland im Begriff war, große Kriege zu verlieren. Für einen breiten Volksaufstand gab es bis 2022 keinerlei Anzeichen. Doch kann Putin ohne eine Revolution vom Thron gekippt werden? Russland hat keine wirkliche Tradition des Armeeputschs oder des Staatsstreichs. Der Putsch der Sicherheitsdienste von 1991 war eine Zerfallserscheinung der Sowjetunion. Die Ermordung des Zaren Peter III. 1762 und die Absetzung des Parteichefs Nikita Chruschtschow 1964 fanden unter Bedingungen statt, die in nichts der Situation Putins ähnelten. 2022 gab es keine staatlichen Verfallssymptome, keine Elitenopposition gegen Putin, keine Oligarchenverschwörung, keine bedeutenden unabhängigen Kräfte in der Gesellschaft, die gegen ihn aufbegehren konnten. Die kleinen Demonstrationen gegen die Mobilmachung Ende September 2022 wurden von einer Übermacht von Polizisten erstickt. Die Nationalisten, die im Laufe des Krieges den Diskurs in den Medien übernahmen, forderten mehr Bomben und mehr Brutalität, aber stellten den Herrscher nie in Frage. Putin war in seiner Machtvollkommenheit nicht gefährdet. Das einzige, was ihn bedrohte, war er selbst.

Eigentlich wollte Putin in der ewigen Ahnengalerie der russischen Führer zwischen Peter dem Großen und Josef Stalin Platz nehmen. Mit der Eroberung der Krim hatte er sich schon eine Nische in der Säulenhalle der Unsterblichkeit vorgebucht. Doch seit dem Überfall auf die Ukraine 2022 ging es plötzlich um sein politisches Überleben. Putin hat einen Krieg vom Zaun gebrochen, der seiner Kontrolle entglitten ist. Auch wenn er dem Volk diese Erzählung andient: Es ist kein Verteidigungskrieg wie unter Stalin, dessen Sowjetunion sich 1941 gegen Hitlers Überfall zur Wehr setzte. Es ist ein Angriffskrieg seiner Wahl, ein «war of choice». Putin hat dafür die totale Verantwortung übernommen. Die Entscheidung für den Überfall ließ er im Fernsehen inszenieren. Am 21. Februar dozierte Putin vor seinen engsten Mitarbeitern, den Geheimdienstdirektoren, dem Sicherheitsratschef, dem Verteidigungsminister. Er führte sie öffentlich vor, um sie auf seine Kriegsentscheidung zu verpflichten und in Mithaftung zu nehmen. Die Entscheidungen traf er, sie mussten sie umsetzen. Im Angriffskrieg gegen die Ukraine übernahm Putin zunächst die Rolle des Oberbefehlshabers. Die Kommandeure wechselten wie die Kriegstaktik. In der «Spezialoperation» betrieb Putin zum Teil Mikromanagement, der große Krieg gegen den Westen war ohnehin ganz allein sein Ding. Erst als die russische Armee in der Ukraine Niederlage um Niederlage erlitt, berief Putin einen sichtbaren Oberkommandierenden für die Operation, General Sergej Surowikin. Er sollte die Verantwortung für die Rückschläge tragen, auch für den ruhmlosen Abzug aus Cherson im November 2022. Für die erhofften Siege plante Putin den Jubel entgegen zu nehmen.

Das russische Volk sollte keine anderen Putins neben Putin haben. Die Personalisierung des Regimes gab ihm eine pharaonenhafte Machtfülle, in der er Herr über Krieg oder Frieden, über Leben oder Tod seiner Bürger wurde. Da aber alle um diese Machtentgrenzung wussten, konnte er die Verantwortung auch nicht mehr abschieben. Alle Gewalt ging von Putin aus. «Wenn es keinen Putin gibt, dann gibt es auch kein Russland», sagte einer seiner politischen Lakaien einmal. Das war fast eine Karikatur der Diktatur, aber sie enthielt einen wahren Kern. Wenn der Stabilokrat Putin stürzt, wird die pyramidale Architektur Russlands ins Wanken kommen. Erschütterungen sind wahrscheinlich, die bei Personalwechseln nur den Apparat betreffen, aber bei einem Elitenwechsel die ganze Gesellschaft durchrütteln würden. Die Einsätze sind höher als nie zuvor. Deshalb darf Putin sich keine halben Sachen erlauben, keine Kompromisse, keine Zugeständnisse, keine Niederlagen. Andere verlieren. In den Augen des Volkes darf er nur siegen.

Putin versuchte im September 2022, die Rückzüge seiner Armee im Ukraine-Krieg durch die Mobilmachung der männlichen Bevölkerung zu drehen. Es war der alte russische Ansatz, gegen einen Gegner und dessen zum Teil technisch überlegene Waffen mit schierer Masse anzukämpfen. Putin ließ außerdem die Ukraine bombardieren und richtete gewaltige Zerstörungen in den Großstädten an. Russland stellte seine Industrie auf Rüstungsproduktion um, Waffen und Munition wurden in großen Mengen nachgeliefert, Drohnen lieferte der Iran. Im Herbst 2022 schien es zumindest möglich, dass diese tonnenideologische Kriegstaktik auf Dauer Erfolg haben könnte.

Putins zweite große Front war die gegen den Westen. Er spekulierte darauf, dass die westlichen Regierungen unter dem Druck unbezahlbarer Energiepreise, galoppierender Inflation, Protesten der Bevölkerung und dem Aufstieg rechtspopulistischer Kräfte kollabieren oder auf eine prorussische Politik einschwenken würden. In den USA setzte er auf die Rückkehr von Donald Trump oder die Machteroberung durch eine Trump-Kopie aus den Reihen der Republikaner. Von solchen Regierungswechseln erhoffte er sich eine Politikwende in Osteuropa und einen Stopp der Rüstungslieferungen an die Ukraine. Das alles war möglich.

Ein Sieg Putins war 2022 nicht ausgeschlossen. Eine Niederlage aber war nach den Rückzügen von Charkiw und Cherson ebenso denkbar. Diejenigen, die mantrahaft wiederholen, die Großmacht Russland könne gar nicht verlieren, irren. Die Geschichte ist voll von Beispielen, wie Großmächte gegen vermeintlich unterlegene Gegner verloren. Das Perserreich gegen die griechischen Stadtstaaten, das Römische Reich gegen die von Norden einsickernden Germanen, das Osmanische Reich gegen die aufbegehrenden Völker Südosteuropas, das Russische Reich gegen Japan 1905, die USA gegen Vietnam. Beide Atommächte, die Sowjetunion und die Vereinigten Staaten, erlitten Niederlagen in Afghanistan, dem Mausoleum der Großmächte.

Putin kann den Krieg also verlieren. Die Ukraine baute in der Abwehr Russlands die zweitstärkste Armee in Europa auf. Wolodymyr Selenskyj hatte sein Land schon gleich zu Anfang des Krieges mobilisiert und schickte eine ausgebildete Armee von mehreren Hunderttausend Soldaten ins Feld. Seit Spätsommer 2022 gelang dieser Streitmacht die Rückeroberung weiter Gebiete im Osten und Süden der Ukraine. Putin hatte einen formidablen Gegner großgezogen. Im Gegensatz zur russischen Armee waren die ukrainischen Streitkräfte hochmotiviert, hochmobilisiert und zum Teil hochtechnisiert ausgestattet.

Gegen seine mögliche Niederlage im Krieg setzte Putin zwei ungeheuerliche Drohungen, die Atombombe und den Energiekrieg. Die Nukleardrohung spitzte er in seiner Mobilmachungsrede vom 21. September 2022 noch einmal zu. Er ging darin weit über die russische Nukleardoktrin hinaus, die den Einsatz von solchen Waffen im Fall einer Existenzbedrohung Russlands vorsieht. Putin drohte mit dem Einsatz der Atomwaffen bei einer «Bedrohung der territorialen Integrität unseres Landes» und erklärte: «Zur Verteidigung Russlands und unseres Volkes werden wir mit Sicherheit von allen uns zur Verfügung stehenden Waffensystemen Gebrauch machen». Dann prahlte er, dass Russland über «modernere» Nuklearwaffen verfüge als der Westen. «Dies ist kein Bluff.» Putin ließ kurz darauf die besetzten Gebiete der Ukraine in einer pompösen Zeremonie annektieren. Jeder Angriff konnte fortan als Attacke auf russisches Territorium gesehen werden. So versuchte er, die Ukraine von der Rückeroberung und den Westen von weiteren Waffenlieferungen abzuschrecken. Doch schlimmer noch: Er erhöhte den Einsatz und versperrte sich selbst den Weg aus der Eskalation. Das war ungewöhnlich für Putin, der sich früher gern mehrere Optionen offenhielt. Der Mann trieb sich selbst in die Radikalisierung.

Die Armageddon-Drohung setzten Putin und der Vizevorsitzende des Sicherheitsrats Medwedew 2022 geradezu inflationär ein. In Moskau verging keine Woche, ohne dass nicht Putin oder bestellte Politiker, Talkshow-Moderatoren, Propagandisten und Polit-Technologen die nukleare Pulverisierung von London, Washington oder Berlin vorhersagten. Das war Teil der psychologischen Kriegführung. Sie sollte vor allem die Deutschen mit ihrer Tradition der Atom-Apokalyptik zermürben und gegen ihre Regierung rebellisch machen. Diese Kriegslist stand auch hinter dem Gerede um «schmutzige Bomben» und dem Beinah-Beschuss ukrainischer Nuklearkraftwerke. Russische Streitkräfte inszenierten Kämpfe um Atomfabriken und schossen immer wieder auf das Gelände oder in die Umgebung dieser Kraftwerke, um Europa klarzumachen, dass es 5 vor 12 stünde, wenn die EU-Staaten nicht ganz schnell die Waffenlieferungen einstellten.

Doch war Putin wirklich zum Atomschlag bereit? Im Frühjahr 2022 hatte er die Stufe der Gefechtsbereitschaft der russischen Atomstreitkräfte auf Stufe zwei von vier Stufen angehoben. Im Herbst 2022 ließ er von einer weiteren Erhöhung der Einsatzbereitschaft ab. Zwischendurch ließ er sogar seinen Sprecher sagen, man solle nicht ständig von Atomwaffen reden. War das ein Zeichen? Tatsächlich machte der Einsatz von taktischen Nuklearwaffen in der Ukraine wenig Sinn. Sie eignen sich für Angriffe auf große Ziele, auf eine ganze Heeresgruppe oder eine größere Stadt. Die ukrainischen Streitkräfte aber sind dezentral organisiert. Eine ganze Stadt in der Ukraine per Nuklearschlag auszulöschen, könnte auch auf die russische Bevölkerung ausstrahlen. Und mehr noch auf die russischen Soldaten, die eine solche Stadt dann einnehmen müssten. Das würde ihre Kampfkraft schwächen. Dagegen sprach auch, dass Putin im Fall eines Nuklearangriffs auf den Westen mit einem Gegenschlag auf sein Land rechnen musste. Putin ist an sich kein Selbstmörder. Seine Biografin Fiona Hill beschrieb ihn als «survivalist», als hartnäckigen Kämpfer für das eigene Überleben. Er will sich einen herausragenden Platz in der russischen Geschichte sichern. Ein Herrscher, der mutwillig einen Atomkrieg beginnt, darf vielleicht noch mit Hitler in der Küche des Hades Kartoffeln schälen, bekommt aber sicher keinen Ehrenplatz im Pantheon der Menschheitsgeschichte. Putins Albtraum ist sein politisches Ende, dessen Zeitpunkt und Umstände er nicht selbst bestimmt. In der ultimativen Waffe lag für ihn auch ein Stück Selbstabschreckung. Denn ihr Einsatz würde zum selben Ergebnis führen, nur schneller.

Doch es spricht leider auch etwas für den Gebrauch von Atombomben. Wer ständig mit der Nuklearoption droht und dem nichts folgen lässt, wird irgendwann das Problem haben, dass er seine Drohung einlösen muss, um die Glaubwürdigkeit der Abschreckung zu erhalten. Wer immer wieder von Nuklearwaffen spricht und sprechen lässt, senkt zugleich die Schwelle für den Einsatz, genauso wie er das Risiko eines unbeabsichtigten Abschusses einer Atomrakete erhöht. Zumal Putin die Verteidigung der in der Ukraine annektierten Gebiete mit Nuklearwaffen für möglich erklärte und damit den Einsatz für alle dramatisch erhöhte. In der jüngeren Vergangenheit hatte er bewiesen, dass er von allen Möglichkeiten oft die radikalste wählt. Redete sich Putin selbst in den Gebrauch der letzten Waffe hinein? Putin ist ein Kämpfer für das eigene Überleben. Es ist kaum vorherzusagen, wofür sich der 70-jährige Herrscher im atomsicheren Bunker entscheiden wird.

Die zweite Drohung löste Putin im Sommer 2022 ein, da er die USA nicht wirksam treffen konnte: ein Energiekrieg gegen Europa. Noch bevor der mühsam abgestimmte und langfristig angelegte Sanktionsplan der EU gegen russische Energielieferungen greifen konnte, schaltete Putin Europa einfach das Gas ab. Er brauchte dafür keine Mehrheitsentscheidungen, die Mehrheit in seinem Land ist er selbst. Sein Kalkül: Noch bevor die westlichen Sanktionen in Russland voll durchschlagen, würde die EU unter hohen Gaspreisen, Inflation und Aufständen zusammenbrechen. Europa und vor allem Deutschland sollten der Hauptschauplatz des russischen hybriden Kriegs gegen den Westen sein. Doch würde dieses Kalkül aufgehen? Putin hatte sich schon so oft in der Schwäche Europas geirrt und die EU immer wieder unterschätzt. Er rechnete nicht mit den europäischen Sanktionen 2014/15. Er rechnete nicht mit dem Fehlschlagen seiner Unterstützung rechtsextremer Parteien in Europa. Er rechnete nicht mit der entschlossenen EU-Unterstützung für die Ukraine im Krieg. Natürlich ist es gut möglich, dass Europa in den kommenden Jahren in einer tiefen Wirtschaftskrise mit dramatischen politischen Folgen versinkt. Doch kann es genauso gut sein, dass sich Putin auch dieses Mal in Europas Selbstbehauptungskraft irrt. Sein Einfluss auf den europäischen Kontinent ist durch den Krieg enorm geschrumpft.

Die Verflechtung mit Europa tauscht Putin nun gegen die Abhängigkeit von China. In der Beziehung mit Europa hielt er früher viele Hebel in der Hand, bei China ist das nicht der Fall.

Putins Einfluss auf die chinesische Innenpolitik ist gleich null. Doch weil er im Westen und anderen Teilen der Welt geächtet ist, bleibt ihm China als einziger Ausweg. Die zunehmende Abhängigkeit von dessen Dominanz bei technologischen Gütern, bei Finanz- und Devisengeschäften und beim Gasexport wird Russlands Bewegungsfreiheit stark einschränken. Schon auf dem Gipfel der Schanghai Organisation für Zusammenarbeit im September 2022 ließ der chinesische Staatschef Putin seine Überlegenheit spüren. Noch ist Russland bei der Atomrüstung im Vorteil, doch wird China das Land in einigen Jahren einholen. Putins bitterste Erfahrung wird sein: Als Hauptabnehmer für russisches Gas kann Peking künftig Moskau die Preise diktieren. Am Horizont erscheint die Dystopie, die der russische Schriftsteller Wladimir Sorokin 2008 in seinem Buch «Der Tag des Opritschniks» entwarf: ein Russland, das als rückständige, von einer diktatorischen Clique geführte Quasi-Kolonie vollständig von chinesischer Technologie und chinesischen Gebrauchsgütern lebt. Als Trabant Chinas würde der Planet Putin seine Souveränität verlieren.

Die in der Ukraine entblößten strukturellen Schwächen der russischen Armee haben überdies Russlands strategisches Gewicht in ganz Asien verringert. Das wurde etwa im Oktober 2022 sichtbar, als Putin auf einem postsowjetischen Gipfel in Astana eine Strafrede des tadschikischen Präsidenten über sich ergehen lassen musste. Auch Kasachstan, Aserbaidschan, Armenien und andere Staaten gingen auf Distanz. Achtung und Furcht vor Russland sanken in Zentralasien. Es war kaum vorstellbar, dass Putin noch wie einst mit der Entsendung einiger Fallschirmjäger Konflikte im postsowjetischen Raum in wenigen Tagen entscheiden konnte. In den Nachbarländern wuchsen die Zweifel an dem auf militärische Macht fixierten Mann. Er verlor durch den Krieg an Strahlkraft.

Doch vorerst bleibt Putin der große Reichtum an fossilen Energien, die er gegen den Westen und die Welt einsetzt. Putin ist mit diesen Brennstoffen verbunden wie kein russischer Führer vor ihm. Seine Herrscherkarriere verdankt er den Ressourcen Öl und Gas. Putins Aufstieg begann Anfang der 2000er Jahre, als sich die OPEC nach chronisch niedrigen Rohstoffpreisen der 1990er Jahre auf einen festgelegten Mindestpreis für das Fass Öl einigte. Die Rohstoffpreise stiegen in seiner Amtszeit auf Rekordhöhen und finanzierten den Wohlstand, den er dem Volk als seine eigene Leistung verkaufte. Dafür waren die Exportpipelines nach Europa von erheblicher Bedeutung. Öl und Gas halfen ihm, trotz vieler Rückschläge seine Macht auszubauen. Öl und Gas ermöglichten ihm, in der ersten Hälfte 2022 den Krieg zu finanzieren und die Sanktionen des Westens abzufedern. Putin glaubt, dass er mit diesen Brennstoffen den Westen zum Nachgeben zwingen kann. Doch auch hier könnte er sich irren. Es spricht viel mehr dafür, dass der Rohstoffkrieg Putins letzter Kampf ist und einer, den er verlieren wird.

Denn mit Putins Gasembargo gegen Deutschland und die meisten EU-Staaten im Sommer 2022 endete Russlands lange Zeit des Petro-Glücks. Europa war nicht nur der größte Abnehmer von russischem Gas, es war auch der natürliche Kunde für Russlands größte Gasvorkommen, die im Westen Sibiriens liegen. Europa importierte bis zum russischen Gasembargo etwa fünfzehn Mal so viel russisches Gas wie China. Doch seit Sommer 2022 lagen die zahlreichen Pipelines nach Europa brach. Mit den Anschlägen auf drei Stränge der hochmodernen Nord-Stream-Rohrleitungen zerplatzten zugleich die Aussichten, in einer Zukunft nach dem Gas in großen Mengen Wasserstoff nach Europa zu liefern. Allein die Leitungen in die Türkei lieferten noch Brennstoff nach Südosteuropa. Die Einnahmen aus dem Rohstoffexport sanken. Das überschüssige Gas verbrannte in riesigen Fackeln über Nordrussland und zog in die Atmosphäre, um die Welt aufzuheizen. Für seinen hybriden Krieg gegen die EU opferte Putin die Klimaziele und Gazprom, das fossile Flaggschiff und den Stolz der Nation. Denn die russische Gasindustrie hatte keine wirkliche Alternative zu ihren europäischen Kunden. Es gibt zwar eine Pipeline nach China, doch die hat weniger Kapazität als Nord-Stream 1 allein. Und selbst diese Rohrleitung war 2022 aufgrund fehlender Gasressourcen in Ostsibirien nicht voll ausgelastet. Um sie komplett zu füllen, müsste sie an die Gasfelder in Westsibirien angeschlossen werden, wozu Russland im Krieg das Geld fehlt. Und falls China die Rechnung bezahlte: Die Verlegung einer weiteren Gaspipeline von Westsibirien nach China würde nach Einschätzung unabhängiger Energieexperten mindestens zwölf Jahre dauern. Den schnellen Ausbau von Gasverflüssigungsanlagen für den LNG-Export verzögern oder verhindern die westlichen Sanktionen. Viele Ausrüster für diese Technologie sitzen im Westen.

Putin konnte die Gaswaffe gegen Europa nur einmal einsetzen. Amerika war kaum zu treffen. Längst haben sich die ehemaligen großen Kunden umorientiert. Deutschland bezieht sein Gas vor allem aus Norwegen, Amerika und zukünftig vielleicht auch aus Afrika und den Golfstaaten. Putin dagegen wirft mit dem Krieg seine schwer sanktionierte Gasindustrie um viele Jahre zurück. Das große Geschäft der kommenden Zeit werden andere machen, die Golfstaaten, die USA, Kanada, Australien und neue Anbieter aus Afrika. Wenn Russland in vielen Jahren technologisch nachgerüstet haben sollte, um auf dem globalen Gasmarkt gleichermaßen zu expandieren, werden andere Anbieter den Markt aufgeteilt haben. Zugleich steigern die westlichen Industriestaaten als Folge des Krieges ihre Investitionen in erneuerbare und nachhaltige Energieerzeugung. Russland investiert anders als die Golfstaaten kaum in Wasserstoff-Erzeugung. Das postfossile Zeitalter zeichnet sich ab. Öl und Gas werden in Zukunft weniger nachgefragt sein als heute.

Putin sagte im Mai 2022, dass er einen Präventivkrieg führe, weil die Nato Russland habe angreifen wollen. Das war natürlich gelogen, weil die Nato nichts dergleichen plante. Aber tatsächlich führt er eine Art Präventivkrieg, bevor Russlands unausweichliche Entmachtung in der Zukunft eintritt. Putins Feldzug gegen den Bedeutungsverlust ist der wohl letzte Krieg, den das Land unter voller Ausschöpfung seiner Öl- und Gasreserven führen kann. Sein Export ist jetzt schon stark geschrumpft. Russland musste Rohöl zu Dumpingpreisen an asiatische Staaten verkaufen. Es verbrannte die überschüssige Gasproduktion und heizte das Klima an. Was hat Russland darüber hinaus zu bieten? Die Zukunft der Welt ist nicht fossil, und die Zukunft gehört nicht Russland, wenn es sich nur noch als Schmierstoff-Resterampe der Staatengemeinschaft anbietet.

Es war im Herbst 2022 nicht möglich vorherzusagen, wie sich der Krieg und das bedrohlichste Regime der Welt weiter entwickeln würden. Über einen Aufstand gegen Putin und ein schnelles Ende des Krieges wurde immer wieder spekuliert, es war jedoch kein wahrscheinliches Szenario. Putin hatte seine Macht gut abgesichert, er war schwer herauszufordern. Ein großer heißer Krieg gegen den Westen war jederzeit möglich, hätte aber für Putin den Nachteil, dass er mit seiner geschwächten Armee in eine noch größere militärische Auseinandersetzung gehen müsste. Am wahrscheinlichsten war ein Abnutzungskrieg, mit Bomben und Artillerie gegen die Ukraine und mit hybriden, digitalen und energetischen Waffen gegen den Westen.

Es spricht einiges dafür, dass der Angriff auf die Ukraine und den Westen Putins letzter Krieg und großer Auftritt auf der Weltbühne sein könnte. Er hat den Gesellschaftsvertrag mit seinem Volk zerrissen und verbrennt den Petro-Wohlstand der letzten zwei Jahrzehnte. Er hat eine Angstherrschaft aufgebaut. Die besten Köpfe und beweglichsten Menschen verlassen das Land. Wirkliche Innovationen und Entdeckungen kommen schon länger nicht mehr aus Russland. Die russische Industrie ächzt unter den Bedingungen der Kriegswirtschaft. Das Ende der fossilen Epoche rückt näher, Russlands Einnahmen schrumpfen. Das Land treibt in die Abhängigkeit von China. Der Feldzug gegen das ukrainische Volk droht ein zehrendes Unterfangen zu sein, in dem die Ukraine zerstört und Russland ausgeschlachtet wird für den besessenen Krieg seines Herrschers. Viele Zehntausende Menschen mussten dafür schon sterben, es können noch weitaus mehr werden. Mit der Mobilmachung der russischen Männer führt er faktisch Krieg gegen das eigene Volk. Eine schwere demographische Krise, verursacht durch Auswanderung, Verunsicherung, eine hohe Übersterblichkeit und die massiven Verluste an der Front, wird die russische Bevölkerung weiter schrumpfen lassen. Putin hat sein Lebenswerk «Stabilisierung Russlands» vernichtet. Seine unbändige Zerstörungswut trifft nun die Ukraine, sein eigenes Land – und womöglich die Welt.

Damit verschwindet Russland nicht von der Karte, wie Putin selbst apokalyptisch für den Fall einer Niederlage raunt. Auch deutet derzeit wenig darauf hin, dass das Land zerfallen könnte. Aber das Zeitalter der Revanche geht in ein Finale, dessen Dauer und Dramen schwer vorhersagbar sind. Der Niedergang von Putins Regime hat mit diesem Krieg begonnen. Putin kann sich nur noch auf eins verlassen. Sein hervorgehobener Platz in der Geschichte ist ihm sicher: als blutrünstigster Herrscher Russlands seit Josef Stalin.

Weiterlesen

Angriff Russland sinnt auf Revanche

- Da wird kein Krieg geführt. Wladimir Putin über Tschetschenien, Korruption und die Wirtschaftslage, Interview, in: Die Zeit, Nr. 47, 18. November 1999
- Michael Thumann: «Vielen Dank, meine Herren!» So höflich ging Russlands neuer Präsident 1999 mit Journalisten um, in: Die Zeit, Nr. 8, 15. Februar 2016
- George Bush 2001 über Putin auf NBC: https://www.nbcnews.com/video/flashback-president-bush-on-putins-soul-208352323648
- Dmitrij Medwedew am 9. August 2022 auf VKontakte https://vk.com/wall53083705_54582
- Das Zitat von Angelo Bolaffi habe ich aus einem Aufsatz von Heinrich August Winkler: Die Legende von der versäumten Chance, in: Internationale Politik, 27. Juni 2022 https://internationalepolitik.de/de/die-legende-von-der-versaeumten-chance

Irrweg Wie deutsche Politiker Putin halfen

- Sabine Adler: Die Ukraine und wir. Deutschlands Versagen und die Lehren für die Zukunft, Berlin 2022
- Ingeborg Fleischhauer: Rathenau in Rapallo, eine notwendige Korrektur des Forschungsstandes, Vierteljahrshefte für Zeitgeschichte, Jahrgang 54, 3/2006. S. 365 bis 415
- Theodor Schieder: Die Entstehungsgeschichte des Rapallo-Vertrags, Historische Zeitschrift, Band 204, Heft 1, 1967
- Michael Thumann: Ein verhängnisvolles Abkommen. Der Vertrag von Rapallo festigte vor 100 Jahren Deutschlands heikles Verhältnis zu Russland – mit Nachwirkungen bis heute, in: Die Zeit, Nr. 16, 15. April 2022
- Matthias Krupa, Michael Thumann: Rohrkrepierer. Polen motzt, Amerika wütet, die EU fremdelt. Wie die Gaspipeline Nordstream 2 für Deutschland zum Debakel wurde, in: Die Zeit, Nr. 41, 3. Oktober 2018

- Wenn der Gasmann zweimal klingelt: Wie sich ein Netzwerk sozialdemokratischer Politiker von Putin und dem russischen Erdgas verführen ließ – und so Deutschland erpressbar machte, in: Die Zeit, Nr. 7, 10. Februar 2022
- Michael Thumann: Fatale Geschäfte mit Erpressern. Der Gaskonzern Uniper hat Deutschlands Abhängigkeit von Russland vorangetrieben und Alternativen ignoriert. Die Steuerzahler werden das wohl teuer bezahlen müssen, in: ZEIT-Online, 8. Juli 2022: https://www.zeit.de/wirtschaft/2022-07/uniper-eon-russland-gas-abhaengigkeit-5vor8
- Martin Klingst: «Nordstream 2 war ein Fehler. Und auf die Osteuropäer haben wir schlicht nicht gehört.» Ein Interview mit dem Vorsitzenden der Atlantik-Brücke, Sigmar Gabriel: https://www.atlantik-bruecke.org/nord-stream-2-war-ein-fehler-und-auf-die-osteuropaeer-haben-wir-schlicht-nicht-gehoert/
- Gesine Dornblüth, Thomas Franke: Ruhmlose Helden. Ein Flugzeugabsturz und die Tücken deutsch-russischer Verständigung, Berlin 2022

Ahnengalerie   Warum die Putschisten von 1991 heute gesiegt haben

- Serhii Plokhy: The Last Empire. The Final Days of the Soviet Union, New York 2014
- Michael Thumann: «Papa, steh auf, ein Umsturz!» Im August 1991 greifen KGB und Militär in Moskau nach der Macht. Der Putsch scheitert an Boris Jelzins Widerstand – und wird doch zur Geburtsstunde des heutigen Russland, in: Die Zeit, Nr. 34, 20. August 2021
- Vladislav M. Zubok: Collapse. The Fall of the Soviet Union. Yale University Press, New Haven 2021

Demokratie-Übungen   Die Hoffnungen der 1990er Jahre

- Swetlana Alexijewitsch: Secondhand-Zeit: Leben auf den Trümmern des Sozialismus, Berlin 2015
- Mascha Gessen: Die Zukunft ist Geschichte. Wie Russland die Freiheit gewann und verlor, Frankfurt/Main 2020
- Jens Siegert: Im Prinzip Russland. Eine Begegnung in 22 Begriffen, Hamburg 2021
- Michael Thumann: Prost! Auf den Untergang! Am 8. Dezember 1991 löste Boris Jelzin in einem abgelegenen Jagdpalais die Sowjetunion auf. Eine Rekonstruktion des dramatischen Tages, in: Die Zeit, Nr. 51, 8. Dezember 2016

Schurkenrepublik Das tschetschenische Modell

- Thomas de Waal, Carlotta Gall: Chechnya. A Small Victorious War, London 1997
- Anna Politkowkaja: Tschetschnja. Tschuschaja wojna ili schisn sa schlagbaumom, Moskau 2002
- Michael Thumann: Das Lied von der Russischen Erde. Moskaus Ringen um Einheit und Größe, Stuttgart/München 2002
- Vadim Dubnov: Chechnya's New Contract With the Kremlin, Carnegie Moscow Center, October 2016

Neue Nationalisten Putins gute Freunde in der Welt

- Das Eingangszitat von Putin stammt aus dem Film «Weltordnung» von Wladimir Solowjow, der am 7. März 2018 in den sozialen Netzen veröffentlicht wurde: https://www.youtube.com/watch?v=uC2bWSbZdQ4
- Da wird kein Krieg geführt. Wladimir Putin über Tschetschenien, Korruption und die Wirtschaftslage, Interview, in: Die Zeit, Nr. 47, 18. November 1999
- Paul Lendvai: Orbáns Ungarn, Wien 2021
- Michael Thumann: Der Neue Nationalismus. Wiederkehr einer totgeglaubten Ideologie, Die Andere Bibliothek, Berlin 2020
- Wladimir Putin: Rossija – nazionalnyj wopros, in: Nesawissimaja gaseta, 23. Januar 2012

Informationskrieg Wie die Russen aufgehetzt werden

- Peter Pomerantsev: Nothing Is True and Everything Is Possible. The Surreal Heart of the New Russia, New York 2014
- Die geschäftlichen Verbindungen zwischen dem Ehemann von Margarita Simonjan und ihr selbst sowie der Schwester Alissa hat der russische Service der BBC am 7. November 2018 beleuchtet: https://sova.news/2018/11/07/1053-1072-1082-1086-1084-1077-1076-1080-1102-1050-1088-1099-1084-1089-1082-1080-1081-1084-1086-1089-1090-1076-1072-1083-1080-1076-1077-1085-1100-1075-1080-1073-1077-1079-1082-1086-1085-1082-1091-1088/
- Auch Alexej Nawalnys Rechercheteam hat das Netzwerk von Margarita Simonjan umfassend beschrieben: https://snob.ru/society/fbk-rasskazal-o-sotnyah-millionov-rublej-kotoryj-zarabotali-margarita-simonyan-i-ee-muzh-na-kontraktah-s-aeroflotom/
- Golineh Atai: Die Wahrheit ist der Feind. Warum Russland so anders ist, Berlin 2019

- Michael Thumann: Und... Action. Früher waren die Sowjets hochgerüstet, heute streben die Russen nach Dominanz im digitalen Informationskrieg, in: DIE ZEIT, Nr. 30, 9. Augst 2015
- Susanne Spahn: Das Ukrainebild in Deutschland. Die Rolle der russischen Medien. Wie Russland die deutsche Öffentlichkeit beeinflusst, Hamburg 2016

Archipel Putin   Russlands System der Straflager

- Catherine Merridale: Night of Stone. Death and Memory in Twentieth-Century Russia, New York 2001
- Alexander Solschenizyn: Der Archipel Gulag. Frankfurt/Main 2008
- Michael Thumann: Mit ihren Regeln machen sie ein Tier aus dir, in: Die Zeit, Nr. 18, 28. April 2021
- Anne Applebaum: Gulag. A History, New York 2004

Wahlen ohne Wahl   Absturz in die Diktatur

- Catherine Belton: Putins Netz. Wie sich der KGB Russland zurückholte und dann den Westen ins Auge fasste, Hamburg 2022
- Alice Bota: Die Frauen von Belarus. Von Revolution, Mut und dem Drang nach Freiheit, Berlin 2021
- Michael Thumann: Habe ich Angst? Schritt für Schritt hat Putin in Russland eine Meinungsdiktatur errichtet, die ihre Gegner wegsperrt oder ermordet, in: ZEIT-Geschichte Magazin, Nr. 4, 18. Juli 2022
- Andrei Kolesnikov: Putin Has Moved from Authoritarianism to Hybrid Totalitarianism, Carnegie Endowment, 19. April 2022: https://carnegieendowment.org/2022/04/19/putin-s-war-has-moved-russia-from-authoritarianism-to-hybrid-totalitarianism-pub-86921
- Timothy Snyder: We Should Say It. Russia Is Fascist, in: New York Times, 19. Mai 2022: https://www.nytimes.com/2022/05/19/opinion/russia-fascism-ukraine-putin.html

Geschichtsvollzieher   Putins Missbrauch der Vergangenheit

- Hannes Adomeit: Nato-Erweiterung. Gab es westliche Garantien?, in: Bundesakademie für Sicherheitspolitik, Arbeitspaper Sicherheitspolitik, Nr. 3, Berlin 2018: https://www.baks.bund.de/de/arbeitspapiere/2018/nato-osterweiterung-gab-es-westliche-garantien

- Stefan Creuzberger: Die Legende vom Wortbruch. Russland, der Westen und die Nato-Osterweiterung, in: Osteuropa, Nr. 3, 2015, S. 95-108
- Mary Sarotte: Not one inch. America, Russia and the Making of the Post-Cold War Stalemate, Yale 2021
- Svetlana Savranskaya, Tom Blanton: What Gorbachev Heard, in: National Security Archive, 12. Dezember 2017, https://nsarchive.gwu.edu/briefing-book/russia-programs/2017-12-12/nato-expansion-what-gorbachev-heard-western-leaders-early
- Horst Teltschik: Die Legende vom gebrochenen Versprechen, in: Die Zeit, Nr. 29, 10. Juli 2019
- Michael Thumann: Der Geschichtsvollzieher. Warum Putins Erzählung von den gebrochenen Versprechen nicht stimmt, in: Die Zeit, Nr. 9, 24. Februar 2022
- Michael Thumann: Der Mythos vom falschen Versprechen, Zeit-Online, 21. Januar 2022: https://www.zeit.de/politik/ausland/2022-01/ukraine-konflikt-nato-osterweiterung-russland
- Klaus Wiegrefe: Genscher-Vertrauter widerspricht Putin im Streit über Nato-Osterweiterung. Genschers Spitzendiplomat Frank Elbe schildert, wie er die Gespräche erlebt hat, in: Spiegel, Nr. 9, 25. Februar 2022
- Andreas Kappeler: Kleine Geschichte der Ukraine, München 2019
- Wladimir Putin: Über die historische Einheit von Russland und der Ukraine: http://en.kremlin.ru/events/president/news/66181

Spezialoperation   Wie die Ukraine ausgelöscht werden soll

- Gwendolyn Sasse: Der Krieg gegen die Ukraine. Hintergründe, Ereignisse, Folgen, München 2022
- Katrin Eigendorf: Putins Krieg. Wie die Menschen in der Ukraine für unsere Freiheit kämpfen, Frankfurt 2022
- Rüdiger von Fritsch: Zeitenwende. Putins Krieg und die Folgen. Berlin 2022
- Manfred Quiring: Russland – Ukrainekrieg und Weltmachtträume, Berlin 2022
- Serhii Plokhy: Die Frontlinie. Wie die Ukraine zum Schauplatz eines neuen Ost-West-Konflikts wurde, Hamburg 2022
- Anton Shekhovtsov: Das Asow-Regiment ist keine extremistische Organisation. Interview, in: Die Zeit, Nr. 19, 7. Mai 2022
- Andrea Jeska, Michael Thumann: 500 000 Ukrainer sollen nach Russland verschleppt worden sein. Stimmt das? Oder sind es Flüchtlinge? Eine Spurensuche, in: Die Zeit, Nr. 23, 5. Juni 2022

- New Lines Institute: An Independent Legal Analysis of the Russian Federation's Breaches of the Genocide Convention in Ukraine and the Duty to Prevent, May 2022: https://newlinesinstitute.org/wp-content/uploads/An-Independent-Legal-Analysis-of-the-Russian-Federations-Breaches-of-the-Genocide-Convention-in-Ukraine-and-the-Duty-to-Prevent-1-2.pdf).
- Otto Luchterhandt: Völkermord in Mariupol. Russlands Kriegsführung in der Ukraine, in: Osteuropa Nr. 72, 2022, S. 65-85
- Zitat von Iryna Weretschuk in: Gerhard Gnauck: «Russland stiehlt Kinder, um sie adoptieren zu lassen», in: Frankfurter Allgemeine Zeitung, 12. August 2022

Planet Putin Russland schottet sich ab

- Alissa Ganijewa: Die Anbetung der Stärke. Warum Putin in Russland so populär ist, in: Frankfurter Allgemeine Zeitung, 13. Mai 2022
- Boris Schumatzky: Die russische Schuld. Ein Vernichtungskrieg wie in der Ukraine ist aus einem Wahn gewachsen. Und ob ich es will oder nicht – ich steckte mitten drin, in: Frankfurter Allgemeine Zeitung, 29. Mai 2022
- Michael Thumann: Wir zeigen es Euch! Ob McDonald's, Coca-Cola oder Ikea – nach dem Rückzug westlicher Firmen werden deren Produkte in Russland imitiert, in: Die Zeit, Nr. 30, 20. Juni 2022

Imperium der Angst Die Mobilisierung des Volkes

- Michael Thumann: Moskaus Partysommer ist vorbei. Mit der Mobilmachung hat Wladimir Putin den Krieg ins eigene Land getragen. Nun könnte ihm die Kontrolle entgleiten, in: Die Zeit, Nr. 40, 28. September 2022
- Wladimir Putins Rede zur «Teilmobilmachung» am 21. September 2022: http://en.kremlin.ru/events/president/news/69390
- Tatjana Stanovaya: Putin's Apocalyptic End Game in Ukraine. Annexation and Mobilization Make Nuclear War More Likely, in: Foreign Affairs, 6. Oktober 2022
- Michael Thumann: Die geprügelte Armee. Putins Truppe wird neuerdings auch in Russland kritisiert – warum sind die Streitkräfte in so einem maroden Zustand, in: Die Zeit, Nr. 42, 15. Oktober 2022

Heiliger Krieg Putins Rache am Westen

- Wladimir Putins Rede vor der Föderalversammlung am 1. März 2018 http://kremlin.ru/events/president/news/56957
- Umfrage des Lewada-Instituts zu den deutsch-russischen Beziehungen vom Juni 2022: https://www.levada.ru/2022/06/15/mezhdunarodnye-otnosheniya-7/
- Michael Thumann: Im Westen nichts Gutes. Feindbild Nato. Eine Ausstellung in Moskau unterstützt Putins Ukraine-Krieg ideologisch, in: Die Zeit, Nr. 20, 13. Mai 2022
- Patriarch Kirill über den Heiligen Krieg: http://www.patriarchia.ru/db/text/5922848.html
- Wladimir Putins Rede zum Anschluss besetzter Gebiete der Ukraine 30. September 2022: http://en.kremlin.ru/events/president/news/69465

Triumph oder Armageddon Sein letztes Spiel

- Fiona Hill, Clifford G. Gaddy: Mr. Putin. Operative in the Kremlin, Brookings Institution, Washington DC, 2015
- Sergey Radchenko: Coups in the Kremlin. What the History of Russia's Power Struggles Says about Putin's Future, in: Foreign Affairs, 22. September 2022: https://www.foreignaffairs.com/russian-federation/coups-kremlin
- Vladimir Sorokin: Der Tag des Opritschniks, Köln 2022

Dank

Die Idee zum Buch entstand wenige Wochen nach dem russischen Überfall auf die Ukraine, als deutlich wurde, dass Europa und die Welt unumkehrbar in ein neues Zeitalter gerutscht waren. Geschrieben habe ich das Manuskript im Wesentlichen im Sommer und Frühherbst 2022, als ich in Moskau mit Staunen verfolgte, wie sich die Russen in der Doppelwelt von Fernsehkrieg in der Ukraine und beinah unbeschwertem Leben daheim einrichteten.

Ich bin vielen dankbar, die mir geholfen haben, dieses Buch zu verfassen.

Meine langen Aufenthalte in Moskau mussten meine Frau Susanne Landwehr und meine Kinder Nikolaus Thumann und Konstantin Thumann aushalten. Sie haben mich auch ertragen und angespornt, wenn ich mich bei meinen Besuchen in Berlin an den Schreibtisch zurückzog. Ohne den festen Rückhalt meiner Familie hätte ich nicht schreiben können.

Die langjährige redaktionelle Mitarbeiterin der ZEIT in Moskau, Lena Sambuk, und der Journalist Alexander Sambuk haben mir geholfen, die russische Politik und Gesellschaft zu verstehen und zu durchdringen, so weit es geht. Alexander und Lena Sambuk haben mein Manuskript zu jeder Tages- und Nachtzeit unermüdlich gegengelesen und mir entscheidende Tipps gegeben sowie wichtige Korrekturen eingefügt. Ohne sie wäre das Schreiben nicht möglich gewesen.

Sehr wichtig war für mich während der Niederschrift der produktive Austausch mit meinem Lektor Matthias Hansl vom Verlag C.H. Beck, dessen aufmerksamen Blick und weitsichtigen Rat ich nicht missen möchte. Bevor ich mit dem Verlag

C.H. Beck die erfreuliche Zusammenarbeit aufnahm, half mir bei den Vorbereitungen zum Buch der fruchtbare Austausch mit der Stiftung Mercator, vor allem mit Florian Christ und Anne Duncker.

Der Chefredakteur der ZEIT, Giovanni di Lorenzo, und der Politik-Ressortleiter Heinrich Wefing haben mich vor zwei Jahren nach Russland entsandt, nachdem ich dort bereits 1996 bis 2001 und 2014 bis 2015 als ZEIT-Korrespondent gearbeitet hatte. Die Redaktion hat mich in den schwierigen Wochen und Monaten des Jahres 2022 engmaschig und aufmerksam betreut. In Russland konnte ich die Erfahrungen und die Anschauung sammeln, die in dieses Buch eingeflossen sind.

Viele Gespräche in Moskau und Berlin über die russische Politik und die deutsche Ostpolitik begleiteten das Buch und seine Vorbereitung. Regelmäßig tauschte ich mich mit meinen Kolleginnen und Kollegen im Politik-Ressort der ZEIT, aber auch außerhalb der Redaktion aus. Wichtig waren die Gespräche mit Thomas Bagger, Falk Bomsdorf, Markus Ederer, Sabine Fischer, Rüdiger Freiherr von Fritsch, Géza Andreas von Geyr, Tim Guldimann, Jochen Hellbeck, Christoph Heusgen, Fiona Hill, Christiane Hoffmann, Manfred Huterer, Thomas Kleine-Brockhoff, Andrea von Knoop, Andrej Kolesnikow, Andrej Kortunow, Anna Kuchenbecker, Nico Lange, Andreas Nick, Jurij Piwowarow, Ruprecht Polenz, Manfred Quiring, Boris Ruge, Ina Ruck, Gwendolyn Sasse, Wolfgang Silbermann, Frank-Walter Steinmeier, Constanze Stelzenmüller, Angela Stent, Karl Schlögel, Martin Schulze Wessel, Alexander Tschepurenko, Tobias Tunkel, Markus Ziener. Ihrer aller Gedanken und Anregungen möchte ich nicht missen.

Allen Genannten gebührt mein großer Dank.

Register

Al-Assad, Baschar 105
Alexander I., Zar 254
Alexander II., Zar 68, 263
Alexei Michailowitsch
 (Zar) 160
Alexijewitsch, Swetlana 55
Andropow, Jurij 44f., 47,
 52, 149
Arkhipowa, Alexandra 230
Baerbock, Annalena 22, 250
Bahr, Egon 26
Baker, James 163ff.
Bassajew, Schamil 76
Bergmann, Burckhard 35
Biden, Joseph 104, 107,
 200, 244f.
Bolaffi, Angelo 11
Bonner, Jelena 47
Bormann, Martin 122
Brandt, Willy 25
Breschnew, Leonid 18,
 113, 149
Burbulis, Gennadij 60
Bush, George W. 9, 105,
 167f.
Bush, George H. W. 164
Charles III., König 239
Chodorkowski, Michail 134f.

Chrobog, Jürgen 165
Clinton, Bill 166
Chruschtschow, Nikita 18,
 241, 264
Dohnanyi, Klaus von 121,
 168
Dugin, Alexander 98
Ebert, Friedrich 23
Eismont, Maria 136, 147f.,
 151f., 210ff., 214
Elisabeth II., Königin 239
Erdogan, Recep Tayyip 38,
 92, 94, 99f., 102ff.
Ernst, Klaus 168
Estemirowa, Natalija 85
Fokin, Witold 60
Franziskus, Papst 122
Gabriel, Sigmar 29ff., 36,
 38f., 252
Gaddy, Cliff 104
Gajdar, Jegor 62
Genscher, Hans-Dietrich 164f.
Gerassimow, Walerij 113,
 234
Gorbatschow, Michail 11,
 41ff., 45, 47, 49f., 52, 56,
 60f., 63, 123, 164f., 195,
 229, 237, 243f., 262

Gorinow, Alexej 135
Gromow, Alexej 124
Gudkow, Lew 124, 205, 221
Guruljow, Andrej 236, 251
Heusgen, Christoph 30
Hill, Fiona 104, 268
Hitler, Adolf 25, 155, 170, 251, 264, 268
Iwan IV., «der Schreckliche» (Zar) 193
Janajew, Gennadij 43, 47, 49
Janukowytsch, Wiktor 112, 180
Jaschin, Ilja 135 f.
Jasow, Dmitrij 43, 48 f., 52
Jawlinskij, Grigorij 259
Jelzin, Boris 18, 27, 40, 43–52, 55–58, 60 f., 63 f., 66–72, 76 f., 95, 143, 195, 229
Jewtuschenko, Jewgenij 47
Johnson, Boris 101
Kadyrow, Achmat 84, 86 ff.
Kadyrow, Ramsan 75, 83–90, 233 ff., 258, 261
Kara-Mursa, Wladimir 136
Karaganow, Sergej 256
Katharina II., Zarin 217, 263
Kessler, Harry Graf 21
Kisseljow, Dmitrij 114 f., 118, 121 ff., 148 f., 234, 250 f.
Kohl, Helmut 18, 26, 164 f.
Kolesnikow, Andrej 153
Korotschenko, Igor 253
Kossatschow, Konstantin 245
Krassowskij, Anton 180
Krawtschuk, Leonid 60–63

Kriwenko, Sergej 185 ff.
Krjutschkow, Wladimir 43 f., 46–51
Kubicki, Wolfgang 121
Kuleba, Dmytro 174, 176
Kirill, Patriarch 71, 106, 258
Lawrow, Sergej 22
Le Pen, Marine 119, 245, 251
Lendvai, Paul 102
Lenin, Wladimir 69, 113, 131, 158, 257
Lloyd George, David 21–24
Luchterhandt, Otto 195
Lukaschenko, Alexander 105, 254
Macron, Emmanuel 32, 240, 245
Major, John 165
Maltzan, Ago Freiherr von 23 f., 29
Mardan, Sergej 181
Markow, Sergej 221
Marx, Karl 20
Maschadow, Aslan 77
Masowiecki, Tadeusz 165
Maubach, Klaus-Dieter 36
Medwedew, Dmitrij 11, 37, 52, 133, 145, 147, 179, 250, 267
Mengele, Josef 122
Merkel, Angela 29 f., 32 f., 123, 167, 179, 245, 251
Meschijew, Salach 87 f.
Michalkow, Nikita 69 f.
Miller, Alexej 28 ff.
Modi, Narendra 106

Muratow, Dmitrij 152
Mützenich, Rolf 168
Napoleon 254
Nawalny, Alexej 116,
  127–132, 134, 140, 150
Nemzow, Boris 66, 90, 143 f.,
  148 f., 153
Nikolaus I., Zar 68, 258
Nikolaus II., Zar 254
Nikonow, Wjatscheslaw 258
Orbán, Viktor 38, 94,
  101–104, 106
Osetschkin, Wladimir 135
Peskow, Dmitrij 243
Peter I., Zar (Peter der Große)
  155 f., 159, 171, 217, 219,
  254, 263
Peter III., Zar 264
Pinochet, Augusto 47
Politkowskaja, Anna 90
Pomerantsev, Peter 117, 120
Poroschenko, Petro 32
Prigoschin, Jewgenij 233 f.
Prokopowitsch, Feofan 159
Putin, Wladimir 7–14,
  16–20, 26–33, 35–39,
  41 ff., 45, 50 ff., 55, 57 f.,
  63, 68–72, 75–78, 83 ff.,
  87 f., 90–99, 102-107,
  109 f., 112 ff., 117, 121,
  124 f., 127–131, 134,
  139, 143–152, 155-159,
  161–171, 174 ff., 179,
  184, 187, 190, 193 ff.,
  199, 201–207, 213–218,
  220–223, 225 ff., 229–237,
  239–247, 249, 251–259,
  261–274
Rathenau, Walther 20, 22–25
Reutersberg, Bernard 35
Rjabkow, Sergej 225
Rodionow, Iwan 120
Röller, Lars-Henrik 30
Romanowa, Olga 132 f., 136,
  138 f.
Rosenberg, Alfred 122
Rostropowitsch, Mstislaw 47
Ryschkow, Wladimir 148 f.
Sacharow, Andrej 47, 151
Salvini, Matteo 119
Samaras, Antonis 100 f.
Saratowa, Heda 89 f.
Sarkozy, Nicolas 167
Schachraj, Sergej 62
Schaposchnikow, Jewgenij 48
Schewardnadse, Eduard 47
Schewkunow, Tichon 169
Schlossberg, Lew 212 f., 229
Schmidt, Helmut 18, 25, 37,
  39
Schoigu, Sergej 234
Scholz, Olaf 33, 123, 168,
  204, 240, 245, 250 f.
Schröder, Gerhard 9, 16–19,
  26–30, 32 ff., 71, 121, 167
Schulze, Peter W. 19
Schuschkewitsch, Stanislau
  60, 63
Seeckt, Hans von 23 f.
Selenskyj, Wolodymyr 162,
  266
Sergejzew, Timofej 179 f.

Simonjan, Margarita 71, 109–112, 114 ff., 118, 121–124, 180, 220, 232
Skabejewa, Olga 258
Snyder, Timothy 176, 192
Sobtschak, Anatolij 51
Sobtschak, Ksenia 51
Solowjow, Wladimir 69, 109 f., 121 ff., 131, 232, 250 f.
Solschenizyn, Alexander 98, 127, 133, 159
Sorokin, Wladimir 270
Sorokina, Dina 67 f., 72
Soros, George 101
Speranski, Michail 68
Stalin, Josef 17, 25, 69, 86, 111, 113, 123, 133, 151, 155, 170, 180, 194, 204, 254, 257 f., 263 f., 274
Stanowaja, Tatjana 230 f.
Stoltenberg, Jens 32
Stone, Oliver 51
Stremoussow, Kirill 233, 235 f.
Strenz, Karin 121
Surkow, Wladislaw 113
Surowikin, Sergej 52, 235, 265
Teltschik, Horst 164
Teyssen, Johannes 35
Titijew, Ajub 85 ff.
Titow, Boris 71
Tokajew, Kassym-Schomart 105
Trenin, Dmitri 208 f.
Trump, Donald 32, 101–104, 107, 244, 266
Tschitscherin, Georgi 22 ff.
Volmer, Ludger 121
Vučić, Alexandar 106
Wagenknecht, Sahra 120
Walujew, Pjotr 160
Wereschtschuk, Iryna 184
Wimmer, Willy 121
Wirth, Joseph 20, 22 ff.
Wörner, Manfred 163
Woronin, Jurij 59
Xi Jinping 92, 101
Zypries, Brigitte 30

Bildnachweis

S. 6: © Nanna Heitmann
S. 16: picture alliance/dpa | Alexei Druzhinin
S. 40: picture alliance/dpa | AFP
S. 54: Getty Images, Peter Turnley / Kontributor
S. 74: picture alliance/dpa/TASS | Yelena Afonina
S. 92: Getty Images, Matt Cardy/Freier Fotograf
S. 108: © Nanna Heitmann
S. 126: picture alliance/dpa | Matthias Tödt
S. 142: © Nanna Heitmann
S. 154: © Nanna Heitmann
S. 172: Getty Images, STRINGER/Kontributor
S. 198: © Nanna Heitmann
S. 224: © Nanna Heitmann
S. 238: Getty Images, Alexander Nemenov/Kontributor
S. 260: picture alliance/ASSOCIATED PRESS | Gavriil Grigorov